文教事业管理

林金枫　赵　琳　主编

HEUP 哈尔滨工程大学出版社

内容简介

文教事业管理是为培养自学应考者的文化事业与教育事业管理的基本理论和应用能力而设置的一门实用性很强的课程。本书内容主要分为两部分,即文化事业管理与教育事业管理。文化事业管理部分的主要内容包括:文化事业管理概述、文化事业管理体制、文化政策与法律等十章内容;教育事业管理部分的主要内容包括:教育事业管理概述、教育管理体制、教育政策与法律等十一章内容。

本书既可以作为公共事业管理及其他相关专业本科生的教材使用,又可作为从事文化教育事业行政及其他相关人员的培训用书。

图书在版编目(CIP)数据

文教事业管理/林金枫,赵琳主编.—哈尔滨:哈尔滨工程大学出版社,2016.7

ISBN 978-7-5661-1284-2

Ⅰ.①文… Ⅱ.①林… Ⅲ.①文化事业-行政管理-中国②教育行政-行政管理-中国 Ⅳ.①G12②G526

中国版本图书馆 CIP 数据核字(2016)第 142014 号

选题策划 卢尚坤
责任编辑 张忠远 姜宏哲
封面设计 恒润设计

出版发行 哈尔滨工程大学出版社
社　　址 哈尔滨市南岗区东大直街 124 号
邮政编码 150001
发行电话 0451-82519328
传　　真 0451-82519699
经　　销 新华书店
印　　刷 哈尔滨工业大学印刷厂
开　　本 787 mm×960 mm　1/16
印　　张 18.5
字　　数 336 千字
版　　次 2016 年 7 月第 1 版
印　　次 2016 年 7 月第 1 次印刷
定　　价 52.00 元
http://www.hrbeupress.com
E-mail:heupress@hrbeu.edu.cn

前言
PREFACE

现今，经济全球化发展，科技进步日新月异，国际竞争日趋激烈，一国文化与教育事业的发展状况越来越成为该国综合国力和国际竞争力的重要体现。

发展文化事业，是人类文明进步的共同要求，也是中国特色社会主义建设的重要内容。全面建成小康社会，离不开文化事业的发展，应对外来文化冲击也呼唤着加快我国文化事业的发展。发展文化事业，是培育现代社会合格公民和促进人的全面发展的基本途径；发展文化事业，不断提高全民族的文化素质，是提高我国综合国力的重要手段；发展文化事业，是文化继承与创新的有力保障。

就教育事业而言，它不仅仅是对国家全体国民个人素质的保证，而且也关系国家的前途和命运。21世纪人才是最重要的，而人才的出现与教育事业密不可分，大力发展教育事业也是保证国家人才所需的条件；教育是个基础性事业，它的发展关系到国家的每个行业，这种牵一发而动全身的关键领域，其水平直接决定了社会的发展水平；当前，国家建设正在以高速的形式发展着，社会的进步和发展，是依赖人才的。所以，大力发展教育事业，意义重大。

在经济全球化的大背景下，当今世界正处于快速变革的时期，经过改革开放，中国经济及社会各项事业都获得了突飞猛进的发展，随着经济体制与政治体制改革的不断深入，我国的文教事业发展也面临着诸多的机遇与挑战。本书就是在这样的背景下，在综合了国内外相关研究成果的基础上，吸收了大多数人的研究成果，综合形成了本书的框架，在内容与结构体系上包含文教事业相关概念与理论，同时也包含具体的实践内容，以及未来文教事业发展的一些改革与完善的相关思路。希望综合各家之长，为社会实践者提供有用的理论支持和方向指导。

借此对支持和参与本套教材的编审专家和学者们表示最诚挚的感谢。

林金枫

2016年5月

目录

CONTENTS

文化事业管理篇

教育事业管理篇

文化事业管理篇

第一章　文化事业管理概述

第一节　文化事业的含义

发展文化事业,是人类文明进步的共同要求,也是中国特色社会主义建设事业的重要内容。全面建成小康社会,离不开文化事业的发展,应对外来文化的冲击也呼唤着加快我国文化事业的发展。若要正确理解文化事业以及文化事业与文化产业的区别与联系,明确文化事业的发展方向,必须正确理解文化产品与文化服务的类型与属性。

一、文化产品与文化服务的类型和属性

所谓文化产品与文化服务,是一种以提升人们精神生活为目的的特殊产品,包括精神和物质两种形态,是以文化为实体,按照一定的标准生产、再生产、储存、分配并且耗费一定成本的物品或服务。

1. 文化产品的类型与供给方式

文化产品按照公共性的不同又可以分为纯公共物品、准公共物品和私人物品。"公共物品"一词最先见于西方经济学论著。萨缪尔森认为,公共物品有如下两个特征:①非排他性,即不能把未满足公共物品供给者提出的条件的潜在使用者排除在使用者的范围之外;②非竞争性,即一个人对公共物品的消费不会导致其他人消费公共物品数量减少和质量的降低。在现代社会中,各种类型的文化产品和文化服务共同存在。既有纯公共物品性质的文化产品(如文化基础设施建设),又有准公共物品性质的文化产品(如新闻、出版等),也有私人物品性质的文化产品(如游乐场、电影等娱乐类文化产品)。不同类型的文化产品和文化服务的提供方式不同。私人文化产品可通过竞争市场予以提供,而公共文化产品和准公共文化产品则需通过政府或由政府主导的机制提供。

2. 文化产品与文化服务的双重属性

在社会主义市场经济下,文化产品一旦进入市场,就以一种特殊的功能在市场上运转流通,这个特殊的功能表现为产品的二重属性,一个是商品属性,另一个是社会属性。伴随着我国改革开放和市场经济的发展,文化市场迅速崛起,使文化商品和服务在市场经济中日益活跃,这种产生经济效益并满足公众娱乐消遣的文化产品的属性为商品属性。然而,任何精神文化产品反映出的思想性、艺术性、审美性,即精神价值,都具有社会导向功能,带有明显的意识形态特征,体现一定的社会效益,此为文化产品的社会属性。文化产品与服务的商品属性受市场经济的调控,而社会属性则由社会主义价值观念引领。

现实中,精神文化生产的经济效益与社会效益存在着相互矛盾和排斥的一面,面对这种对立关系,我们必须把社会效益放在第一位,强调其社会属性,即文化生产本身的质的规定。文化产品和服务在双重属性的制约下,除了满足人们文化娱乐的消费需求,为经济社会发展增加物质财富,更重要的是担当塑造公民人格品质,提高国民整体素质,促进人与社会全面发展的重任。因此,我们提出,文化产品的本质属性是其意识形态属性,是其社会属性。我们要强调文化产品与服务的社会属性,“要坚持把社会效益放在首位,实现社会效益和经济效益的统一”,这不仅是中国特色社会主义的本质体现和价值要求,也是文化意识形态规律合乎人类社会逻辑发展的一种必然选择。

强调文化产品的社会属性,坚持把社会效益放在首位,并不意味着否认文化产品的经济效益和商品属性。我们要克服旧体制单纯、片面地讲究社会政治效益而忽视价值规律在文化生产活动中作用的弊端。不能一讲社会效益,就连必要的经济效益也不要。不仅如此,还要通过必要的文化经济政策来调节文化产品的生产,维护和保障文化产品正当的、合法的经济权益。

二、文化事业的定义

在中国,文化事业具有两层含义 :其一,指文化事业单位组织 ;其二,指文化事业单位提供的文化服务与文化产品。二者相辅相成，构成了文化事业内容和形态的关系。所谓文化事业，是指人们在文化艺术、新闻出版和广播影视等领域从事的具有一定目标、规模并对社会发展有重要影响的经常性活动。文化事业不仅包括有关这些领域的思想理论、价值准则、精神形态等主观内容，还包括这些内容的载体、传播方式、文化设施和文化组织机构与管理体制等客观因素。广义的文化事业既包括文化产业，又包括无法进行产业化运作的公益性文化事业。公益性文化事业，以人人享有基本的公共文化产品和服务为主要目标，服务于人的全面发展，促进政治、经济、文化的协调一致和社会的进步。与公益性文化事业相对的文化产业主要指经营性文化产业，发展文化产业是为了实现文化的经济价值，满足人们日益多样化的文化消费需求。

三、文化事业的特征

1. 公共性

文化事业最大的特点就在于它的公共性。从公共文化事业的主体看，事业单位的公益性主要指单位的资产由社会共同拥有、产品及服务全社会共享共用。从公共文化产品和文化服务看，产品及服务的公益性指事业单位提供的服务和产品以教育、科技、文化、卫生为主要活动领域，着眼于公共效益和公众利益，而非针对个人或特定群体提供的个性化服务和产品，在允许的范围内，人们对这些公益性产品和服务的消费具有非竞争性和非排他性，即每个人都可以免费和同等享用这些产品和服务；从社会发展看，在社会转轨和经济转型的背景下，通常用公共产品和公共服务来体现文化事业的发展水平，从而衡量一个国家社会文明进步的程度，反映公共文化服务体系的健全度。

2. 均等性

均等性主要体现在三个方面：首先，社会大众享受基本公共文化服务的机会均等；其次，社会成员人人享有基本相等的公共文化产品和公共文化服务；最后，逐步实现基本公共文化服务均等化。

3. 超前性

文化事业具有见效慢、发展周期长的特点，需要预先发展，否则将严重影响社会的整体进步。

4. 多样性

文化多样性是人类历史上普遍恒久的特征。任何一种文化，只有在它能够与其他文化相区别时才能被辨识，也才能有现实的存在。一方面，基于不同的自然环境和历史条件，文化的起源和演化不可能是同一的；另一方面，人类需要结构的差异性和欲望理想的丰富性，也只能由文化的多样性来表达和满足。

四、发展文化事业的意义

1. 促进人的全面发展的基本途径

繁荣发展文化事业，是培育现代社会合格公民，促进人的全面发展的保障。人人享有公共文化服务，这不仅是国家公共建设的任务，也是公民的基本权利。我国实行支持文化事业发展的政策，增加对公益文化的投入，重视发展哲学、社会科学、文学艺术、新闻出版、广播影视等各项事业，特别强调要加强图书馆、博物馆、文化馆、科技馆和青少年活动场所等文化设施的建设，其目的就是为了提高全社会的文化生活质量，满足人民群众日益增长的精神文化需求，使全体公民都享有公共文化服务，提高全民文化素质，培养合格公民。丰富健康的文化生活是衡量人民生活质量高低的重要标志。繁荣发展文化艺术事业，对建设社会主义精神文明，提高国民素质，培养合格公民，促进人的全面发展和社会全面进步具有重要意义。

2. 提高我国综合国力的重要手段

繁荣发展文化事业，不断提高全民族的文化素质，是提高我国综合国力的重要手段。文化是民族的灵魂，是凝聚与激励全国各族人民的重要力量，是一国综合国力的重要组成部分。渊源于五千年历史、植根于当代伟大实践的中国特色社会主义文化，是全社会形成共同理想的强大精神动力，是激励各族人民建设富强、民主、文明、和谐的伟大国家，实现中华民族振兴的强大凝聚力。要在新世纪实现中华民族的伟大复兴，就必须努力发展面向现代化、面向世界的、面向未来的，民族的、科学的、大众的社会主义文化事业。

3. 文化继承与创新的有力保障

坚持社会主义先进文化前进方向，兴起社会主义文化建设新高潮，激发全民族文化创造活力，提高国家文化软实力，使人民基本文化权益得到更好的保障，使社会文化生活更加丰富多彩，使人民精神风貌更加昂扬向上，需要我们处理好继承和创新的关系。继承是为创新而存在的，继承是手段，创新才是目的，发展文化事业是继承与创新的重要保障。我们要继承和发扬中华民族优良的文化传统，吸收和借鉴世界各国的优秀文化成果，依靠广大文艺工作者和各方面的专家学者，在社会主义现代化建设的伟大实践中，创造出无愧于先人和后人的属于我们这个时代的科学的、民族的、大众的新文化，从而实现中华文化和中华民族的伟大复兴。

第二节　文化事业管理的含义及内容

一、文化事业管理的内涵

文化事业管理是各级政府及其文化行政部门和各种文化企事业单位对各项文化事业和具体文化活动的规划、组织、协调和监督，包括宏观文化行政和微观文化管理两个层面。在宏观层面上表现为各级政府及其文化行政部门以文化法律和法规为基本依据，以整个国家的文化事业为管理对象，对有关文化行政系统和文化企事业单位的事务进行调控、组织和协调的行政行为。

文化企事业单位对自身文化经济活动的管理是文化事业管理的微观层面，其管理内容主要涉及企事业单位的管理制度、管理机构、人员安排、运行机制和对具体文化活动的组织与协调等。其目的是在各种约束条件下，最有效地利用各种资源，实现文化企事业单位的既定目标。

总之，文化事业管理是各级政府及其文化行政部门和各种文化企事业单位对文化领域的各种社会活动，包括文化设施建设、文化人才培养、文艺创作活动、文化交流、文化产品生产与流通、文化消费等的管理。

二、文化事业管理的基本内容

文化事业管理内容繁多，涉及面广。从工作对象来看，可分为艺术管理，图书文献管理，新闻出版管理，文物管理，音像品管理，广播、电视、电影事业管理等；从管理范围来看，可分为农村文化管理、城市文化管理、社区文化管理等；从工作性质来看，可分为人事管理、经营管理、市场管理、安全管理等。从政府管理职责的角度，我们将文化事业管理的基本内容概括为以下几个方面。

1. 构建公共文化服务体系

公共文化服务体系是指与中国特色社会主义事业和全面建成小康社会的历史进程相适应，按照结构合理、发展均衡、网络健全、运行有效、惠及全民的原则，以政府为主导，以公益性文化单位为骨干，鼓励全社会积极参与，努力建设以公共文化产品生产供给、网络设施、资金人才、技术保障、组织支撑和运行评估为基本框架的制度和系统的总称。

2. 完善文化法规体系，制定文化发展战略与规划

为文化事业发展提供良好的制度环境是文化事业管理的一项重要内容。依法治国是我国政府运作与管理方式的基本走向，而目前我国文化领域的立法却不完备，因此，加强文化领域的立法显得极为紧迫。

制定文化发展战略是文化事业管理的一项重要任务。文化发展战略是一定时期为实现国家、社会总体目标而制定的文化发展整体计划。其内容包括文化发展的目标、重点、发展阶段、投资数量和方式，以及文化创造和生产的组织方式、布局安排等。制定文化发展战略与规划旨在使文化事业随着政治、经济等社会事业的发展而获得协调发展，使文化事业能适应这种发展并不断促进社会的进步。

3. 优化文化资源配置，推动文化产业壮大

文化资源是人们从事文化生产或文化活动时所利用或可资利用的资源。在市场经济条件下，文化资源通过市场机制进行的流通和传播，是将文化资源转化为文化产业的根本途径，最能实现文化资源的经济价值。同时也需要政府在研究分析各地文化资源分布、配置情况的基础上，积极利用经济政策手段控制文化资源的流向，引导社会投入，加大文化产业开发力度，优化文化产业结构。

4. 管理文化市场

文化产品与文化服务一旦以商品的形式进入流通领域，就构成了文化市场。文化市场是推动文化事业全面发展的重要力量，它一般由出版市场、文化娱乐市场、文艺演出市场、文化交流市场、文物市场和文化艺术培训市场等几大类别构成。文化市场的管理主要包括以下内容：制定文化市场管理规范；管理文化市场经营者，包括对进入文化市场的经营者和服务者的资格审查，规范文化市场经营者的行为，培育、支持或扶持文化市场经营者；对文化产品本身进行管理，包括对文化产品是否具有商品资格进行鉴别，对文化产品内容是否

符合有关法律法规进行审查;文化产品价格管理,包括对文化产品和服务的收费标准进行检查,对实行指导价的文化产品进行管理,对一些文化产品实施特殊的税收与价格政策。

5. 引导文化消费

文化消费是人们为满足精神文化生活需要所进行的消费活动。政府的积极倡导对人们的消费选择有很大影响。政府不但要维护文化消费者的合法权益,还要通过加强文化消费领域的管理和引导,使人们能自觉选择健康的消费品和消费服务,使这种积极向上的文化消费在促进公民自我发展的同时,能够推动精神文明建设的健康发展和社会文化水平的全面提高。

6. 开展对外文化交流,维护国家文化安全

文化是国际交流的重要渠道,是增进各国之间相互了解和友谊的重要手段。开展对外文化交流是文化事业管理的另一项重要职责。文化的对外开放与交流也引发了国家文化安全问题。经济全球化背景下的文明冲突会给国家造成文化认同危机甚至国家危机,所以,维护国家文化安全是一国政府在开展对外文化活动中的重要责任。

7. 培养高素质的文化工作者队伍

培养高素质的文化工作者,保证文艺队伍的团结与稳定是繁荣发展我国文化事业的重要保证。促进团结与稳定,必须大力倡导尊重劳动、尊重知识、尊重人才、尊重创造,努力营造一种能够充分调动文艺人才积极性、创造性的良好氛围。促进团结与稳定,就必须切实抓好人才队伍建设,大力实施"人才兴文"战略,逐步建立合理的人才队伍结构,培养和造就一支高素质的文化工作者队伍。要通过制定切实可行的政策措施,为各类人才创造施展才华的良好环境。

第三节　文化事业管理的基本原则及方法

一、文化事业管理的基本原则

1. 把握先进文化前进的方向

(1)维护马克思主义的指导地位;

(2)从整体和长远上把握社会主义初级阶段文化事业管理发展战略和方针政策;

(3)推动文化思想和观念、内容和形式、体制和机制、方式和方法的创新。

2. 坚持政事分开的原则

一是重新界定、调整、收缩和转换国家的文化事业职能范围,从根本上改变国家包办文化事业的状况;二是实行政事分开,建立与中国社会主义市场经济体制和文化事业自身发展规律相适应的现代文化事业管理体制。

政事分开是推进文化事业管理体制改革必须坚持的一项原则。其内涵主要包括四个方面:

(1)政事职能分开;

(2)政事机构编制分开;

(3)政事管理方式分开;

(4)政事经费分开,事业单位经费自筹,政府不再拨款。

3. 坚持分类管理的原则

分类管理是现阶段我国文化事业管理必须坚持的一项原则。目前我国的文化单位呈现多种形态:从经济性质看,有经营性的企业单位,有非经营性的公益事业单位;从资金来源看,有国家全额拨款单位、差额拨款单位、专项资金资助单位,也有资金完全自筹的国有或民营单位;从产品形式看,有提供实物形态文化用品的单位,也有提供文化服务的单位。对于如此复杂的形态,如果采用同一种方式进行管理显然是不适当的。把文化单位一律当作事业单位管理的方式已难以为继。分类管理,就要分清不同类型文化单位的性质和特点,针对不同的性质和特点,制定具体的管理措施。

二、文化事业管理的方法

目前,我国文化事业管理的基本方法可以概括为行政方法、经济方法和法律方法三种。

1. 行政方法

行政方法主要指依照行政命令,用国家机关制定的方针、政策、指示、规定等指令性方式管理文化事业,按照行政系统自上而下地直接组织指挥管理对象,使文化生产经营活动顺利进行。

文化事业管理行政方法的作用主要体现为制定文化发展规划。在规划的制约下,集中国家财力、物力,建设那些大型的、起骨干作用的公益文化设施,是个体和集体经济力量一般达不到的。通过规划、法规，合理布局，统一建设，避免产生盲目性和不必要的浪费。

行政方法具有权威性、直接性和明确性的特点。

行政方法的优点：一是运用行政方法贯彻党和国家的方针政策，有利于保证文化事业发展的社会主义方向，维护国家和人民的根本利益；二是有利于合理地引导和调控文化生产的方向、文化产品的品种、文化市场的布局以及文化消费的指向等；三是有利于文化与经济的协调发展；四是促进文化事业管理工作的规范化。

行政方法的局限性：过多地采用这种方法，容易造成权力过分集中，文化行政部门管得过多、卡得过死，导致政企不分、政事不分，文化机构臃肿，办事效率低下。

2. 经济方法

经济方法是政府在宏观调控中常用的手段。经济方法在管理国家文化事业中也是最常见的重要手段。文化事业管理的经济方法，就是运用投资、税收、价格、利润、工资、奖金等经济杠杆，按照文化生产经营规律和经济规律的要求，对文化生产经营活动进行管理的方法。这种方法是以物质利益作为动力，经济方法主要有四种手段。一是政府拨款，即政府直接投入；二是税收，可以视为政府的间接投入，实行正确的税收优惠政策，对调控文化产品的生产、流通、分配、消费，促进文化事业的繁荣有着积极意义；三是利息，作为一种辅助手段，可以通过银行的贷款利率，调控文化产业；四是引导和鼓励社会投入，在鼓励社会资本投入文化建设方面，我们还需要进一步加强和完善。

3. 法律方法

法律方法是文化事业管理的一种基本方法，即对文化生产中带有规律性的原则、制度和方法，用国家法律、法令、条例的形式固定下来。政府在宏观调控中对法律手段的运用，主要是通过执行国家权力机关颁布的法律，以及制定和执行行政法规来调整文化关系，保护文化发展环境，引导文化事业的发展。法律手段的特点首先是具有平等性、普遍性和适用性，其次是具有强制性。法律手段的这些特点，保证了政府管理的宏观性和控制力度。

在政府文化管理职能发展变化后，文化管理方式应当尽快完成由指令到指导、由直接到间接、由单一到多样的转变。

本章小结

所谓文化产品与文化服务，是一种以提升人们精神生活为目的的特殊产品，包括精神和物质两种形态，是以文化为实体，按照一定的标准生产、再生产、储存、分配并且耗费一定成本的物品或服务。

文化产品按照公共性的不同又可以分为纯公共物品、准公共物品和私人物品。同时，文化产品与文化服务具有商品属性和社会属性的双重属性。

文化事业是一个宏观概念，包括公益性的文化事业和经营性的文化产业。文化产业只是文化事业中的一部分，是文化事业中可以采用市场方式运作的一部分。所谓文化事业，是人们在文化艺术、新闻出版和广播影视等领域从事的具有一定目标、规模并对社会发展有重要影响的经常性活动。文化事业具有公共性、均等性、超前性、多样性等特征。

发展文化事业具有重要的意义，是促进人的全面发展的基本途径，是提高我国综合国力的重要手段，是文化继承与创新的有力保障。

文化事业管理是各级政府及其文化行政部门和各种文化企事业单位对文化领域的各种社会活动，包括文化设施建设、文化人才培养、文艺创作活动、文化交流、文化产品生产与流通、文化消费等的管理。

从政府管理职责的角度，文化事业管理的基本内容包括构建公共文化服务体系；完善文化法规体系；制定文化发展战略与规划；优化文化资源配置，推动文化产业壮大；管理文化市场；引导文化消费；开展对外文化交流；维护国家文化安全；培养高素质的文化工作者队伍。

建设服务型政府就要求文化管理部门由办文化向管文化转变、由微观管理向宏观管理转变、由直接管理向间接管理转变。在宏观管理上要实现党委领导有力、政府管理有效、调控适度、运行有序，管人、管事、管资产相结合。

文化事业管理的方法有行政方法、经济方法和法律方法。

复习思考题

1. 如何正确理解文化产品与文化服务的类型和属性？
3. 简述文化事业的特征以及发展文化事业的意义。
4. 简述文化事业管理的含义与内容。
5. 试述文化事业管理的基本原则及方法。

第二章　文化事业管理体制

第一节　文化事业管理体制概述

在探索公共事业管理体制改革的过程中，必然会涉及教育、科学、文化、卫生等领域的管理体制的改革。文化事业是公共事业的有机组成部分，是人类精神文明实践的重要形式。文化事业管理就是对文化领域具体活动和事务的管辖、调控和处理。在经济体制和政治体制改革发展到一定时期，建立和健全与社会主义市场经济体制相适应的现代文化事业管理体制，繁荣有中国特色的社会主义文化建设，具有十分重要的意义。

文化事业管理体制，主要指国家管理文化事业的行政管理组织体系和对其管理所采用的运行机制，具体内容包括政府文化职能中的文化管理职能和组织体系、政府管理文化事业采取的方式、政府与文化事业之间的关联、制定相关制度合理规范文化事业单位与社会经济组织之间的关系、交易准则等。文化发展的实践证明，政府将文化管理列为政府的文化职能中，并形成一个系统、完备的文化管理体制，是有效引导文化事业繁荣的重要手段。

第二节　我国文化管理体制存在的问题

一、文化事业管理体制的改革过程

随着社会经济条件的变化，政治体制与经济体制的调整和文化事业自身的发展，也经历了一个不断演变、适应和发展的过程。

20 世纪 80 年代初，转变经营方式，承包制被引入文化事业单位，以调动文化事业单位和文化工作者的积极性。20 世纪 80 年代中期以来，我国又改革了文化单位的领导体制，实行艺术家负责制、总编负责制和团长院长负责制，由行政一把手负责处理本单位内行政、人事和经营管理中的重大问题。20 世纪 90 年代，配合国家行政机构改革，为消除机构林立、臃肿等突出问题,文化事业单位在各级政府和文化主管部门的支持下,通过合同制用工、成立文化艺术人才中心和离退休人员服务中心等多种形式,努力合并文化事业单位,精简机构,淘汰冗员,并制定各种措施鼓励各类文化事业单位的相关人员"业余兼职""停薪留职"或"人才交流",走出单位大门,从而促进了各类文化事业单位人才的合理流动。

一些基层文化单位尝试改革"大锅饭"的分配模式,合理拉开了文化工作者的收入差距。不少剧团实行浮动工资制和岗位津贴制,把演、职人员工作的好坏与工资报酬挂钩,用考评计分,按分数高低来确定个人收入。奖金分配上也同样评分量化,体现奖勤罚懒的原则。

进入21世纪以来,文化事业领域深化体制改革,培育产业主体,初步形成多种所有制并存的文化事业发展格局,涌现了一批跨地区、跨部门、跨所有制和跨国经营的具有规模性、导向性、主业突出、核心竞争能力强并具有国际影响力的演艺产业集团。

改革开放以来,我国在文化管理体制方面进行了许多有益的实践和探索,主要体现在以下几个方面:一是推进文化行政管理体制改革。改变了政企不分、政事不分、管办不分的局面,实现了政企分开、政事分开,使政府、企业、事业各司其职责。二是加快经营性文化单位转企改制,培育新型文化市场主体。从2003年试点开始,近十年时间先后完成了出版、发行、电影单位转企改制,包括部分非时政类报刊、文艺院团、广电网络等。转制后的文化企业迅速成长为新型文化市场主体,使我国文化事业蓬勃发展。三是公益性文化单位改革与公共文化服务体系的建设。由政府主导,图书馆、博物馆、文化馆、革命纪念馆等公益性单位向公众免费开放,取得良好的社会效益。党报党刊、广播电视则实行事业体制和转企改制并行,收到良好的社会效益和经济效益。四是调整结构布局,转变发展方式,提高竞争力。在转企改制的同时,重视产业、企业、产品结构的调整,组建了一批新兴文化产业园区和集群,打造了一批文化企业集团,加快了文化创新与高科技的融合,文化竞争力有了显著提高。在这一方面,许多地方做得很好。比如吉林省的文化体制改革,2003年6月,中央召开全国文化体制改革试点工作会议,经过两年的艰难探索和推进,长影集团和吉林出版集团在全国率先完成改革试点任务。吉林出版集团一般图书连续5年在全国整体图书市场占有率排名第二。

二、我国现行文化管理体制的制度性缺陷

由于中国目前仍处于向进一步完善社会主义市场经济体制过渡的转型阶段且政治体

制改革尚未完成,现行的文化管理体制既带有计划经济体制的痕迹,又带有转型时期经济体制的烙印,我国的文化管理体制距离社会主义市场经济体制的要求还相距甚远,有些问题还没有被提到改革日程,有些问题还只是出于面上改革的阶段,有些问题虽然进行的比较深入,但还没有从根本上得到解决,并且在改革过程中又产生出很多新的问题,从整体上讲,我国原有文化管理体制还没有从根本上改变,其制度性缺陷表现在以下方面。

1. 政企不分,政事不分,管办不分,职能不清

我国传统的文化管理体制实际上是一种集政、事、企为一体的"三合一"体制。在这种体制下,政府与文化企事业单位之间的责、权、利是含混不清的。政府包揽一切的文化事务,充当了文化事业的所有者、举办者、管理者和经营者多重角色,其自身管理职能界限模糊。直接从事文化生产和经营的单位,由于没有经营自主权,长期以来职能附属于部门,不能作为独立微观主体地进行生产经营决策,企业成为了政府的"傀儡",成为了政府部门的延伸。近年来,一些地方纷纷建立了文化集团公司,实行政事、政企分开,管办分离。但是由于原有文化管理模式的惯性,管理手段单一,多用行政命令的方式进行管理的问题依然存在。集团公司充当了原来政府管理文化的职能,管得过多过死,成了市场经济条件下一个由十几家或几百家文化企业组成的一个巨大的企业法人,形成了"办的还要管,管的仍在办"的现象。

2. 条块分割,各自为政,资源分散,效益低下

我国目前的文化管理体制,上面"三国演义",下面"八国联军"。文化主管各部门之间普遍存在着条块、部门、行业和区域分割,既难以形成合力,又使经营单位在工作中无所适从。这种管理体制上下冲突、左右矛盾,职能交叉,各自为政,管理分散,互不联通,行政效率不高,整体效益难以发挥。

3. 机制不活,管理不善,激励不足,绩效较差

旧体制下的文化事业单位,由于其从自身的组织形式、内部机构设置到人事工资制度等方面完全仿效行政机关采取平均主义按人头拨款的方式,缺乏有效的机制激励,用人制度不甚合理。文化单位的职工之间在分配上干多干少一个样,贡献多少一个样,干与不干一个样,造成了效率低下、"吃大锅饭"的局面,严重挫伤了广大文化工作者的积极性,文化经济绩效增长的十分缓慢。

4. 管理滞后,手段单一,立法滞后,配套性差

目前,我国政府在对文化领域实施宏观管理和调控时,仍过于依赖行政命令和舆论工具,缺乏经济、法律以及各种手段的综合运用。有关文化发展的立法还相对滞后,法律空白点较多,税收、赞助、信贷等文化经济政策不够配套完善,宏观管理的有效性还不够明显。

第三节　我国文化事业管理体制改革的内容及方向

一、文化事业管理体制改革的主要内容

文化事业管理体制改革以实现行业管理为方向,政府文化主管部门从“办文化”的传统计划经济管理模式向“管文化”的现代社会主义市场经济管理模式转变,以行业管理为主,通过各种经济的、法律的和必要的行政手段调控市场,引导文化企业的生产经营活动。

在文化事业所有制上,采取多种所有制并存的体制。在文化事业运作机制上,建立适合市场经济的文化产业结构,以市场作为文化资源配置的主体。在文化事业管理方面,改善公共管理方式,建立新型文化行政管理体制。具体包括加强文化事业法律法规建设、文化行政减少直接干预,强化宏观调控、大量运用经济调控手段,变单一的文化行政为多样的文化管理,建立了符合市场经济运行规律的宏观文化行政体制。

二、文化事业管理体制改革的新趋势

从世界各国范围来看,由于国家、文化企事业单位和社会三者在文化活动中的权责不同,在管理过程的地位不同,不同国家文化事业管理体制所发挥的作用也不尽相同。根据我国文化事业发展的需要和中央的改革精神,结合其他国家文化事业管理模式的特点,我国文化事业管理的新趋势主要有以下几个方面:

1. 适应文化产品市场化发展的规律

确定文化事业管理模式政府控制与社会选择是两种不同的公共事业管理体制。政府控制是政府通过社会组织,将自己的权力延伸到社会的各方面,从而实现对整个社会的统治;社会选择,就是让公共事业组织对社会的集体需求做出及时反应,社会通过自己内在的机制为社会成员提供公共物品和服务。作为两种不同的管理方式,政府控制与社会选择对

于事业管理体制的意义完全不同。政府控制更多地适应计划经济体制的要求，社会选择则适用于市场经济体制。随着市场经济体制的建立，文化事业管理体制应实现从政府控制向社会选择的转变。

在市场经济条件下，政府不可能包办所有的文化事业，由社会主办文化事业是所有发达国家的重要经验，也是推动文化事业发展的理性选择。即使是政府主导文化事业发展的模式，它的文化产业也是以私人兴办为主，文化经济社会办，积极支持社会各界对文化产业的投入和资助。通过确定适用于市场经济体制的文化事业管理模式，适应文化产品市场化发展的规律，使中央集权与地方分权相结合，有利于调动地方办文化的积极性，有利于增加对地方文化单位和文化活动的资助。

2. 明确文化事业管理主体

文化事业的举办主体多元化，即纯公益性、基本事业由中央或地方政府举办，准公益性、半公益性、非基本事业则由民间举办。在进行分类的基础上要逐步分流，进一步将部分公共事业单位分流出去，减少官办性质的公共事业单位，改善政府对公共事业的管理。

实行文化事业经营主体多元化。首先，取消对社会资本准入和对民间企业上市的诸多限制，允许和鼓励社会资本对文化市场的投入。其次，社会各界尤其是企业要加大对社区文化事业的自愿资助，进而促使整个地区文化的协调发展。再次，发挥文联、文化协会、群众文化团体和文化中介组织在文化事业管理中的作用，要大力培育经纪人、专家裁定小组等社会中介组织，将文化与市场、市场管理紧密联系起来。在这一点上，政府应加快将可由社会团体和中介组织完成的事情交由社会自行管理，充分发挥这些组织的联络、协调和服务等管理作用。

实行对文化事业的分类管理。首先，针对不同文化事业的性质和不同文化单位的特点，制定相应的管理措施。对学术团体、图书馆、文化馆、博物馆等社会公益性文化事业单位实行全额拨款政策，并鼓励这些单位设立基金会吸引社会捐赠，有条件的单位还可尝试市场化运作。其次，对交响乐团、芭蕾舞团等高雅文化团体和有保存价值的民间文化团体实行财政资助与适量经营相结合的政策，将有营利能力的团体推向市场，给非营利性团体一定的政策倾斜。再次，确立出版社、电影厂、影剧院、旅行社、游乐场等企业型文化单位的市场主体地位，让其自主经营、自负盈亏，在市场竞争中优胜劣汰，发展壮大。

3. 健全文化事业管理体制

实行新型文化事业管理机制的政府始终承担着公共事业宏观管理的责任，制定公共事业发展目标、规划、法律、政策、方针、规则等。根据政事分开、举办权与经办权分离的原则，实行国家事业所有权、经营权和管理权的分离，重新划分、调整和规范政府与事业组织之间的权、责、利关系，切实转换政府与事业单位的角色和职能，建立现代事业制度，实行事业制度创新。政府对于公共事业的管理，应做到宏观管住、微观放活。对于由政府举办的基本事业单位，一方面要行使举办者的权利，在产权、财权、领导任免权及监督考核权方面行使职能；另一方面，还要依法赋予事业单位自主权，充分发挥事业单位的积极性。对于政府和社会共同兴办的公共事业单位和主要由社会渠道兴办的公共事业，在政府具体管理权限、政策、方式上应有所不同，形成多元化的管理体制。彻底实现政事、政企分开，建立现代微观文化管理机制。政府对文化事业管理职能的重新界定和调整，必然要求将现有绝大多数国家文化事业单位逐步推向市场，使其企业化、产业化和社会化，也必然要求改革微观文化主体的管理模式。建立现代文化企事业单位管理体制是改革我国文化事业管理体制的基石，也是深化我国文化行政体制改革的必然逻辑。

总之，文化体制改革的目标，是克服旧体制的弊端，探索建立党委领导、政府管理、行业自律、企事业单位依法运营的文化管理体制和富有活力的文化产品生产经营机制，为发展社会主义先进文化奠定长远的制度保障。文化体制改革的中心环节和重点，是推进国有经营性文化单位的转制。通过改革，培育市场主体，发展文化产业，解放和发展文化生产力，促进文化艺术的繁荣。同时进一步深化文化企事业单位内部机制改革。选择适合市场经济体制需要的文化事业管理体制，实现文化事业管理改革的体制创新。

三、深化文化事业管理体制改革与创新的对策

1. 完善文化管理体制

推动政府部门由“办文化”向“管文化”转变、推动党政部门与其所属的文化企事业单位进一步理顺关系是深化文化管理体制改革的重要部分。计划经济时代使企事业单位对政府形成了依赖，突然失去这个拐棍，把他们丢入市场这个大潮中，未免有不适应，有阵痛。这些是他们必须要面对的问题，关键是政府在其中要起引导和扶持作用。

2. 建立健全现代文化市场体系

完善文化市场准入和退出机制，鼓励各类市场主体公平竞争、优胜劣汰，促进文化资源在全国范围内流动。在政策层面、法律层面，设立法律法规，为公共文化服务提供保障，在财政方面予以支持，这些都要制定出细则具体实施。

3. 构建现代公共文化服务体系

文化要普惠众生，让全体人民共同分享改革发展成果，使人民群众幸福感、满意度上升，使社会更和谐，生活更美好。具体的要建立公共文化服务体系建设协调机制，统筹服务设施网络建设，促进基本公共文化服务标准化、均等化，等等，同时鼓励社会力量、社会资本参与公共文化服务体系建设，培育文化非营利组织。

4. 加强对外交流开放

增强我国国际话语权，提升我国文化在国际上的影响力，以开放心态对待国外优秀文化。坚持政府主导、企业主体、市场运作、社会参与，扩大对外文化交流，推动中华文化走向世界。综上所述，只有不断深化文化管理体制的改革，才能为我国文化事业的全面繁荣和文化产业的快速发展提供制度性保障。

本章小结

文化事业管理体制，主要指国家管理文化事业的行政管理组织体系和对其管理所采用的运行机制，具体内容包括政府文化职能中的文化管理职能和组织体系、政府管理文化事业采取的方式、政府与文化事业之间的关联、制定相关制度合理规范文化事业单位与社会经济组织之间的关系、交易准则等。

随着社会经济条件的变化、政治体制与经济体制的调整和文化事业自身的发展，也经历了一个不断演变、适应和发展的过程。我国现行文化管理体制的制度性缺陷，如政企不分、政事不分、管办不分、职能不清；条块分割、各自为政、资源分散、效益低下；机制不活、管理不善、激励不足、绩效较差；管理滞后、手段单一、立法滞后及配套性差等。

我国文化事业管理体制改革的主要内容首先是采取多种所有制并存的体制；其次是在文化事业运作机制上建立适合市场经济的文化产业结构，以市场作为文化资源配置的主体；再次，在文化事业管理方面，改善公共管理方式，建立新型文化行政管理体制。

文化事业管理体制改革的趋势包括：适应文化产品市场化发展的规律，确定文化事业管理模式。政府控制与社会选择是两种不同的公共事业管理体制；明确文化事业管理主体，实现对文化事业的分类管理；健全文化事业管理体制，实行新型文化事业管理机制，政府始终承担着公共事业宏观管理的责任，制定公共事业发展目标、规划、法律、政策、方针、规则等。

深化文化事业管理体制改革与创新的对策包括：完善文化管理体制，完成政府角色转变；建立健全现代文化市场体系，在政策、法律、财政等方面提供保障；构建现代公共文化服务体系，推动服务社会化发展；加强对外交流开放，提高文化开放水平。

复习思考题

1. 文化事业管理体制的含义是什么？

3. 简述我国现行文化管理体制的制度性缺陷。

3. 试述我国文化事业管理体制改革的内容及方向。

第三章　文化政策与法律

第一节　文化政策概述

一、文化政策的含义及特点

1. 文化政策的含义

如今，文化在社会发展中的重要作用日益凸显。对一个国家来说，国民经济发展的优势已不再局限于丰厚的自然资源和廉价的劳动力，而是将逐渐转移到具有更高附加价值的文化及其智力资源。文化和文化政策在21世纪将主导全球竞争，并导演和预示着长远的全球发展趋势。

通过文化政策实现国家对文化的有效监管和指导，是现代国际社会的普遍文化政治行为。文化政策既是文化自我规范和约束的反映，又是国家文化利益、文化意志的集中体现。

政策对一个国家文化的发展具有能动的主导作用，文化政策不仅关系国家的物质文明建设，而且关系精神文明建设，在一国的公共政策体系中居于非常重要的地位。正确的政策对文化的发展可以起到主动推进和使其加速发展的作用；反之，错误的政策也可能阻碍和破坏文化的正常发展。

从宏观层面看文化政策是指一定时代，一定社会条件下，行政机构对文化领域问题所颁布的相关规定和对策原则。从微观层面看文化政策是一国对于文化艺术、新闻出版、广播影视、文物博物等领域进行行政管理所采取的一整套制度性规定、规范、原则和要求的总称，是有别于科技政策、教育政策等其他领域政策的一种政策形态。

2. 文化政策的特点

(1) 文化政策是文化自我约束的反映

文化政策的发生和起源不是基于某种外在文化的力量，而是文化自身为寻求生存和发展而产生的一种需要的结果，一种文化的自我规范和约束，一种历史的约定俗成。它是整个人类文明走向规范和有序的文化关系的反映。

(2)文化政策是国家文化意志的集中体现

文化政策与其他公共政策一样,体现了统治阶级的意志,维护着统治阶级的利益。文化政策是文化的政治表现形态,是国家形态下人类有意识的、自觉的文化统治行为和文化政治行为,反映的是一定阶级的文化利益、愿望、要求和目的,体现的是国家的文化意志。

(3)文化政策是国家利益与社会利益的统一

文化政策必须充分体现国家文化意志并以国家利益为最高利益。作为文化政策主体的政府及其执政党在追求最终文化目标时,必然要使文化在满足政治需要的同时,还必须满足社会公众的需要,要充分考虑文化分配的公平、人民文化生活水平的提高和文化的社会稳定。

二、文化政策主体

主体,一般是指有意识,有实践能力,能够对客观事物进行主动认识和实践的人或群体。文化政策主体是指以一定的社会文化为对象,根据一定时期的国家文化利益、决策和制定文化政策以实现国家文化目标的人,以及由这类人组成的组织形态和机构形态系统。文化政策的主体问题决定了文化政策的所属,即文化政策代表谁的利益、反映谁的要求。

1. 执政党

执政党是政策主体中的核心力量。公共政策在很大程度上可以视为执政党的政策。文化政策都是政党统治集团所代表的阶级文化利益和文化意志的反映。因此,执政党在整个文化政策决策体系中居于主导地位。

2. 国家立法机关

国家立法机关是有权制定、认可、修改、补充和废止法律的国家政权机关,是政策主体的一个最重要的构成部分。它的主要任务是立法,即履行制定法律和政策这一政治系统中的主要职责。在文化政策主体体系中,它是拥有使文化政策合法化的权力机关。任何关于文化政策的建议和主张,只有经过法律程序才能成为国家行为和国家意志,文化政策也才能在规范社会文化行为中具有合法性。

3. 政府

政府,即国家行政机关,是国家权力机关的执行机关,它直接执掌国家文化行政权,从事国家文化事务管理，是国家文化意志的直接体现者，如我国的国务院及其文化行政部门——文化部、国家新闻出版广电总局等。

4. 文化政策研究人员

专业的文化政策研究人员虽然并不一定充当直接政策制定者的角色，但他们所提出的理论意见和学术观点给予政策制定者的影响往往是非常巨大的。因此，文化政策主体应当包括文化政策研究人员。

三、文化政策客体

文化政策客体是文化政策作用的对象，即文化政策实施的目标群体，包括文化政策问题和文化政策目标团体。

文化政策问题是指由文化问题的矛盾而引发、产生，并需要国家决策系统通过国家文化干预，即制定文化政策才能解决和处理的文化问题。文化政策问题是从“事”的角度对文化政策客体的界定。从人的角度来看，文化政策所发生作用的对象是文化领域的社会成员，这些受文化政策规范、制约的社会成员被称为文化政策目标团体。

第二节　文化政策过程

文化政策过程与其他公共政策过程相同，主要包括政策制定、政策执行和政策终止三个阶段。在这一过程中，围绕文化政策问题，制定相应的文化政策，并在具体实践中付诸实施，当文化政策目标已经实现或与时代发展不相适应时，及时终止文化政策。

一、文化政策制定

文化政策制定是指从文化政策问题的界定到文化政策议程的建立再到文化政策文本确定以及合法化的过程。文化政策制定在文化政策过程中居于非常重要的地位。

1. 文化政策问题的界定

文化政策问题是文化问题发展到紧张阶段，必须由国家进行干预，即制定文化政策才能得以解决和处理的问题。文化政策问题的界定是指文化政策主体根据一定社会历史阶段对于文化发展的需要，以一定的价值尺度为标准，为实现一定的文化发展目标，对文化政策问题进行分析、评估和判定的过程。文化政策问题的界定对于文化政策的制定具有直接影响。

发现文化政策问题以后，还要对这些问题进行界定，即对问题的严重性、复杂性等进行分析和研究，为下一步文化政策议程的建立奠定基础。

2. 文化政策议程的建立

政策议程是指将政策问题提上政府议事日程，纳入决策领域的过程。文化政策问题的发现和界定，只是提出了需要制定文化政策的可能性，还未成为文化政策决策主体的政策行为。文化政策问题只有纳入政府的政策议程，才能通过制定和执行政策等一系列程序使问题得以解决和处理。

3. 文化政策方案的确定

文化政策方案的确定，是文化政策问题获得确认并进入政策议程后，由政府中枢决策系统为解决该问题而形成政策的行为。它是文化政策制定过程系统的核心。文化政策问题只有经由这个核心过程，才能真正获得解决。

4. 文化政策的合法化

文化政策的合法化是指文化政策决策主体为使政策方案获得合法地位而依照法定权限和程序所实施的一系列审查、通过、批准、签署和颁布政策的行为过程。文化政策的出台必须经过相应的程序且取得合法的地位。文化政策合法化的途径因各国国情的不同而有所差异。

二、文化政策执行

文化政策经过合法化过程并公布之后，便进入政策执行阶段。文化政策执行就是通过建立相应的组织机构，运用各种政策资源，采取解释、宣传、实验、实施、协调与监控等各种行动，在实践中将文化政策由观念形态转变为现实形态的过程。文化政策执行是文化政策运行全过程的重要阶段，它关系到文化政策决策主体预设的政策目标能否实现，以及实现的程度和范围，并检验文化政策本身的科学性、可行性。文化政策执行包括三个阶段。

1. 准备阶段

(1)思想和舆论准备

一方面，对于文化政策的执行者或执行团体来说，要统一对文化政策执行的认识，从国家和人民的利益出发，深刻学习和领会政策的精神实质，正确处理局部利益与国家整体利益的关系，把自己的思想认识与国家关于文化建设和文化发展的长远目标统一起来。这样才能在执行过程中自觉遵守国家的规章制度并充分发挥积极性和创造性。另一方面，对于文化政策客体来说，思想准备就是社会舆论准备，这往往需要政策执行主体来实施。具体而言，就是通过教育和传媒等手段进行多渠道、多角度、完整、准确地宣传，使社会公众深刻理解这些政策的根本精神，从而取得社会公众的认同，树立文化政策意识，为文化政策执行营造良好的社会舆论环境。

(2)组织准备

要建立科学、完整、系统的行政机构和相应的职能部门，形成有机的组织系统，为贯彻执行文化政策奠定组织基础。这一组织系统并不是一成不变的，当社会条件发生变化时，要根据文化政策执行所要达到的新的目标，科学地规划和设置新的职能部门，配备专业人员。

(3)实施计划准备

文化政策是一种宏观、普遍的规定，要使文化政策在本地区、本部门得到切实有效的贯彻落实，使局部领域的文化管理、文化建设和文化发展与国家的整体目标保持一致，就必须把文化政策的普遍性规定与本地区、本部门的具体实际进行有机结合，实现宏观文化政策的具体化和本土化。因此，为确保文化政策执行活动的有序开展，就必须拟定一个切合本地实际的政策实施方案，制订明确可行的执行计划。

2. 实施阶段

文化政策的实施是文化政策执行过程中的实质性阶段，也是文化政策执行过程中操作性、程序性最强，涉及面最具体、最广泛的阶段。在这一阶段，文化政策执行主体要建立健全高效的工作制度和严格的执行原则，运用法律手段、经济手段和行政手段，全面实施政策，实现政策目标。在这一过程中，文化政策主体还要时刻注意掌握工作进度，把握政策方向，做好阶段衔接和均衡协调，加强检查监督，及时反馈各种信息，确保执行机制正常运转，提高执行工作的整体效率。

文化政策执行是一项复杂的工程，在具体实施阶段，常常会出现许多不确定因素和未知因素，对执行过程中复杂情况的处理，某些条件下可以依靠执行者的经验和能力，更多的时候需要的是执行者运用适当技巧和方法的能力、良好的心理素质以及处理突发事件的决断能力。因此，文化政策执行者必须注重提高应对复杂情况的能力，全面提高政策执行质量，把在政策执行中可能遇到的风险和阻力降到最低程度。

3. 调整改进阶段

根据文化政策运行内外部条件的变化适时调整政策或者调整政策执行手段，是文化政策运行和发展的客观规律。导致文化政策调整的因素有很多，涉及文化政策运行的主要因素有：文化政策制定主体工作侧重点的转移、文化政策目标的改变、文化政策载体的变化以及社会变迁，包括政治、经济等方面。

文化政策调整的内容主要有：政策目标调整、政策原则调整、政策方向调整、执行方案调整、具体措施和手段调整等。在文化政策调整过程中，要注意把握调整的最佳时机，掌握调整的力度，安排调整的步骤，做好政策调整所需要的协同工作，优化文化政策调整的艺术。要避免由于调整不当而造成的文化动荡，要处理好文化政策调整与文化稳定发展的关系，努力提高政策执行效果，实现政策目标。

三、文化政策终止

文化政策具有自己固有的产生、发展和消亡的生命过程和内在规律。文化政策终止是文化政策运动的终结，是政策决策者通过对政策进行慎重的评估而采取必要的措施，以终止那些过时的、不必要的或无效的文化政策的行为过程。

文化政策终止的主要内容包括文化政策功能的终止、文化政策机构的终止、文化政策的终止三个方面。文化政策终止主要有文化政策废止、文化政策替代、文化政策合并、文化政策分解和文化政策缩减五种形式。

第三节　我国当前的文化政策

我国当前的文化政策是在中国共产党领导中国革命和社会主义建设的历史过程中逐步形成和发展起来的，与中国新文化运动和中国的文化的现代化进程紧密相关。目前我国的文化政策体系主要包括文化事业总政策、文化事业基本政策和文化领域各行业的具体政策。

一、我国文化事业总政策

我国文化事业总政策，是我国在较长的社会主义历史发展阶段确立的根本文化目标和文化任务，它规定了我国在社会主义发展过程中文化发展的根本方向。具体来说，我国文化事业总政策包括："为人民服务，为社会主义服务"；"百花齐放，百家争鸣"。即"二为""双百"两部分内容。在中国当代文化政策体系中，这是具有战略指导性和根本原则性的文化政策，是制定其他各种文化政策的依据。

1. 为人民服务，为社会主义服务

"为人民服务，为社会主义服务"是社会主义文化艺术事业发展的正确方向，简称"二为"方向。

为人民服务，就是要满足广大人民群众日益增长的精神文化需求。文艺为人民服务包含两重含义：其一，文艺应当反映和表现人民群众火热的生活；其二，文艺应当注重民族风格、民族气派，为人民所喜闻乐见，能够起到教育人民、鼓舞人民、愉悦人民的作用。

为社会主义服务，就是要求文艺要反映社会主义的本质特征和时代精神，表现社会主义伟大实践中的人物和事件，歌颂真、善、美，揭露假、恶、丑，净化人的灵魂，陶冶人的情操，激励人民群众为社会主义现代化建设而努力奋斗。

坚持"二为"方向决定了文化艺术事业的发展始终要把社会效益放在首位。"为人民服务，为社会主义服务"，不仅是对文艺工作者思想、道德水平的要求，也是对文艺工作者的艺术水平的要求。

"二为"方向的提出，不仅具有重大的理论意义，而且具有重要的实践意义。它不仅明确了文艺的性质、方向和文艺工作者的历史责任，而且保障了服务对象是最广大的人民群众，为文艺的繁荣发展提供了广阔的天地。

2. 百花齐放，百家争鸣

"百花齐放，百家争鸣"是繁荣文化事业的基本方针，简称"双百"方针。具体而言，就是在文艺创作上，允许不同风格、不同流派、不同题材、不同手法的作品同时存在，自由发展；在学术理论上，提倡不同学派、不同观点互相争鸣，自由讨论。

"双百"方针是充分发扬民主的方针。中国宪法保障公民享有充分的创作自由和学术自由。《宪法》规定：公民有言论、出版自由，有进行科学研究、文艺创作和其他文化活动的自由。“双百”方针充分体现了宪法的这一精神。

“双百”方针是促进团结的方针。文艺具有团结人民、教育人民的作用。文艺队伍自身也需要团结。只有百花齐放、百家争鸣,文艺工作者心情舒畅,直抒胸臆,自由选择适合个人风格、适合内容需要的表现手法,才能做到真正的团结。在各门类、各流派的文艺工作者之间,在文艺家与广大读者、观众、听众和评论家之间,都要提倡平等的、友好的讨论,提倡摆事实、讲道理,坚持真理,修正错误。

“双百”方针是符合文艺发展内在规律的方针。文艺创作是作家、艺术家丰富的精神世界的外在表现,是充满创造性的复杂的精神劳动,是创作者对社会生活感受、体验的升华,凝结着创作者的知识积累和艺术功力,渗透着创作者的人格力量。有了自由的外部环境,才能使创作潜能充分发挥。创作自由是文艺工作的基本规律,“双百”方针是实现创作自由的根本保证。坚持“双百”方针,就是要求政府在履行管理职责时,避免官僚主义,废止文艺创作领域里的行政命令,要通过与文艺工作者交朋友,平等地交换意见,从各个方面提供条件,使他们全身心地投入文艺创作,充分发挥聪明才智。

二、我国文化事业基本政策

基本政策是总政策的原则内容在某个政策方向上的体现,是政策过程系统的空间展开。在全面部署社会主义文化建设的过程中,中国不但形成和制定了具有中国特色、符合中国国情的社会主义文化总政策,而且还逐步形成和制定了一系列体现总政策原则精神的基本政策和具体政策,它们共同构成了我国社会主义文化政策体系。

1. 弘扬主旋律,提倡多样化

“弘扬主旋律,提倡多样化”体现了“二为”方向和“双百”方针。

弘扬主旋律,就是要在建设中国特色社会主义理论和党的基本路线的指导下,大力倡导一切有利于发扬爱国主义、集体主义、社会主义的思想和精神,大力倡导一切有利于改革开放和现代化建设的思想和精神,大力倡导一切有利于民族团结、社会进步、人民幸福的思想和精神,大力倡导一切用诚实劳动争取美好生活的思想和精神。

提倡多样化,就是在不违背“二为”方向的前提下,艺术家表现什么、如何表现,完全可以百花齐放。提倡多样化包括了两方面的要求:一是要努力满足人民群众多方面、多层次的文化需求;二是即使是反映主旋律的作品,在题材、形式、风格和表现方法上也要丰富多彩,生动活泼。

在新的历史条件下,正确处理弘扬主旋律与提倡多样化的关系,就是要既大力弘扬主旋律,又提倡多样化,达到二者高度统一,这样才有利于社会主义文化艺术事业的繁荣发展。

2. 古为今用,洋为中用,推陈出新

"古为今用,洋为中用,推陈出新",是正确认识、利用古代文化遗产和外国文化成果,建设社会主义新文化的方针。

进行中国特色社会主义建设,特别是文化建设,迫切需要从传统文化和外来文化中汲取有益的成分,使之与现代精神、中国特色相融合,并进一步发扬光大。中国社会主义文化的发展,明显受到了两种文化因素的影响:一是几千年中国传统文化的影响;二是世界优秀文化的影响。

在处理与古代文化和外国文化的关系问题上,中国采取了更关注现实的原则。继承借鉴古代和外国一切优秀文化成果只是手段,创造中国特色的社会主义新文化才是目的。

三、我国文化事业的具体政策

1. 文艺创作政策

"树立精品意识,实施精品战略"。繁荣文艺是文化工作的中心任务,多出优秀作品是文化艺术工作者的天职。国家要求各级文化主管部门要始终把繁荣和发展社会主义文艺事业,努力为人民提供更多更好的文化艺术精品,放在工作的中心位置。

实施精品战略,最重要的是正确处理普遍繁荣与精品生产的关系,以精品生产引导普遍繁荣,以普遍繁荣促进精品生产。

2. 新闻、传播、出版事业政策

中国的新闻、传播、出版事业遵循"坚持党性原则,坚持实事求是,坚持团结稳定,正面宣传为主,把握正确舆论导向"的方针。中国的新闻传播事业是用社会主义思想团结人民、教育人民、鼓舞人民的重要阵地。

新闻以事实为基础,以报道事实和评价事实为主要手段。新闻事业是通过新闻手段来反映社会现实生活的,它以反映生活在时间上的迅速性和空间上的广阔性为优势,成为现代生活不可或缺的部分。

社会主义的新闻自由(言论、出版自由)是社会主义制度下人民民主权利的一部分,是在舆论上保证人民当家作主的权利。社会主义新闻自由包含两个方面:一方面,人民群众通过新闻媒介了解国内外大事和各种信息,参与对国家事务和各项社会事务的管理,对国家机关和各级干部进行监督;另一方面,人民群众通过新闻媒介发表各种意见,进行自由讨论,在讨论中逐渐克服与社会发展不相适应的落后观念和错误思想,在人民内部进行自我教育。

社会主义的新闻传播事业必须坚持党的领导,坚持党性原则。中国的新闻传播事业要求做到新闻的客观性、准确性与党性原则的高度统一。国家高度重视新闻传播的舆论导向作用,在对新闻传播媒体的管理,强调中央对新闻传播事业的统一领导;强调党报、党刊、国家通讯社和电台、电视台发挥主流媒体的主导作用。

中国的出版业在出版规模和品种上位居世界前列。在社会主义市场经济体制条件下,出版业中的市场主体、市场行为的范围不断扩大。在新的形势下要着力提高出版物质量,及时反映国内外新的优秀文化成果,重视出版传统文化精品和有价值的学术著作,积极扶持少数民族出版事业,不断满足人民群众多层次、多方面的需求;加强宏观调控,采取有力措施解决目前总量过多、结构失衡、重复建设、忽视质量等问题,努力实现从扩大规模数量为主向提高质量效益为主的转变;坚持不懈地同盗版等非法出版活动斗争。

3. 文物工作政策

“保护为主,抢救第一”;“有效保护,合理利用,加强管理”。保护和利用文化遗产,继承和弘扬中华民族的优秀文化传统,国家提出了“保护为主,抢救第一”的工作方针。

利用文物是保护文物的目的,保护是为了更好地利用。为了处理好保护与利用的关系,国家又进一步提出了“有效保护,合理利用,加强管理”的原则,作为新时期贯彻“保护为主,抢救第一”的方针的重要任务,这就要求正确处理文物保护与大规模经济建设的关系、文物保护与人民群众切身利益的关系、文物管理体制与社会主义市场经济体制的关系。

中国对文物实行分级保护,对于可移动文物,按照文物价值分为三级,进行科学保管与收藏。对于不可移动文物,则采取命名文物保护单位的办法。分级保护制度,将国家对文物保护的责任明确地分解到中央和地方的各级政府,使各种文物得到有效保护。

利用文物进行爱国主义教育,继承和弘扬民族传统文化,是文物合理利用的重要内容,也是博物馆工作的重要方面。

4. 文化市场政策

“一手抓繁荣，一手抓管理”。改革开放以来，我国文化市场迅速崛起，蓬勃发展，现已初步形成了演出市场、娱乐市场、音像市场、书籍报刊市场、美术市场、电影市场、文物市场、艺术培训市场和国际文化市场等多门类的综合性市场体系，呈现出国家、集体、个人、中外合资与合作等多种所有制并存、协同发展的态势，形成了初步繁荣的局面。

5. 群众文化政策

“积极健康、丰富多彩、服务人民”。满足人民群众日益增长的物质与文化需求，提高全民族的文化素质，是发展社会主义文化事业的根本目的。国家保障公民平等参与文化活动的权利并大力倡导人民群众参与文化艺术活动。开展群众性文化活动，为社会主义文化事业的整体发展奠定坚实的基础，倡导文明健康的生活方式，建设社区文化、村镇文化、企业文化、校园文化，提高人民群众的文化生活质量，是群众文化工作的主要任务。

按照“积极健康、丰富多彩、服务人民”的要求，大力开展群众文化活动。健全群众文化工作网络，加强群众艺术馆、文化馆、文化站建设。

党中央、国务院高度重视群众文化工作，制定了一系列重要政策措施加快建设公共文化服务体系，公共文化服务体系建设呈现出蓬勃发展、整体推进、重点突破的良好态势，我国覆盖城乡的公共文化设施网络基本形成。

6. 少数民族文化政策

中国是一个多民族的国家，是由56个民族组成的大家庭。各民族之间在政治、经济、文化上平等相处、团结互助、共同发展。国家根据各少数民族的特点和需要，帮助各少数民族地区加快经济和文化发展。各民族都有使用和发展自己的语言文字的自由，都有保持或者改革自己的风俗习惯的自由。

民族自治地区在不违背宪法和法律的原则下，有权依照当地民族的政治经济和文化特点，采取特殊政策和灵活措施，加快民族自治地区经济、文化建设事业的发展。民族自治地区的自治机关在履行职能时，可以使用当地通用的一种或者几种语言文字；同时使用几种通用文字的，可以以实行区域自治的民族的语言文字为主。民族自治地区有权自主地发展具有民族形式和民族特点的文学、艺术、新闻、出版、广播、电影、电视等民族文化事业，收集、整理、翻译和出版民族书籍，保护民族的名胜古迹、珍贵文物和其他重要历史文化遗产。经过长期的建设，各少数民族都有自己的民族艺术表演团体，有本民族文字的都有使用相应民族语言文字的出版机构，新疆、内蒙古、西藏等自治区均有相应的民族电视台和电影制作、翻译机构。

为扶植和帮助各少数民族发展文化事业，国家实行了对少数民族地区文化设施建设、文艺人才培养、对外文化交流及文物保护“四优先”政策。

7. 对外文化交流政策

“把握方向，服从大局，以我为主，择精取优，扩大影响，促进友谊”。对外文化交流是文化工作和外交工作的重要组成部分。

所谓“服从大局”，一是指服从外交工作大局。中国的对外文化交流必须奉行国家一贯坚持的独立自主的和平外交政策，在和平共处五项原则的基础上，同世界各国进行文化交流与合作。在文化交流中，绝不把自己的社会制度和意识形态强加于人，同样也绝不允许别人将他国的社会制度和意识形态强加于中国。二是指服从社会主义精神文明建设的大局。在文化交流日益扩大的形势下，要注意严格把好引进和派出项目的内容质量关。

所谓“以我为主，择精取优”，一是指立足国内建设，从国内经济建设和文化建设需要出发来进行派出、引进。二是指以宣传中国为主，以让世界人民能够真实地了解中国为主。三是指保证交流的档次和水平，无论派出或引进，都要努力选取能够代表一个国家、一个地区或一个民族的文化传统、文化内涵、文化水平的经典之作和精品力作，加强鉴别，择精取优。

所谓“扩大影响，促进友谊”，是指在对外文化交流中，一方面要大力宣传和传播中华民族优秀文化，把中国人民创造的优秀文化介绍给世界各国人民，扩大中国的影响，增进世界各国人民对中国的了解；另一方面要积极吸收和引进外国优秀文化，借鉴世界各国各民族的优秀文化成果，促进中国同世界各国人民之间的友好交流与合作。

对外文化工作在新时期是我国改革开放政策的重要组成部分。随着改革开放的不断深化和扩大，对外文化工作的领域也在不断扩大，对外文化交流的形式日趋多样，面对这一新形势，必须进一步加强和改进对外文化工作的管理。

在对香港特别行政区、澳门特别行政区与台湾地区文化交流方面，中央政府坚持按照“和平统一，一国两制”的基本方针，积极开展文化交流活动。对港澳文化的交流一直比较活跃。中国恢复对香港、澳门行使主权后，中央政府不干预香港特别行政区和澳门特别行政区的文化事务，内地与香港、澳门的文化交流，在坚持“一国两制”“港人治港”“澳人治澳”高度自治方针的前提下，将继续扩大。对台湾地区文化交流，也将在坚持“和平统一，一国两制”的基本方针和发展两岸关系、推进祖国和平统一进程八项主张的基础上，继续发展。

第四节　文化事业法律制度概述

一、加强文化事业法律制度建设的必要性

文化法律制度，是中国特色社会主义法治的重要组成部分，是党在宣传文化领域依法执政的具体体现。加强文化立法、完善文化法律制度，不仅是推进文化建设的题中应有之义，也是深化文化体制改革的重要内容，对推动社会主义文化大发展大繁荣、增强国家文化软实力具有十分重要的意义。

1. 依法治国

依法治国是我们党治国理政的基本方略。文化建设是中国特色社会主义现代化事业五位一体总体布局的重要组成部分，文化法律制度是中国特色社会主义法律体系不可或缺的重要内容。没有完善的文化法律法规，就不可能形成完备的中国特色社会主义法律体系，依法治国的基本方略也不可能得到全面贯彻落实。目前，文化领域立法相对滞后，与建设社会主义法治国家的要求不相适应，与国家不断推进法治建设的整体进程不相适应。必须进一步加快文化领域的立法步伐，推动文化领域的建设和管理走上制度化、规范化轨道。

2. 提高文化工作科学化水平

提高文化工作科学化水平，需要从多方面努力。其中，加强立法工作，充分发挥法律法规的规范和引领作用，是十分重要的方面。文化法律法规是对文化建设规律的概括和总结，相对于文化政策而言更具有稳定性、规范性和强制性。通过法定程序把党在文化领域的政策主张上升为国家法律，就使党的政策主张获得了国家强制力的保障；把文化建设实践中形成的新成果、新经验用法律的形式固定下来，就为文化改革发展提供了更为科学、更为具体的遵循。这不仅有利于保证文化建设沿着正确方向发展，而且有利于推动文化工作不断从经验型向科学化转变。

3. 推动社会主义文化大发展大繁荣

社会主义文化大发展大繁荣，既需要政策指引、改革推动，也需要法治保驾护航。人民群众的基本文化权益，需要通过立法来确认和保障；国家鼓励扶持文化事业和文化产业发展的政策措施，需要通过立法进一步制度化、规范化；各级政府在文化建设中的责任，需要通过立法加以明确和强化；文化体制改革的成功经验和做法，需要以立法的形式加以固定化。加强文化领域立法、完善文化法律制度，不仅有利于加快文化事业、文化产业发展，而且有利于文化体制改革的深化和文化体制改革成果的巩固。

4. 维护国家文化安全

对我国实行"西化""分化"，是境外敌对势力的一贯战略。近年来的一个突出特点，就是利用国际惯例和世贸组织规则，大量输出文化资本和文化产品。从近年来我国对外文化贸易争端及世贸组织裁决来看，我们同发达国家在文化领域的竞争经常表现为法律层面的较量，掌握和运用法律武器的能力，已经成为成败得失的关键。面对激烈的国际文化竞争和严峻的意识形态挑战，特别是我国对外开放不断扩大后文化领域出现的新情况新问题，如果不尽快做好立法方面的准备，建立健全法律制度，就难以有效抵御境外敌对势力的文化渗透，难以在文化软实力竞争中赢得主动。

二、文化事业法律体系

我国的文化事业法律体系是以宪法为核心，以文化法为主要内容，横跨行政法、民法、商法、经济法、社会法、刑法和诉讼法等多部门、多层次的规范体系。它在结构上包括以下三个部分。

1. 宪法

宪法是国家的根本法，具有至高无上的地位。宪法关于国家基本制度和发展文化事业及保障公民享有从事文化活动的权利的规定为文化事业法制建设提供了基本原则。我国《宪法》规定："国家发展为人民服务、为社会主义服务的文学艺术事业、新闻广播电视事业、出版发行事业、图书馆、博物馆、文化馆和其他文化事业，开展群众性的文化活动"；"国家保护名胜古迹、珍贵文物和其他重要历史文化遗产"；宪法保障公民享有进行科学研究、文学艺术创作和其他文化活动的权利，保障公民享有言论、出版、集会、结社、游行、示威的自由和宗教信仰的自由。宪法的这些规定既是建立文化法律体系的依据和基础，又是文化法律体系的一部分。

2. 文化法

文化法是根据宪法制定的调整国家文化管理和社会文化生活中发生的各种社会关系的法律规范总称。1982 年 11 月 19 日,第五届全国人民代表大会常务委员会第二十五次会议通过的《中华人民共和国文物保护法》是我国最重要的文化法之一,它对文物的保护、利用和研究作出了全面规定。根据 2013 年 6 月 29 日第十二届全国人民代表大会常务委员会第三次会议《关于修改〈中华人民共和国文物保护法〉等十二部法律的决定》第三次修正。1990 年 9 月 7 日,第七届全国人民代表大会常务委员会第十五次会议审议通过了《中华人民共和国著作权法》,并于 1991 年 6 月 1 日正式实施。2001 年 10 月 27 日,第九届全国人民代表大会常务委员会第二十四次会议通过了《关于修改〈中华人民共和国著作权法〉的决定》,对《中华人民共和国著作权法》进行了第一次修正。根据 2010 年 2 月 26 日第十一届全国人民代表大会常务委员会第十三次会议《关于修改〈中华人民共和国著作权法〉的决定》第二次修正。在演出、电影、广播、电视、出版等方面,国务院制定了单项的行政法规,它们对保障公民享有的言论、出版、表达等民主权利具有重要作用。

3. 其他相关法律

其他与文化事业有关的法律主要包括行政法、民法、商法、经济法、社会法、刑法和诉讼法。其中,行政法关于国家行政管理部门职责权限的规定是文化管理的法律依据。民法关于市场主体资格,市场主体的权利、义务和行为的一般原则的规定,为文化产品交换的存在和运作奠定了法律基础。目前,国家已制定的适用于文化产品交换的民事法律规范主要有民法通则、经济合同法、涉外经济合同法、技术合同法、著作权法等。商法中的公司法、保险法等法律规范对文化市场具有较普遍的约束力。经济法是调整因国家从社会整体利益出发的市场干预和调控所产生的社会经济关系的法律规范的总称。文化产品交换与一般商品的交换相比,有其特殊性,它以追求社会效益为首要目标。因此,许多重要的经济法是保障文化产品正常流通的法律调控手段。如反不正当竞争法可以维护竞争秩序,制止对知识产权的侵犯;社会法调整因维护劳动权利、救助待业者而产生的各种社会关系,它在保障文化从业者的劳动权利和社会权利方面,具有十分重要的作用。刑法和诉讼法对传播精神垃圾等违法犯罪活动加以控制。对政府管理部门非法侵犯公民、法人的合法文化权利的具体行政行为,公民、法人可以通过诉讼途径得到法律的保护。

第五节 我国现行文化事业法律制度

一、文物保护法律制度

我国是有着悠久历史和灿烂文化的文明古国，拥有极为丰厚的历史文化遗产。保护和利用好祖国的珍贵文物，是我们义不容辞的责任和义务。自1950年以来，我国在文物保护法制建设方面做了大量工作，颁布了一系列文物保护法律、法规。1982年11月19日，第五届全国人民代表大会常务委员会第二十五次会议通过了《中华人民共和国文物保护法》，截至目前，该项法律也经过了几轮修订。《中华人民共和国文物保护法》是中华人民共和国制定和颁布的第一部文化法律，是在总结新中国成立以来文物工作正反两方面经验教训的基础上结合新时期的新情况制定的，是中国政府加强对历史文化遗产保护而采取的重大措施。制定《中华人民共和国文物保护法》的目的在于加强对文物的保护，继承中华民族优秀的历史文化遗产，促进科学研究工作，进行爱国主义和革命传统教育，建设社会主义精神文明和物质文明。《中华人民共和国文物保护法》明确了各级文物行政部门的法律地位和职责范围，规定了一切组织和公民在文物保护管理活动中的行为准则、权利义务，为保护和管理中国文化遗产提供了法律依据。

除《中华人民共和国文物保护法》中详尽规定的文物保护内容外，在其他法律中，也有涉及文物保护的条款。

二、著作权法律制度

1949年中华人民共和国成立后，废止了旧政府的一切法律。政府有关部门制定了一些保护作者权益的行政规章，如《书籍稿酬试行办法》《剧本上演报酬办法》等。1980年，中国政府向世界知识产权组织递交了加入书，三个月后，中国成为该组织成员国。1986年，第六届全国人民代表大会第四次会议通过了《中华人民共和国民法通则》，首次明确“公民、法人享有著作权（版权），依法有署名、发表、出版、获得报酬等权利”。

1990年9月7日，第七届全国人大常委会第十五次会议通过了《中华人民共和国著作权法》，该法从1991年6月1日起实施。随着经济水平的提高和体制转轨、科学技术的迅猛发展、国民知识产权意识的增强，人们逐渐感到知识产权的保护范围有待扩大，力度有待加强，水平也应该进一步提高。因此，我国根据2001年10月27日第九届全国人民代表大会常务委员会第二十四次会议《关于修改〈中华人民共和国著作权法〉的决定》对《中华人民共和国著作权法》进行了修正。2010年2月26日，第十一届全国人民代表大会常务委员会第十三次会议通过《全国人民代表大会常务委员会关于修改〈中华人民共和国著作权法〉的决定》。《中华人民共和国著作权法实施条例》于2002年8月2日以中华人民共和国国务院令第359号公布，根据2011年1月8日《国务院关于废止和修改部分行政法规的决定》第一次修订，根据2013年1月30日中华人民共和国国务院令第633号《国务院关于修改〈中华人民共和国著作权法实施条例〉的决定》第二次修订。

随着高新技术特别是数字技术和网络技术的迅猛发展及广泛应用，著作权法律制度遇到严峻挑战。2011年7月，《中华人民共和国著作权法》第三次修订工作正式启动，将直面传播环境的新挑战，致力于解决我国版权创造、运用、保护、管理面临的突出问题。除《中华人民共和国著作权法》和《中华人民共和国著作权法实施条例》外，国家还相应颁布了一系列著作权保护法律、法规和规章，确立了我国的著作权法律制度。

三、出版管理法律制度

《出版管理条例》经2001年12月12日国务院第五十次常务会议通过，国务院令第343号公布，自2002年2月1日起施行。1997年1月2日国务院发布的《出版管理条例》同时废止。2011年3月16日，国务院第一百四十七次常务会议通过《国务院关于修改〈出版管理条例〉的决定》，修正后的《出版管理条例》于2011年3月19日起施行。该条例所称出版活动，包括出版物的出版、印刷或者复制、进口、发行。该条例所称出版物，是指报纸、期刊、图书、音像制品、电子出版物等。

四、电影管理法律制度

《电影管理条例》经2001年12月12日国务院第五十次常务会议通过，国务院令第342号公布，自2002年2月1日起施行。1996年6月19日国务院发布的《电影管理条例》同时废止。该条例"适用于中华人民共和国境内的故事片、纪录片、科教片、美术片、专题片等电影片的制片、进口、出口、发行和放映等活动"。

根据《电影管理条例》的有关规定，我国电影管理实行以下基本制度：

（1）摄制电影许可制度；

（2）中外合作摄制电影片许可制度；

（3）电影审查制度；

（4）电影进口专营制度；

（5）电影发行经营许可制度；

（6）电影放映经营许可制度。

五、广播电视管理法律制度

1997 年 8 月 1 日经国务院第六十一次常务会议通过，1997 年 8 月 11 日国务院令第 228 号发布，《广播电视管理条例》自 1997 年 9 月 1 日起施行。2003 年 9 月国家广播电影电视总局发布《广播电视广告播放管理暂行办法》，2003 年 11 月出台了《广播电视有线数字付费频道业务管理暂行办法（试行）》和《外商投资电影院暂行规定》。此外，为进一步完善境外卫星电视在我国的落地事宜，国家广播电影电视总局于 2003 年 12 月发布了《境外卫星电视频道落地管理办法》。2004 年 6 月 18 日，广电总局颁布《广播电视设备器材入网认定管理办法》（广电总局令第 25 号），自 2004 年 8 月 1 日起施行。广电总局《广播电视设备器材入网认定管理办法》（广电总局令第 16 号）同时废止。

我国广播电视管理实行以下基本制度：

（1）政府专办制度；

（2）广播电台、电视台许可制度；

（3）频率专用指配证明制度；

（4）广播电视节目制作经营许可制度；

（5）电视剧制作许可制度；

（6）播放境外广播电视节目专审专控制度。

六、互联网文化管理法律制度

2003 年 3 月 4 日经文化部部务会议审议通过，《互联网文化管理暂行规定》自 2003 年 7 月 1 日起开始施行。2004 年 6 月 2 日，文化部部务会议审议通过《文化部关于修订〈文化部涉外文化艺术表演及展览管理规定〉〈音像制品批发、零售、出租管理办法〉〈互联网文化管理暂行规定〉等规章的决定》，自2004年7月1日起施行。此外，我国还出台了《互联网上网服务营业场所管理条例》和《互联网上网服务营业场所管理办法》等法规。

《互联网文化管理暂行规定》所称的互联网文化产品是指通过互联网生产、传播和流通的文化产品，主要包括音像制品、游戏产品、演出剧（节）目、艺术品、动画等其他文化产品。《互联网文化管理暂行规定》中所称的互联网文化活动是指提供互联网文化产品及其服务的活动，主要包括互联网文化产品的制作、复制、进口、批发、零售、出租、播放等活动；将文化产品登载在互联网上，或者通过互联网发送到计算机、固定电话机、移动电话机、收音机、电视机、游戏机等用户端，供上网用户浏览、阅读、欣赏、使用或者下载的在线传播行为；互联网文化产品的展览、比赛等活动。

互联网文化活动分为经营性和非经营性两类。经营性互联网文化活动是指以营利为目的，通过向上网用户收费或者电子商务、广告、赞助等方式获取利益，提供互联网文化产品及其服务的活动。非经营性互联网文化活动是指不以营利为目的向上网用户提供互联网文化产品及其服务的活动。《互联网文化管理暂行规定》所称的互联网文化单位，是指经文化行政部门和电信管理机构批准，从事互联网文化活动的互联网信息服务提供者。

我国互联网文化管理法律制度主要包括以下内容：

（1）经营性互联网文化单位许可制度；

（2）非经营性互联网文化单位备案制度；

（3）互联网文化产品审查制度。

七、文化市场管理法律制度

近年来，中国出台了一系列关于文化市场管理的行政法规、部门规章和其他规范性文件。由于文化市场职能分割，这里所讲的文化市场主要指文化行政部门管理的文化市场部分。比如《关于加强文化市场管理工作的通知》（1988年2月8日文化部、国家工商行政管理局发布）、《关于加强文化市场管理的若干意见》（1994年4月4日文市发[1994]14号）、《关于促进农村文化市场繁荣发展的若干意见》（1996年11月27日文市发[1996]99号）、《关于印发实行文化经营许可证制度的规定的通知》（1994年1月19日文市发[1994]5号）等。

在演出市场领域,2005年7月7日,国务院公布《营业性演出管理条例》,自2005年9月1日起施行。1997年8月11日国务院发布的《营业性演出管理条例》同时废止。根据2008年7月22日《国务院关于修改〈营业性演出管理条例〉的决定》,对《营业性演出管理条例》进行修订。2009年8月5日,文化部令第47号发布《营业性演出管理条例实施细则》,自2009年10月1日起施行。2005年8月30日发布的《营业性演出管理条例实施细则》同时废止。2004年7月1日中华人民共和国文化部第32号令发布《文化部关于修订〈文化部涉外文化艺术表演及展览管理规定〉〈音像制品批发、零售、出租管理办法〉〈互联网文化管理暂行规定〉等规章的决定》。

在娱乐市场领域,2006年1月18日,国务院第122次常务会议通过了《娱乐场所管理条例》,2006年1月29日公布,自2006年3月1日起施行。1999年3月26日国务院发布的《娱乐场所管理条例》同时废止。

在音像市场领域,2001年12月25日,国务院公布了《音像制品管理条例》,自2002年2月1日起施行。1994年8月25日国务院发布的《音像制品管理条例》同时废止。根据2011年3月19日《国务院关于修改〈音像制品管理条例〉的决定》,《音像制品管理条例》进行修订。2006年11月3日,中华人民共和国文化部令第40号发布《音像制品批发、零售、出租管理办法》,自2006年12月1日起施行。文化部2002年3月5日发布,2004年6月2日修订的《音像制品批发、零售、出租管理办法》同时废止。

在艺术品市场领域,2004年7月1日,中华人民共和国文化部令第29号发布《美术品经营管理办法》,自2004年7月1日起施行。1994年11月25日公布的《美术品经营管理办法》同时废止。2009年6月17日,文化部、海关总署制定了《美术品进出口管理暂行规定》,自2009年8月1日起执行。

在文化市场稽查领域,《文化市场综合行政执法管理办法》经2011年12月6日文化部部务会议审议通过,于2011年12月19日公布,自2012年2月1日起施行。2006年7月1日文化部发布的《文化市场行政执法管理办法》同时废止。

本章小结

从宏观层面看文化政策是指一定时代,一定社会条件下,行政机构对文化领域问题所颁布的相关规定和对策原则。从微观层面看文化政策是一国对于文化艺术、新闻出版、广播影视、文物博物等领域进行行政管理所采取的一整套制度性规定、规范、原则和要求的总称。

文化政策具有以下几方面的特点:文化政策是文化自我约束的反映,文化政策是国家文化意志的集中体现,文化政策是国家利益与社会利益的统一。

文化政策的主体问题决定了文化政策的所属,即文化政策代表谁的利益、反映谁的要求。主体包括执政党、国家立法机关、政府、文化政策研究人员。文化政策客体是文化政策作用的对象,即文化政策实施的目标群体,包括文化政策问题和文化政策目标团体。

文化政策过程与其他公共政策过程相同,主要包括政策制定、政策执行和政策终止三个阶段。在这一过程中,围绕文化政策问题,制定相应的文化政策,并在具体实践中付诸实施,当文化政策目标已经实现或与时代发展不相适应时,及时终止文化政策。

我国当前的文化政策是在中国共产党领导中国革命和社会主义建设的历史过程中逐步形成和发展起来的,与中国新文化运动和中国的文化现代化进程紧密相关。目前我国的文化政策体系主要包括文化事业总政策、文化事业基本政策和文化领域各行业的具体政策。

文化法律制度,是中国特色社会主义法治的重要组成部分,是党在宣传文化领域依法执政的具体体现。加强文化立法、完善文化法律制度,不仅是推进文化建设的题中应有之义,也是深化文化体制改革的重要内容,对推动社会主义文化大发展大繁荣、增强国家文化软实力具有十分重要的意义。

我国的文化事业法律体系是以宪法为核心,以文化法为主要内容,横跨行政法、民法、商法、经济法、社会法、刑法和诉讼法等多部门多层次的规范体系。

我国现行的具体文化事业法律制度包括文物保护法律制度、著作权法律制度、出版管理法律制度、电影管理法律制度、广播电视管理法律制度、互联网文化管理法律制度、文化市场管理法律制度等。

复习思考题

1. 文化政策的含义及特点是什么?
2. 文化政策的主体、客体以及相应的内容是什么?
3. 简述文化政策过程。
4. 简述我国文化事业总政策。
5. 简述我国文化事业基本政策。
6. 我国文化事业的具体政策包括哪几个方面?
7. 简述加强文化事业法律制度建设的必要性。
8. 我国现行文化事业法律制度具体包括哪几个方面?

第四章　文 化 组 织

第一节　文化行政组织

一、文化行政组织的含义

文化行政组织的含义表现为两个方面:一是文化行政组织的结构与体制,即它的静态层面,包括组织的机构设置、职责划分和人员配置等;二是文化组织的运行机制,即它的动态层面,包括正式组织的运作、组织的冲突行为以及组织发展等。

本书所讲的文化行政组织是行政组织的一部分,是行使文化管理职能的一类行政组织。在国务院的机构中,主要是指文化部、国家新闻出版广电总局以及由文化部管理的国家文物局。在地方,承担文化行政管理工作的行政组织则相应有各省文化厅(文物局)、新闻出版广电局(版权局)。

二、文化行政组织的设计原则

综合国内外的研究情况,文化行政组织应包括以下设计原则。

1. 命令统一原则

文化行政组织内部各级管理机构必须服从它的上级管理机构的命令;一个下级只能服从一个上级的指挥,避免多头领导与多头指挥;各级管理机构不应越级指挥。

2. 精简精干原则

文化行政组织的设置要适应社会发展的需要,领导层次要适度,尽量压缩编制;文化行政组织成员人数和组织管理层次保持在最小限度。

3. 效率原则

文化行政组织设置要将效率原则放在重要位置,各级文化行政组织必须切实提高文化行政组织运行效率。

4. 分工协作原则

文化行政组织内部机构与人员按专业化要求严格分工;各部门的任务、目标职责要明确,分工必须有协作,各部门要加强沟通与联系,做到自动协调。

5. 权责一致原则

文化行政组织内各部门、成员职责与权限必须协调一致,既要明确每一管理层次的职责范围,又要赋予其完成职责所必须具有的管理权限。

6. 幅度适中原则

上级的控制幅度不能超过有效的控制限度。一般而言,每个领导人能够直接控制的下级人数是有一定限度的。

7. 权变原则

文化行政组织应根据组织任务、目标和组织外在环境的变化,自觉适应与调整;文化行政组织设计要因人、因事、因环境而异。

8. 法制原则

文化行政组织的设置必须有一定的法定程序,要依宪法和有关法律设置,防止随意设置机构。

三、文化行政组织的类型

文化行政组织依据其工作性质和作用,大体可以分为以下几种类型。

1. 领导机关

领导机关,即首脑机关。它是中央政府和地方政府统辖全局的指挥中枢和决策监督核心。领导机关的主要职能是制定文化组织的总目标和长远规划,以及颁布大政方针,并对辖区内的重大文化问题以及与文化相关的重大问题进行统一指挥和领导。我国中央人民政府和地方各级人民政府的领导机关功能,主要是通过行政首长在民主集中制的基础上行使其职权来实现。中央人民政府实行国务院总理负责制,地方各级人民政府实行省长、自治区主席、市长、县长、乡长负责制。中枢机关统辖全局,运筹决策,是决定政府运作效能的关键。

2. 职能机关

文化行政职能机关是在领导机关的直接领导下,各级政府具体负责文化事务行政管理的执行机关。它是根据政务管理的需要,按照法定程序建立。我国文化职能机关有国务院的部、委及其直属机构,各级政府负责文化行政管理的厅(局)、处、科等。这些文化职能机关的任务是,对上听命于领导机关,贯彻中枢机关的政策和决定,接受行政首长的指挥和监督;对下级行使行政管理职能,负责领导和指导业务上相同的下属行政部门的工作。

3. 辅助机关

文化行政辅助机关是为了领导机关和职能机关能够顺利有效地进行管理活动,在机关内承担辅助性业务工作的机关,即协调行政首长处理日常事务的综合性办事机关。文化行政辅助性机关可分为综合性、专业性、政务性、事务性四种辅助机关。文化行政综合性辅助机关参与政务,协助领导决策,沟通各个方面联系,管理机关日常事务。我国各级文化行政机关的办公厅(室)是典型的综合性辅助机关。文化行政专业性辅助机关也是专门就机关内某一项具体事务行使职责,如文化行政机关内的人事、财务等部门。各级文化行政机关的政策研究室属于政务性辅助机关。而机关的事务管理局或者行政处(科)则是事务性辅助机关。文化行政辅助性机关直接听从行政首长的指挥和要求,它对各专业性的职能部门没有指挥和监督权力,但在授权的情况下,可以代表行政首长。文化行政辅助机关的职责包括参与决策与协调、处理纠纷、管理日常事务,因此,它的状态直接影响中枢机关和职能机关效率的发挥。

4. 智库机关

智库机关又叫咨询机关或参谋机关。通常是指由具有权威的专家学者和富有经验的资深行政官员组成,专门为文化行政机关出谋划策和对政策方案提供论证的行政机关。智库机关既不代表行政首长,也不直接执行机关业务,具有很强的独立性,但其本身也有一定的责任和权限。它不是权力机关,其基本职责是研究咨询、协调政策、参与决策和收集相关资料等。

四、文化行政组织的结构

文化行政组织的结构,指文化行政组织中各机构及其层次的排列组合方式。文化行政组织的结构包括纵向结构与横向结构。纵向结构是指文化行政组织的纵向分工,即文化行政组织上下级之间构成的领导与被领导关系。横向结构是指文化行政组织的横向分工,即同级行政组织之间互相协调与合作的平等关系。

1. 文化行政组织的横向结构

文化行政组织的横向结构,又称文化行政组织的部门化,是指文化行政组织的横向分工,是文化行政组织内同级行政机构之间和机构内部各同级部门之间平衡分工、相互合作与协调的关系模式。之所以形成横向分工,是由于文化行政工作日益复杂、文化行政组织日趋庞大,为提高行政组织运作效率,不得不分设单位,分工管理。

文化行政组织的横向结构,按不同角度和标准进行划分:

(1)按区域划分。如我国各省(自治区)、直辖市均设有文化厅(局)。

(2)按管理职能划分。在国务院系统,文化行政组织按专业区分为文化部、国家新闻出版广电总局以及由文化部管理的国家文物局。又如在文化部内,按管理职能不同分为文化市场司、公共文化司、文化产业司、政策法规司、人事司等司局。

(3)按管理程序划分。如决策、执行、信息、监督、辅助等部门。程序划分使得各环节职责明确,分工清晰,科学性高。如文化部中的文化市场司属于执行部门,机关服务局则属于辅助部门。

2. 文化行政组织的纵向结构

纵向结构又称组织的层级化。文化行政组织纵向结构指的是文化行政组织的纵向分工,是文化行政组织内部各层级之间的纵向等级模式,即在文化行政组织各机构内按上下层级关系,设立若干层次,上下层级之间构成领导与被领导的垂直关系。我国文化行政组织的纵向结构是指从中央到基层的各级文化行政组织。其中,新闻出版广电行政管理部门一般只在国务院及省一级设置,而文化行政管理部门则从中央到基层层层设置。中央、省、市、县和乡各级文化行政部门之间表现出鲜明的层级性。

五、我国中央文化行政组织的机构设置

目前,我国文化行政管理部门主要包括文化部、新闻出版广电总局等。

1. 文化部系统的文化行政管理机构设置

中央政府主管文化的部门是中华人民共和国文化部。中华人民共和国文化部是国务院组成部委之一。其主要职责如下。

(1)拟定文化艺术方针政策,起草文化艺术法律法规草案。

(2)拟定文化艺术事业发展规划并组织实施,推进文化艺术领域的体制机制改革。

(3)指导、管理文学艺术事业,指导艺术创作与生产,推动各门类艺术的发展,管理全国性重大文化活动。

(4)推进文化艺术领域的公共文化服务,规划、引导公共文化产品生产,指导国家重点文化设施建设和基层文化设施建设。

(5)拟定文化艺术产业发展规划,指导、协调文化艺术产业发展,推进对外文化产业交流与合作。

(6)拟定非物质文化遗产保护规划,起草有关法规草案,组织实施非物质文化遗产保护和优秀民族文化的传承普及工作。

(7)指导、管理社会文化事业,指导图书馆、文化馆(站)事业和基层文化建设。

(8)拟定文化市场发展规划,指导文化市场综合执法工作,负责对文化艺术经营活动进行行业监管,指导对从事演艺活动民办机构的监管工作。

(9)负责文艺类产品网上传播的前置审批工作,负责对网吧等上网服务营业场所实行经营许可证管理,对网络游戏服务进行监管(不含网络游戏的网上出版前置审批)。

(10)拟定动漫、游戏产业发展规划并组织实施,指导协调动漫、游戏产业发展。

(11)拟定文化科技发展规划并监督实施,推进文化科技信息建设。

(12)指导、管理对外文化交流和对外文化宣传工作,组织拟定对外及对港澳台的文化交流政策,指导驻外使(领)馆及驻港澳文化机构的工作,代表国家签订中外文化合作协定,组织实施大型对外文化交流活动。

(13)承办国务院交办的其他事项。

(14)管理国家文物局。

根据上述职责,文化部设办公厅、政策法规司、财务司、人事司、艺术司、文化科技司、文化市场司、文化产业司、公共文化司、非物质文化遗产司、对外文化联络局(港澳台文化事务司)、离退休干部局、机关服务局等职能司局。

2. 新闻出版与广播影视系统管理机构设置

新闻、出版、影视、广播系统是文化事业的重要组成部分,本部分介绍新闻出版和广播影视事务管理的机构及其职能。

2013 年,为进一步推进文化体制改革,统筹新闻出版广播影视资源,将国家新闻出版总署、国家广播电影电视总局的职责整合,组建国家新闻出版广电总局。其主要职责是:统筹规划新闻出版广播电影电视事业产业发展，监督管理新闻出版广播影视机构和业务以及出版物、广播影视节目的内容和质量，负责著作权管理等。国家新闻出版广电总局加挂国家版权局牌子。新成立的国家新闻出版广电总局主要职责如下。

(1)负责拟定新闻出版广播影视宣传的方针政策，把握正确的舆论导向和创作导向。

(2)负责起草新闻出版广播影视和著作权管理的法律法规草案，制定部门规章、政策、行业标准并组织实施和监督检查。

(3)负责制定新闻出版广播影视领域事业发展政策和规划，组织实施重大公益工程和公益活动，扶助老少边穷地区新闻出版广播影视建设和发展。负责制定国家古籍整理出版规划并组织实施。

(4)负责统筹规划新闻出版广播影视产业发展，制定发展规划、产业政策并组织实施，推进新闻出版广播影视领域的体制机制改革。依法负责新闻出版广播影视统计工作。

(5)负责监督管理新闻出版广播影视机构和业务以及出版物、广播影视节目的内容和质量，实施依法设定的行政许可并承担相应责任，指导对市场经营活动的监督管理工作，组织查处重大违法违规行为。指导监管广播电视广告播放。负责全国新闻记者证的监制管理。

(6)负责对互联网出版和开办手机书刊、手机文学业务等数字出版内容和活动进行监管。负责对网络视听节目、公共视听载体播放的广播影视节目进行监管，审查其内容和质量。

(7)负责推进新闻出版广播影视与科技融合，依法拟定新闻出版广播影视科技发展规划、政策和行业技术标准，并组织实施和监督检查。负责对广播电视节目传输覆盖、监测和安全播出进行监管，推进广电网与电信网、互联网三网融合，推进应急广播建设。负责指导、协调新闻出版广播影视系统安全保卫工作。

(8)负责印刷业的监督管理。

(9)负责出版物的进口管理和广播影视节目的进口、收录管理，协调推动新闻出版广播影视领域"走出去"工作。负责新闻出版广播影视和著作权管理领域对外及对港澳台的交流与合作。

(10)负责著作权管理和公共服务，组织查处有重大影响和涉外的著作权侵权盗版案件，负责处理涉外著作权关系和有关著作权国际条约应对事务。

(11)负责组织、指导、协调全国"扫黄打非"工作,组织查处大案要案,承担全国"扫黄打非"工作小组日常工作。

(12)领导中央人民广播电台、中国国际广播电台和中央电视台,对其宣传、发展、传输覆盖等重大事项进行指导、协调和管理。

(13)承办党中央、国务院交办的其他事项。

第二节　文化产业组织

一、文化产业组织的含义

2004年3月29日,国家向各级统计机构下发了《文化及相关产业分类》,其中明确规定:"我国的文化产业是指为社会公众提供文化、娱乐产品和服务的活动,以及与这些活动有关联的活动的集合。"

文化产业组织,即为公众提供文化、娱乐产品与服务的组织。从提供产品的类别上可分为演出业、影视业、音像业、文化娱乐业、文化旅游业、网络文化业、图书报刊业、文物和艺术品业以及艺术培训业等行业门类。

文化产业组织从业务流程上可以分为三类:第一类是文化产品与文化服务的创意组织;第二类是文化产品与文化服务的生产制作组织;第三类是文化产品与文化服务的流通、承销组织。这三个环节互相承接,形成了一个完整的产业链,并落实到文化消费市场接受价值检验,最终实现其效益目标。

目前,在我国,这三类组织并不是截然分开的。很多文化企业既进行文化创意设计,又进行文化物品制造、文化信息传播和文化服务提供。根据文化企业在文化产业链中的不同位置,我们将文化产业组织分为提供文化创意和文化产品的生产性的文化企业、文化中介机构以及文化行业协会三类。

二、现代国际文化产业组织的特征

1. 文化产业市场结构呈现出寡头垄断趋势

当文化市场上只有少数几家大企业生产和销售全部或绝大部分文化产品时,就会形成文化产业市场上的寡头垄断。文化产业中最典型的寡头垄断市场主要有传媒业、广播电视网络业、网络游戏业等。当今世界的文化产业市场，绝大多数被以强大经济实力为依托的少数西方发达国家所垄断。当今世界全球性商业传媒企业由九大传媒巨头把持，这 9 家传媒集团有 5 家是美国的公司，即时代华纳、迪斯尼、威卡姆、美国电讯公司、通用电气公司，另外 4 家为贝塔斯曼、新闻集团、索尼和西格拉姆。

2. 文化产业市场行为呈现出兼并、收购、联合趋势

20 世纪 90 年代以来，发达国家文化产业的规模化趋势日益明显，兼并、购买、联合成为新的潮流。如世界上最大的传媒和娱乐公司——美国的时代华纳与世界上最大的网络服务商——美国在线宣布合并，成为集因特网服务、出版新闻、娱乐于一体的超级媒体王国。

3. 文化产业市场绩效呈现出高科技化趋势

文化产业不同于一般的传统产业，具有能耗少、产品附加值高、生产工艺先进、经济效益明显的特征。文化产业要做大做强，关键在于加大科技投入，从资金、技术、信息到研发，向有市场竞争力的新兴文化产业转化，同时运用现代科技手段改造传统文化产业，提升科技水平。美国掌握着当今世界上最为发达的信息科学技术，这为它的文化产业发展提供了重要的技术支撑。电子媒介、互联网等现代信息技术手段的应用可以大批量地对文化进行传输和复制，使之转化为能够用经济价值来衡量的文化商品。

4. 文化产业组织政策呈现出规范化的趋势

西方经济发达国家制定了一系列有利于文化产业发展的产业组织政策，以全球化视野和国际化眼光加速文化产品的开发，保护本国文化品牌，使文化产品走向国际市场。美国国会通过了《国家艺术及人文事业基金法》，制定了与文化产业相关的《文娱版权法》和《合同法》。美国司法部根据反垄断法，裁定大的制片公司必须出售其拥有的电影院，不得经营放映业，强行打破了它们的垄断，使放映和制片成为两个平行的行业。美国的文化产业组织政策为国内文化产业的发展创造了各种有利条件，从市场、就业政策、税收、监管等方面进行扶持，为文化产业的发展构筑了十分宽松、自由的生存环境。英国政府为了扶持文化创意产业，在政策上给予了强有力的支持，主要扶持政策包括创意出口推广、教育及技能培训、协助企业融资、税务和规章监督、保护知识产权以及地方政府保留文化发展自主权。

三、文化企业

文化企业是文化产业的主体，企业强则产业兴，企业弱则产业衰。中国的文化企业既

不能走一些西方国家纯私有化的娱乐媒体企业模式，也不能重复计划经济体制下国有企业的老路，而是要从中国国情出发，建立现代企业制度，形成企业的核心产品和核心专长，全面提高中国文化产业的综合竞争力。

在经济全球化的大趋势下，文化市场主体需要有与社会化大生产和一体化大市场相适应的规模化水平。没有相应的规模化水平，就会缺乏竞争能力；不具有强大的竞争实力，就会在残酷的市场竞争中被淘汰。依托作坊式、店铺式的小文化企业很难推动文化产业的快速发展。仅仅依靠原有体制较为陈旧的国有文化单位也很难完成文化产业繁荣振兴的历史任务。总之，大市场、大需求呼唤大产业，大产业需要强大的有竞争力的规模化市场主体，文化产业的集团化经营模式应运而生。

当前，要加快文化企业发展，就要以市场为基础，以政策为导向，打破条块分割和行业壁垒，加快文化产业的战略性结构调整和资产重组，增强我国文化产业的整体实力和竞争力。

必须指出的是，文化产业包括影视、出版、放映、演出、设计、软件、网络、制造等多个领域，不同领域的产业链有不同的形态，不同领域的生产力和生产关系有各自的特点，有的适合组建大型产业集团，以规模优势获得市场扩张；有的推崇"小的就是好的"，以精干灵活的专家工作室和创作室见长；有的可以打造成为"产业园"或者"文化街"，汇聚多种多样的文化服务企业，而有的则需要跨地区跨国家的连锁经营网络，把优秀的商业品牌推向广阔的国际市场。所以，不同领域的文化产业也要"因物赋形"，决不能照搬别人的模式。

四、文化中介机构

1. 文化中介机构的定义

文化中介机构是链接文化产业生产、流通和消费诸环节的服务性企业，是在文化市场化和产业化的过程中逐渐成长起来的一种独立的市场主体，是沟通政府、文化企事业单位、消费者和市场之间的桥梁和纽带。

文化企业集团自身不可能囊括文化产品从创作、生产、流通到消费的全部环节，需要专业化水平较高的咨询服务机构提供选题、策划、组织、联络等各种中介服务活动；创作与生产环节的沟通及连接，也需要专业化水平较高的中介机构及经济人、代理人进行设计、包装、服务等中介性操作；文化产品的生产、流通、消费等环节的经营运作乃至经济效益与社会效益的评估,则更需要专业化水平较高的中介机构介入。大量高水平的文化中介机构及经纪人、代理人是促进文化企业集团发展的必要条件之一。

文化中介代理服务机构类别繁多,如竞技体育策划公司、宣传广告代理公司、文化传播公司、版权代理公司等。

文化中介机构一方面要保持经济利益和市场活动的独立性,向社会提供客观、公开、公正、优质的中介服务,同时也要对自身行为的后果承担相应的法律、经济责任。

2. 文化中介机构的功能

文化中介机构是文化商品交换发展到一定阶段的必然产物,在现代市场经济条件下,已经发挥而且还将继续发挥十分重要的作用。文化中介机构的市场功能有以下几个方面:

(1)扩大文化信息传播渠道,加速文化商品流通;

(2)促进文化资源合理配置,拓展文化再生产规模;

(3)引导文化经济消费,培育文化消费群体;

(4)开发文化专业市场,建构支柱文化产业格局;

(5)推动文化事业体制的转换,健全社会主义文化市场体制。

五、文化行业协会

我国行业协会产生于20世纪70年代末。国家实行改革开放政策以后,行业协会伴随着政府机构改革和社会主义市场经济体制建设的步伐而不断壮大。目前,全国各类行业协会有4万多家,约占我国民间组织总量的1/3。行业协会已经成为当前我国发展最迅速、门类最齐全、作用日渐明显的民间组织。尤其是在我国加入WTO之后,行业协会在经济全球化的新形势下,在我国的社会经济生活中发挥着越来越重要的作用。文化行业协会的作用与政府管理的职能不同,它以维护行业权益为目标,履行行业代表、行业服务、行业协调、行业自律四方面的职能。目前我国文化行业协会的发展尚处于起步阶段。

第三节　文化事业组织

一、文化事业组织的概念与性质

所谓文化事业组织,是指为了发展社会主义先进文化,由国家举办或者其他组织利用国有资产举办的主要从事社会公益文化活动、为社会公众提供文化服务，独立于政府和企业之外的非营利组织。

文化事业组织的特征主要体现在以下几个方面。

1. 社会服务性

文化事业组织为全社会提供文化服务，具有广泛的社会服务性，文化事业组织的社会服务性与政府组织的公共性相区别。把握文化事业组织的本质特征，必须严格区分文化行政组织的“公共性”和文化事业组织的“社会服务性”，否则极易陷入政事不分的泥潭。

2. 非营利性

首先，文化事业组织排斥组织“个人营利”行为。其次，文化事业组织也排斥团体营利。最后，文化事业组织的“非营利性”主要体现为受“税法”约束。在具体运作规范上，它是一种免税组织，有严格的免税规定。

3. 非政府性

概括地讲，文化事业组织在现代社会中主要包括三种基本职能：第一，提供市场无法提供而政府又不便提供的“公共物品”；第二，协助政府更好地提供“公共物品”，提高公共事业的服务质量；第三，提供某些不适于由营利性企业提供的“私人物品”，即商品或服务，为“团体利益”服务（但这需由法律严格规范其为“非营利”行为）。

二、我国文化事业组织深化改革的基本思路

1. 政事分开

建立文化行政管理部门与事业单位的新型关系。各级文化部门作为主管部门，对文化事业组织进行政策指导和宏观管理，搞好协调服务，管好领导班子，监管国有资产。各级文化行政管理部门要转变职能，简政放权，充分尊重事业组织的独立法人地位，避免过多地行政干预。

2. 积极推进文化事业组织的社会化

文化事业组织要面向全社会提供文化产品和服务，建立健全符合自身特点的良性运行机制。通过调整、合并、转制等方式，最大限度地发挥文化事业组织在区域经济和社会公益事业发展中的积极作用。深化事业单位改革的核心，是要坚持遵循文化艺术发展规律和社会主义市场经济规律，紧紧围绕文化艺术产品的生产、服务和社会需求，进行合理的资源配

置。要高度重视市场、开拓市场,注重减员增效、成本核算和市场营销,形成文化艺术生产的良性循环。

3. 根据文化事业组织的不同情况,分类进行改革

所有文化事业组织都要坚持把社会效益放在首位。公益型文化事业组织,应加快内部管理体制和运行机制的改革,精减富余人员,使国家核拨的事业费更多地用于事业发展。具有公益性同时又可以实行经营运作的文化事业单位,应努力提高自给率,积极开拓市场,采取多种方式促进优秀文化产品多渠道、多形式、多层次的增值,努力实现文化艺术产品的社会效益和经济效益的最佳结合。经营型的文化事业单位,要积极借鉴、利用和探索一切有利于文化事业发展的组织形式、管理模式和经营方式,自主经营,自负盈亏,自我积累,自我发展,在市场竞争中不断壮大自己的实力。

三、文化事业组织改革的重点

1. 财务制度改革

根据中央有关决定,国家将逐步增加对文化事业的投入,各级文化部门根据各级财政核定的文化事业经费以及分类指导的原则,强化对各级文化事业组织的预算约束。文化事业组织预算一年一定,根据国家财政预算情况作相应调整。同时,文化事业组织要加强财务管理,努力开源节流,根据国家有关财务、会计等法律法规,研究制定切实有效的内部财务管理制度。要增强积累意识,在演出、社会赞助以及经营等收入中,提取一定比例作为本单位事业发展的公共积累。防止坐收坐支,分光用光。要保证国有资产的保值增值。

2. 人事制度改革

按照分类管理、放权搞活的原则,对文化事业组织的领导体制、内设机构、用人制度和分配制度进行改革。文化事业组织实行行政领导人负责制。要改革对事业单位领导人的考察、选拔、任用和监督方式,逐步试行任前公示制和试用期制。文化事业组织的行政领导人由各级文化部门任命或聘任,各级文化部门应适当下放任免权限,使行政领导人具有更多的用人自主权。

建立健全事业单位登记制度,文化事业组织要按照登记的宗旨和业务范围,自主开展生产、经营、服务等业务活动,独立承担民事责任。

要全面推广和完善聘用制度。所有文化事业组织应实行聘用制,将对各类人员的身份

管理转变为岗位管理。对管理人员实行职员制度;对专业技术人员实行专业职务聘用制;对工人实行劳动合同制。大力推行人事代理制。通过人事代理和人才托管方式,打破单位界限,推进人才社会化进程。

积极推进与社会保障制度的接轨。文化事业组织人员的失业、养老、医疗等社会保险一律实行属地管理。随着各项社会保障制度的陆续出台,文化事业组织必须参加社会保险的登记,按时足额缴纳所有员工的保险费。

3. 内部管理体制改革

通过分类改革,在对现有文化事业组织压缩规模、调整结构、规范职能、恢复性质的基础上,必须适应社会主义市场经济的要求,着力推进文化事业组织内部管理体制的改革,形成富有活力和效率的管理运营机制。一是建立新型的法人治理结构。原则上,对财政全额拨款的文化事业组织,实行理事会领导下的执行人负责制度。考虑到财政全额拨款事业单位资产关系的特殊性,其理事会应由通过竞争方式选出的,包括出资者、业内专家等在内的若干有代表性的人士组成。日常运营由执行人负责。执行人由理事会向社会公开招聘选出,并向理事会负责。二是建立科学的效绩评估制度。由文化事业组织监管机构依据对全额拨款事业单位的具体评估状况,会商有关部门,决定是否对其持续进行财政拨款和是否增加财政拨款数额,以及决定理事会成员的更换和奖惩。通过上述措施,形成文化事业组织监管机构、理事会和执行人之间的有效制衡机制。

第四节　群众文化组织

一、我国群众文化组织的构成

在我国,群众文化组织主要由三大体系构成。第一类是指由全国各级文联、作家协会等人民团体组成的网络体系;第二类由基层文化馆、群众艺术馆、文化站等构成;第三类是村级组织或社区举办的文化组织,如村文化活动中心,以及群众自发组织的各类业余民间社团组织,如曲艺演出团队、书画社等。

1. 人民团体

中华全国文学艺术界联合会是在党中央的直接领导下，于 1949 年 7 月成立的。此后相继成立了中华全国美术工作者协会、中华全国舞蹈工作者协会、中华全国音乐工作者协会、中华全国戏剧工作者协会、中华全国电影艺术工作者协会、中华全国文学工作者协会。到 1949 年底，全国各省市成立了 40 个地方文联和文联的筹备机构。2002 年，根据国家规定，明确了文联与工会、妇联、共青团一样属于"人民团体"性质，不再是原来所提的"群众团体"。

中国文联以及各大文化艺术社团在整个中国文化体制中的职能和地位表明，它们确实是我国各个革命历史时期文化体制中民主成分的载体。由于社会团体的特点及其承担的社会职能，它们的活动在特定方面弥补了国家权力高度集中所带来的种种缺陷。第一，各种文艺社团的活动，调动了各阶层、各职业群众从事文化艺术创作的积极性和创造性。第二，各主要文艺社会团体代表被吸收进党和国家机构参与决策，使国家的决策能够在更大程度上反映各群体人民的愿望和要求，使之在一定限度内带有民主决策机制，因此有助于避免决策过程中出现的片面性。第三，各团体所从事的文化艺术创作活动在不少方面填补了国家机关无暇顾及或力不能及的空白领域，使文化艺术在特殊年代最大限度地避免可能遭到的损失。

2. 基层文化馆、文化站和群众艺术馆

文化馆、文化站、群众艺术馆、科技馆以及工人文化宫、俱乐部、青少年宫等（以下简称文化馆、文化站），是政府、群众团体、各部门设立的以群众文化业务工作为服务手段的群众文化事业机构。它们对城乡群众文化工作网络的形成，对基层群众文化活动的繁荣，有着至关重要的作用。

3. 群众自发组织的文化组织

群众自发组织的文化组织包括村级组织或社区举办的文化组织和民间社团组织。村级组织或社区举办的文化组织是一种最为普遍的文化组织形式。一般称为文化室、文化大院、俱乐部或文化教育活动中心等，有的地方还建立了社区文化管委会，这种组织是基层组织下设的文化机构，直接对基层组织负责，接受上级文化部门的指导。它们有自己的文化设施和活动器材，有自己的骨干队伍，接受基层组织指令，经费由基层组织列支，整体被纳入基层社会发展规划。这种文化组织以宣传社会主义思想、服务经济建设等党的中心工作为宗旨，以活跃基层文化生活为基点，活动保持经常性和广泛性，能调动和凝聚其他文化组织承办较大型的文化活动项目，成为现阶段我国农村和社区文化组织中的主干力量。

群众文化工作的开展，必须依靠一支热爱文化事业的文艺演出队伍。各地党委和政府在培养骨干队伍的同时，还应积极发动群众，使群众文化工作逐步形成了一支以专业人员为骨干、广大群众为主体的文化队伍，为推动群众文化工作提供人力支持。

二、我国群众文化组织的功能

群众文化组织具有如下功能。

1. 满足人民群众精神需求的重要保证

满足人民群众日益增长的精神文化需求，是社会主义制度优越性的重要表现，是社会主义现代化建设的根本目的之一，也是达到小康目标的一项重要内容。

2. 加强社会主义精神文明建设的有效途径

群众文化组织建设工作，是社会主义精神文明建设的一条重要战线。发展文化事业，开展群众性文化活动，建设社区文化、村镇文化、企业文化、校园文化，是加强精神文明建设的题中应有之义。

3. 多出优秀作品的必由之路

群众文化与专业文化是相互依存、相互促进、辩证统一的关系。群众文化是专业文化的基础，对专业文化的发展有着重大的推动作用。尖端文艺人才和文化产品，常常出现在专业文化系统，但它们不是凭空产生的，必须有扎实的基础，这个基础不是别的，就是群众文化。在群众文化活动中涌现出来的优秀人才和优秀作品，有的直接达到了文化尖端的水准，有的补充进专业文化艺术的行列中，为专业文化艺术水准的提高奠定人才和创造能力的基础。

4. 我国文化事业的重要发展趋势

随着市场经济的发展和社会的进步，文艺家的非职业化现象将日益明显，群众文化与专业文化的交融现象也愈发突出，二者在艺术水准上也逐步接近。专业文化趋于少而精，群众文化会大量发展，并最终逐步成为文化事业的主体部分。

三、加强我国群众文化组织建设的对策

1. 完善布局，健全设施网络

要采取有效措施，加快填补文化馆、文化站的空白点的步伐。各地要把文化馆、文化站

设施建设列入当地城乡建设的总体规划之中,并提供资金保证。有条件的市、县、乡要抓紧建成一批能够展示本地群众文化形象,适应当地经济、社会发展和群众文化需求的文化馆、文化站的标志性工程。要加快中央群众艺术馆的筹建进程。对于现有的文化馆、文化站设施,要充分利用;被挤占、挪用的文化场所,要限期收回。要健全群众文化系统,实现全国有中央群众艺术馆,省(自治区、直辖市)、地(州、市)有群众艺术馆,县及大中城市的区有文化馆,农村乡镇及城市街道有文化站的布局;要完善设施先进、功能齐全的群众文化工作网络。

2. 全面提高工作质量,充分发挥职能作用

文化馆、文化站要结合新形势带来的新特点,进一步充实活动内容,调整项目设置,发展特色活动,注重参与性和知识性强的项目。要根据不同层次群众的不同需求,实行多方位服务,以丰富多彩、寓教于乐的文化活动,吸引群众广泛参与。要在抓好普及的基础上,注重培育群众文艺精品和优秀业余文艺创作人才。要改革辅导、指导方式,不断拓宽服务领域。要面向基层,面向农村,面向社会,进一步开门办馆(站),力求辅导方式多样化。在人口居住分散的农、牧、渔区,采用文化车、船的形式,进行流动服务。在抓好基层文化室、俱乐部等工作指导的同时,进一步向社区文化、村镇文化、企业文化、校园文化、家庭文化等方面发展延伸,扩大指导、辅导的覆盖面,提高辅导、指导的质量和水平,更好地发挥国家办文化的主渠道作用。要运用多种文艺手段和形式,生动活泼地进行爱国主义、集体主义和社会主义的教育,宣传文明、健康、科学的生活方式。要搞好科学文化知识普及、人才培训、信息传递等活动,充分发挥文化馆、文化站的社会教育职能。

3. 稳定基层文化工作队伍,不断提高其整体素质

城乡群众文化工作队伍,长期扎根基层,默默奉献,担负着把精神文明的任务落实到千家万户的重任,要尽最大努力关心他们、支持他们。要采取有效措施,解决在群众文化工作者中存在的定编定岗难、工作待遇低等实际问题,解除他们的后顾之忧,稳定这支队伍;要通过轮训、岗位培训等多种方式,不断提高他们的政治素质、业务水平和专业技能;要在大中专院校开办群众文化的专业、系和班,加强后备力量的培养;要大力表彰这支队伍,充分肯定他们的辛勤劳动和开拓精神,扩大他们的社会影响。

特别需要指出的是,文化馆、文化站是公益性文化事业单位,地方财政投入是其经费来源的主渠道。有些地方把文化馆、文化站混同于一般的经营性文化实体,对其减少投入,甚

至简单地采取“断奶”的做法,是一种短视行为。这样做,与文化馆、文化站的性质和任务相悖,严重影响了文化馆、文化站的发展和当地群众文化的繁荣。在发展社会主义市场经济的条件下,文化馆、文化站的性质不仅不能变,而且任务也会越来越繁重。

群众团体及各部门办的工人文化宫、科技站、俱乐部、青少年宫等,与政府部门办的文化馆、文化站一样,同属公益性文化事业,都承担着繁荣群众文化的重要任务。与文化馆、文化站不同的是,这些机构的服务对象具有定向性的特点,一般服务于特定的社会成员。工人文化宫、俱乐部是广大职工的学校和乐园;青少年宫是广大青少年的教育阵地和学文化、学科技、开展文体活动的场所;文化馆、文化站,则是面向全体社会成员的。在办好文化馆、文化站的同时,要大力办好上述各类群众文化事业机构,充分发挥它们在群众文化活动中的职能作用。

4. 进一步拓宽群众文化社会办的路子

实行群众文化社会办,是新时期我国群众文化事业的一项重要改革。它打破了政府包揽办文化的旧框框,开辟了群众文化经费来源、设施建设、文化活动的新渠道,有力地推动了群众文化事业的发展。群众文化社会办虽然有了较大的发展,但是,其领域还不够广阔,发展尚处于起步阶段。在社会主义市场经济条件下,要实现群众文化更大的繁荣,必须进一步拓宽群众文化社会办的路子。

本章小结

文化行政组织的含义表现为两个方面:一是文化行政组织的结构与体制,即它的静态层面,包括组织的机构设置、职责划分和人员配置等;二是文化组织的运行机制,即它的动态层面,包括正式组织的运作、组织的冲突行为以及组织发展等。

本章内容包括文化行政组织的设计原则,文化行政组织的类型,文化行政组织的结构。关于文化产业组织,在给出概念的基础上介绍了现代国际文化产业组织的特征包括文化产业市场结构呈现的趋势,介绍了文化组织中的文化企业、文化中介机构、文化行业协会。在文化事业组织方面,内容有文化事业组织的概念与性质,我国文化事业组织深化改革的基本思路,文化事业组织改革的重点。本章的最后介绍了群众文化组织,包括我国群众文化组织的构成,我国群众文化组织的功能,加强我国群众文化组织建设的对策。

复习思考题

1. 简述文化组织的含义。
2. 简述文化行政组织的设计原则。
3. 简述文化行政组织的结构的含义及具体包括的内容。
4. 什么文化产业组织？现代国际文化产业组织的特征是什么？
5. 简述文化中介机构的功能。
6. 简述文化事业组织的概念及特征。
7. 试述我国文化事业组织深化改革的基本思路。
8. 试述我国文化事业组织改革的重点。
9. 简述我国群众文化组织的功能。
10. 试述加强我国群众文化组织建设的对策。

第五章　文化市场管理

第一节　文化市场概述

一、文化市场的定义及性质

所谓文化市场，是指按价值规律进行文化艺术产品交换，提供有偿文化服务活动的场所。它是文化艺术产品生产和消费的中介。它必须具备三个条件：一是要有能供人们消费并用于交换的劳动产品和活动；二是要有组织这种活动的经营者和需求者；三是要有适宜的交换条件。

文化市场的性质是由文化商品的一般性、特殊性和文化商品交换过程中所体现的生产关系的性质决定的。

1. 商品经济属性

和其他专业市场一样，文化市场具有商品经济的一般性，这是由文化商品的一般性决定的。这包括两成含义：一是文化商品和其他商品一样具有价值、实用价值和交换价值；二是文化市场的运行必须符合市场经济规律。

2. 意识形态属性

文化市场不仅具有商品经济的一般性意识形态的特殊性，而且还具有意识形态的特殊性，这是由文化商品所包含的文化内容这一特殊性决定的。这也包括两层含义。

第一层含义是文化商品具有意识形态属性。除了纯粹的知识型产品，一般文化商品的生产、流通、消费都体现着一定的价值观念，而价值观念总是受特定的社会制度的制约。这也正是我国把文化市场作为社会主义精神文明建设重要阵地的根本原因。

第二层含义是文化市场运行必须以社会效益为最高准则。社会主义文化生产的目的是为了满足人民群众的精神文化需要，文艺的方向是为人民服务，为社会主义服务，因此，在文化市场工作中，坚持社会效益第一的原则，是建设有中国特色社会主义文化的内容。

3. 社会制度属性

文化市场是市场经济的有机组成部分，市场经济的社会制度属性决定了文化市场的社会制度属性。我国实行的社会主义市场经济体制，这一点决定了我国文化市场的社会主义属性。

二、文化市场的功能

市场机体，是商品经济及其现代形态市场经济的经济循环系统、比例调节系统和利益协调系统的有机统一。所谓市场功能，是指市场机体本身所具有的客观职能或市场内在机制正常运转所发挥的作用，它是通过市场活动表现出来的。文化市场是文化商品和文化服务营销场所，是连接文化生产与文化消费的纽带和桥梁。文化市场的功能，主要包括五项功能。其中，实现商品流通、平衡供求关系和调节资源配置三项功能，为各类市场所共有的基本功能；促进知识转化和提供社交服务两项功能，为文化市场所独有的特殊功能。

1. 实现商品流通功能

文化市场是营销文化商品和文化服务营销的场所，其最基本功能就是实现文化商品（包括服务、知识产权等无形商品）流通。在文化市场领域内，通过有形或无形的文化商品的购买和销售，实现文化产品的价值和使用价值，实现文化商品到货币的转移，实现文化商品生产者、经营者和消费者之间的经济联系。文化市场内在机制如果能够正常地发挥作用，必然会实现文化商品的流通，促进文化产品再生产过程的顺利进行。

2. 平衡供求关系功能

文化市场是连接文化生产与文化消费的纽带和桥梁。不仅可以客观地反映文化产品供给与需求的状况，而且具有通过市场机制能动地平衡文化供求关系的功能。在实际生活中我们看到，文化产品的供求关系由平衡到不平衡、再由不平衡到新的平衡，在这个不断变化的过程中，文化市场起到了动态调节器的作用。当某类文化产品供不应求时，生产者会扩大生产规模和市场供给量，同时此类产品上扬的价格会抑制市场需求；当某类文化产品供过于求时，生产者会缩小此类产品的生产规模和市场供给量，同时此类产品由于价格下浮而刺激消费需求。在市场价格调节供求关系的过程中，文化市场管理和监督部门要始终把握文化商品的经济效益与社会效益的一致性，使文化市场平衡文化商品供求关系的功能得到积极的体现。

3. 调节资源配置

资源是指能够满足人们物质生活和精神生活需求的所有自然要素和社会要素的总和。在我国实行计划经济体制时期，资源的调配是指令性的，政府调动人财物等资源建设重点项目，显示了社会主义善于集中国力民力的优越性，劳动人民文化宫、中国革命历史博物馆等一批文化场馆的建设就体现了这种优越性。随着经济和社会的发展，我国逐步建立社会主义市场经济体制，市场机制在资源调配中发挥决定性作用。市场机制能够使市场因素互相适应、互相制约、互相协调，能够驱动各种文化资源的流动和重组，从而使文化资源实现优化配置。市场机制不仅调动了文化创作和表演人员的积极性，调动了文化市场开发人员和相关技术工程人员的积极性，而且调动了社会各界向文化领域投资的积极性。

4. 促进知识转化功能

促进知识转化功能，是文化市场所特有的功能之一。无论有形的文化商品，还是无形的文化服务，都包含着丰富的文化内容。文化产品的交换与消费过程，实际上是知识传递与转化过程。文化市场是连接文化生产与文化消费的纽带，人们通过在文化市场上购买图书、报刊、音像和软件制品，有偿接受教育和培训，欣赏表演和展览、观看电影和电视、参与智力和体育娱乐活动，浏览网络信息等，直接或间接地获得了各类知识文化，从而增长人的知识才干、提高人的文化素质，所以文化市场具有实现知识传递和促进知识转化的客观职能。

5. 提供社会服务功能

文化市场服务社会的功能主要体现在四个方面：

一是传递信息的功能。

二是知识转化的功能。有形的文化商品和无形的文化服务，都是知识的载体，文化市场是知识传播和转化的桥梁。消费者在文化市场，有偿观赏影视作品、阅读书刊、欣赏表演、浏览信息，就是汲取知识和增长才干的过程，就是提高文化素质的过程。文化市场对学习型社会的形成和发展无疑会起到促进作用。

三是教化引导的功能。文化市场的教化引导功能是在潜移默化中实现的，人们阅读书籍、观看电影、参观展览，思想都会不同程度地发生变化，尤其是在市场机制下人们对文化产品是自愿选择，由文化产品而引起的思想的变化将更加强烈和深刻。

四是整合凝聚的功能。整合凝聚是教化引导功能的延伸，某个信息和某种现象被人关注,形成社会共识和意愿,形成一种无形的力量,这就是整合凝聚功能的体现。文化市场常常表现出这种功能。

第二节 文化市场分类

文化市场体系按不同标志划分,可以分为不同的文化市场类型。按营销环节分类,文化市场可以分为批发(发行)市场和零售市场。批发市场还可以细分为一级批发(总发行)市场、二级批发(省区发行)市场、三级批发(地区、市县发行)市场等。按营销区域分类,文化市场可以分为国内市场与国际市场。国内市场可细分为各个省区市场、城市市场与农村市场、沿海地区市场与内陆地区市场、东部市场与西部市场等。国际市场可细分为各国市场、各洲市场、亚太地区市场与欧洲共同体市场等。按营销内容分类,文化市场可分为文化消费市场和生产要素市场两大类型。其中文化消费市场包含文化商品市场和文化服务市场两个子体系;生产要素市场亦可称为文化资源市场子体系。所以,文化市场按营销内容划分,还可以细分为文化商品市场、文化服务市场和文化资源市场三个子体系。其中,文化商品市场子体系包括图书、报纸、期刊、音像、软件、美术、文物、集邮、花卉、宠物、娱乐用品等商品市场;文化服务市场子体系包括演出、娱乐、展览、旅游、照相、电影、广播、电视、网络、教育、咨询、广告、设计等服务市场;文化资源市场子体系包括自然资源、人文资源、文化物资、知识产权、文化人才、文化资本等资源市场。

本节重点介绍图书市场、报纸市场、期刊市场和电影市场。

一、图书市场

1. 图书市场的含义及分类

图书有广义与狭义之分,广义的图书包括纸质图书、电子图书和其他材质的图书(如布书)。狭义的图书是指文字、美术、摄影等作品,经过编辑、制版印刷在纸张上的单页或多页装订成册的出版物,包括书籍、画册、挂历、地图和年画等。

图书市场是图书商品出版、发行、买卖整个流通过程中各种交换关系的总和。这里只介绍纸质图书市场。图书市场按不同的标准可以进行不同的分类,如按营销环节可分为图书批发市场、图书零售市场和图书出租市场;按营销内容可分为专业图书市场和综合图书市场;按消费对象可分为老年图书市场、中年图书市场、青少年图书市场和儿童图书市场等。

2. 图书的分类

目前中国在图书的出版、发行、宣传以及综合书店柜台陈列业务中,均按照《中国图书馆分类法》对图书进行分类。《中国图书馆分类法》原称《中国图书馆图书分类法》(简称《中图法》),它将学科分为五大部类,22个基本大类,并分别以英文字母作为每一基本大类图书的代号。五大部类为马克思主义、列宁主义、毛泽东思想、邓小平理论;哲学;社会科学;自然科学;综合性科学。22个基本大类及其英文代码见表5-1。

表5-1 出版物学科分类的基本类别

A	马克思主义、列宁主义、毛泽东思想、邓小平理论	N	自然科学总论
B	哲学、宗教	O	数理科学和化学
C	社会科学总论	P	天文学、地球科学
D	政治、法律	Q	生物科学
E	军事	R	医药、卫生
F	经济	S	农业科学
G	文化、科学、教育、体育	T	工业技术
H	语言、文字	U	交通运输
I	文学	V	航空、航天
J	艺术	X	环境科学、安全科学
K	历史、地理	Z	综合类

3. 图书经营主体和分销渠道

图书市场经营主体包括三个方面,即出版者、发行商和零售商。出版者是指综合性和专业性的出版社、出版公司和出版集团等;发行商是指新华书店总店、地方新华书店(集团公司)、书刊发行公司、连锁书店总店和图书进出口贸易公司等;零售商是指新华书店外文书店、连锁书店分店、个体书摊和网上书店等。

图书市场主要通过三种渠道来销售图书,一是新华书店销售的主渠道,总店和地区的集团公司是总发行商和总经销商,书店门市部、书市等批发和零售;二是出版社直销,出版社自办门市部、邮购部，或在书店设置摊位直接销售图书；三是批发加零售的销售渠道，一般是由连锁书店、个体书店等从出版社批量进书，再通过分店或摊点零售。近几年来，随着互联网技术的普及和电子商务的发展，网上图书销售已成为图书销售的一个重要渠道，许多专业图书销售网站发展迅速，一些实体书店也专门开设了网上书店，网上购书以其方便、快捷、不受时间限制等优势得到了许多消费者的青睐。

二、报纸市场

1. 报纸市场的含义及分类

报纸是指有固定名称、出版单位和出版周期的，以刊载新闻、评论为主要内容，每周至少出版一期的散张连续出版物。报纸作为主要大众传播媒介，既是以传播新闻为主的宣传工具、舆论工具，又是可供人们消费，能够满足人们精神需求的文化商品。随着现代社会人们对信息需求的增加，报纸在人们生活中的地位日益突出，报纸的种类及内容也逐渐丰富。根据市场的定义，报纸市场是指报纸商品交易的领域和场所。报纸市场按环节可以划分为报纸发行市场和报纸零售市场，按销售方式可划分为报纸订阅市场和报纸零售市场等。报纸作为传统的第一媒体，尽管受到广播、电视和互联网等新兴媒体的冲击，仍以其不受时间、地点和设备等阅读条件的限制的优势在现代大众传媒市场中占有可观的市场份额。

2. 报纸的国内统一刊号和邮发代号

在国内出版、公开发行的报纸都有国内统一刊号和邮发代号。比如《人民法院报》的刊号为 CN11－0194，其中 CN 为中国的代号，11 为报社所在地北京的代号，0194 为该报编入国内统一刊号的代号。该报邮发代号为 1－174，1 代表北京地区出版的报纸，174 为该报在国内邮发系统的代号。高校报纸的统一刊号形式是在一般的统一刊号后面加 G，如《东北大学报》的国内统一刊号是 CN21－0824/G。

3. 报纸的发行

报纸发行是指通过报纸的零售、征订、投递和配送等方式，使报纸流通、传播。具体而言，我国报纸发行渠道包括以下三种：

第一，邮政系统发行，简称邮发渠道。邮政拥有遍及全国的物流网络，许多偏远或交通不便利的地区都能够覆盖，因此，通过邮政系统发行成为全国性报刊或主流报刊跨区域发行的主渠道。此外，邮局在建立报刊亭这一零售终端上掌握主动权。

第二，报社自办发行渠道。邮发渠道作为报纸发行的主渠道，在报纸的销售过程中发挥了重要作用，但目前这一发行渠道尚不完善，在实际运行中存在许多问题，如投递速度慢、发行费率高、报款不能及时回笼到报社、无法对所代理的产品做有针对性的促销、报刊社无法获得读者详细资料等。因此，许多报社开始自办发行。

第三，批零兼营渠道，报社委托发行公司或发行商征订、发送和零售报纸，即发行商渠道。近年来，许多发行量较高的报纸非常注重发展这一渠道，例如，综合性周报《南方周末》是我国最早开拓发行代理商渠道的全国性报纸之一，该报以在全国建立的分印点为根据地遴选一级代理商，通过构建以一级代理商为核心、二级代理商为辅助的发行商网络来提高报纸销售量。这一策略取得了很好的效果。

三、期刊市场

1. 期刊市场的含义及分类

期刊又称杂志，是指有固定名称，用卷、期或年、月顺序编号，装订成册的连续出版物。与图书、报纸相比，期刊的内容比较广泛，通常每种期刊都设置若干栏目，不同栏目刊登的文章在内容、体裁、风格方面存在差异；期刊具有生命性，创刊标志着其生命的开始，停刊标志着其生命的结束，休刊和复刊表明其生命期存在着间断性。此外，一般期刊对大众的影响力，专业期刊对其专业领域的影响力，往往超过图书及报纸。

期刊市场是指期刊作为文化商品进行交易的领域和场所。期刊市场按营销环节可划分为期刊批发市场和期刊零售市场；按销售方式可划分为期刊订阅市场和期刊零售市场；按消费对象可划分为期刊团体消费市场和期刊个人消费市场。

2. 期刊的国内统一刊号和邮发代号

国内出版、公开发行的期刊均有国内统一刊号和邮发代号，获准国外发行的期刊还有国际标准刊号和国外代号。比如《资料卡片杂志》的国内统一刊号是 CN11 - 3834/Z，CN 是中国的代号，11 是杂志社所在地北京的代号，3834 是该刊物编入国内统一刊号的代号，Z 为综合性期刊代号。该刊物的邮发代号为 82 - 779，82 为北京地区出版期刊，779 为该刊物在邮发系统中的代号。该刊物的国际标准刊号为 ISSN1003 - 6121，其中 ISSN 为国际标准刊物代号的缩写（International Standard Serial Number）。

3. 期刊的经营主体及发行模式

期刊的经营主体包括出版者、发行商和零售商。出版者包括杂志社、期刊编辑部、出版公司、出版集团等。发行商包括各省、市邮政报刊公司，以及县、乡邮政局(所)的报刊发行机构，区域性报刊发行公司，区域性书刊发行公司(集团公司)等。零售商包括地方邮政报刊门市部、集体或个体售报亭和个体流动报贩等。

目前我国的期刊发行模式主要有依靠邮政系统发行、杂志社自办发行、通过第三方发行公司发行三种模式。

另外，随着信息化潮流的涌起，出现了期刊网上发行的新模式。网上发行是一种崭新的电子商务模式，电子商务公司与传统期刊媒体在保留各自优势的基础上强强合作，搭建报刊发行网上平台。在此平台上，传统的期刊发行模式借助现代网络技术，原有的批销方式、物流传输、结算等路径将得到前所未有的改变，从而大大加快编、发、读三者之间的信息反馈速度，为杂志社实现“零距离发行”作出尝试。目前，中国期刊发行网正在进行这样的尝试。利用网络，期刊还可以进行二次贩卖——除了纸版，期刊电子版也能二次发行，如龙源期刊网目前已经有了几种期刊电子版的发行代理权。

四、电影市场

1. 电影及电影市场的含义

电影是根据“视觉暂留”原理，应用照相(以及录音)手段把外界事物的影像(以及声音)摄录在胶片上，通过银幕放映(以及还音)来表现一定内容的视听活动。电影是科学技术与艺术相结合的产物，它吸收了文学、戏剧、音乐、绘画、雕塑、建筑等多种艺术元素，融合成一个具有综合特性的艺术品种，因此人们称之为“第七艺术”。随着计算机、数字化和网络化技术的广泛应用，电影家族出现了数字电影的新形式。它是电影技术从无声到有声、从黑白到彩色、从胶片到数码形式的“第三次革命”。数字电影的出现，不仅会彻底改变电影发行放映的传统模式，大大节约人力物力资源，而且将为电影国际化发行放映、遏制盗版侵权提供有利条件，从而最大限度地满足群体观众欣赏电影的消费需求。

电影市场是指从事影片版权交易活动以及提供电影放映服务活动的领域和场所。电影市场按营销环节划分，分为电影发行市场和电影放映市场。

2. 电影活动类型

电影活动分为制片、发行、放映三个经营环节。电影制片活动，是指根据电影文学剧本(以及曲谱)进行分镜头、表演、摄影及录音，然后剪辑合成电影标准拷贝(即电影版本)和复制电影发行拷贝(以及录像带、光盘)的活动。电影制片活动，涉及编剧、导演、表演、摄影、录音、美术、化妆、服装、道具、置景、剪辑、洗印等诸多艺术和技术门类，不仅具有艺术创作生产的性质，而且具有现代工业生产的特征。电影按片种分类，有故事片(含舞台艺术片)、美术片、科学教育片和新闻纪录片等；按规格分类，有 16 毫米、35 毫米、70 毫米、穹幕、球幕和环幕影片等；按声音分类，有无声电影和有声电影(以及立体声电影)；按色彩分类，有黑白电影和彩色电影。电影发行活动，是指将影片在约定地区和期限的电影院放映权(以及电视播映权、录像制品发行权等)买断、卖断或许可他人使用的活动，即电影版权贸易活动。电影放映活动，是指在电影院、影剧场和露天放映场所营业性放映电影节目的活动。电影放映是电影经营过程的终点，是电影消费的实现。一般说来，电影消费者须通过购买门票或由团体单位包场才能观赏到电影。电影放映活动按营销地点分类，有固定放映和流动放映；按营销方式分类，有售票放映和包场放映。

3. 电影经营主体及分销渠道

电影市场的经营主体分为三类：一是制片者，包括电影制片厂、影视音像制片公司、独立电影制片人等；二是发行商，包括中影集团、各级地方电影发行公司、区域院线联盟、影视节目发行公司等；三是放映商，包括电影院、影剧场、流动放映队等。

电影市场的分销渠道大体分为三种类型：一是制片者自营电影院或院线的直销渠道；二是制片者直接向城市院线、乡镇影院供片的一层渠道；三是通过中影集团、地方电影发行公司、影视节目发行公司、区域院线联盟向城市院线、乡镇影院和流动放映队供片的多层渠道。影片交易市场的形式多种多样，诸如国际电影节、金鸡百花电影节、国产影片节目交易会、展销会等。

第三节　文化市场规范

市场经济是法治经济，文化市场规范就是为保证文化商品交易和文化服务活动的健康进行而建立的法律法规体系。按照立法目的和调整对象，文化市场规范可大致分为经营主体规范、从业人员规范、经营客体规范、经营行为规范、市场管制规范和国际市场规范。

一、经营主体规范

文化市场的经营主体是指在文化市场上依法从事文化商品经营和进行文化服务活动的个人和组织。我们简要介绍对这些经营主体的一般性规范。

1. 公民

公民是具有一国国籍的自然人，是民事权利主体之一。我国民法规定，公民具有民事权利能力，具有享有民事权利和承担民事义务的资格。公民的民事权利主要是财产权利和人身权利，作为社会的一员，公民还要依法承担相应的民事义务。公民在文化市场常常扮演消费者的角色，有时成为经营主体，如进行个人书画展卖、举办个人演唱会等。

2. 个体工商户

个体工商户是依法登记、依法经营个体工商业的公民。个体工商户可以个人经营，以个人全部财产承担民事责任；也可以家庭经营，以家庭全部财产承担民事责任。我国民法规定，个体工商户可以有一两个帮手，有技术的工商户可以带三五个学徒。个体工商户从事的业务首先要经过政府有关部门的批准或许可，然后取得营业执照。比如某个家庭要办个体音像书店，必须经文化行政部门审核颁发“音像制品经营许可证”，之后办理营业执照。

3. 个人独资企业

个人独资企业是由一个自然人投资设立的企业，企业财产为投资者所有，投资者以个人财产对企业债务承担无限责任。

4. 合伙企业

合伙企业是由合伙人共同出资，合伙经营，对合伙企业债务承担无限连带责任的营利性组织。我国有关法律规定，合伙企业应当有两个以上的合伙人，合伙人都依法承担无限责任，要有书面合伙协议，要有各合伙人实际的出资，要有合伙企业名称、经营场所和经营的必要条件。

5. 集体企业

集体企业是企业财产属于集体经济所有者，并以企业全部财产独立承担民事责任的营利性组织。集体企业实行独立核算、自主经营、民主管理、按劳分配、自负盈亏，包括城镇集体企业和乡镇集体企业，属于公有制经济的基本组织形式之一。为适应市场经济发展的要求，现在集体企业转为有限责任公司或股份有限公司。

6. 国有企业

国有企业是国家授权投资的机构或主管部门单独投资设立的，以企业全部财产独立承担民事责任的营利性组织。国有企业实行独立核算、自主经营、民主管理、按劳分配、自负盈亏，是我国公有制经济的基本形式之一。目前，国有企业正逐步改制为有限责任公司或股份有限公司，以适应市场经济发展的要求。

7. 有限责任公司

有限责任公司是由股东投资筹办并自主组织生产经营、股东以其认缴的出资额为限对公司承担责任，公司以其全部财产对公司的债务承担责任的企业法人。有限责任公司由50个以下股东出资设立，注册资本的最低限额为人民币3万元。有限责任公司股东会由全体股东组成。股东会是公司的权力机构，依法行使职权。有限责任公司设董事会，其成员为3~13人。股东人数较少或者规模较小的有限责任公司，可以设一名执行董事，不设董事会。国家单独出资、由国务院或者地方人民政府授权本级人民政府国有资产监督管理机构履行出资人职责的有限责任公司称为国有独资公司，国有独资公司不设股东会，由国有资产监督管理机构行使股东会职权。国有独资公司设董事会，董事每届任期不得超过3年，董事会成员中应当有公司职工代表。

8. 股份有限公司

股份有限公司是由股东投资筹办，股东以其认购的股份为限对公司承担责任，公司以其全部资产对债务承担责任的企业法人。设立股份有限公司，应当有2~200人为发起人，其中须有半数以上的发起人在中国境内有住所。股份有限公司采取发起设立方式设立的，注册资本为在公司登记机关登记的全体发起人认购的股本总额。公司全体发起人的首次出资额不得低于注册资本的20%，其余部分由发起人自公司成立之日起两年内缴足；其中，投资公司可以在五年内缴足。在缴足前，不得向他人募集股份。股份有限公司采取募集方式设立的，注册资本为在公司登记机关登记的实收股本总额。股份有限公司注册资本的最低限额为人民币500万元。法律、行政法规对股份有限公司注册资本的最低限额有较高规定的，从其规定。

9. “准经营性”事业单位

事业单位是国家机关或其他组织利用国有资产举办的，从事教育、科技、文化、卫生等活动的社会服务组织。事业单位分为全额拨款、差额拨款和自收自支三种类型，全额拨款事业单位属于纯公益性事业单位，差额拨款和自收自支事业单位属于半公益性或“准经营性”事业单位。我国的“准经营性”事业单位实行“事业单位，企业管理”的制度，向产业化过渡，文化馆、博物馆、展览馆、表演团体、广播电台、电视台等原来的事业单位，已经成为文化市场领域的经营主体。

10. 民办非企业单位

民办非企业单位是企业事业单位、社会团体和其他社会力量以及公民个人，利用非国有资产举办的、从事非营利性社会服务活动的组织。典型的民办非企业组织包括如雨后春笋般出现的民办学校，以及市场前景看好的民办艺术表演团体，民办培训机构、民办科技服务中心等也日益受到社会欢迎。

公民在文化市场从事经营活动，需要依法办理相关手续。除公民之外，所有文化市场经营主体都需要依法确立，具备有关法律规定的基本条件，并履行相关程序后才属于合法组织。读者可以从相关法律中进一步了解文化市场经营主体的一般性规范。

二、从业人员规范

文化市场从业人员应当符合法定条件。我国实行职业资格、执业注册和持证上岗制度，来进一步规范文化市场经营主体，维护市场正常运行。

1. 职业资格制度

职业资格是国家对从业人员具备从业经营的基本学识、技术和能力的认可。国家劳动、人事或行业行政主管部门，通过学历认定、资格考试、专家评定、职业技能鉴定等方式，对从业人员的学识和技能作出评价，为合格者授予国家职业资格证书。职业资格证书是从业者求职、任职、开业、从业的主要依据。职业资格包括从业资格和执业资格。

从业资格是从事某一专业或工种所应有的学识和技能的起始标准。从业范围分为专业技术和职业技术两类。专业技术在文化领域包括新闻、广播、出版、文物、艺术等系列，职业技术在文化领域包括印刷、绘图、放映、校对、计算机操作等系列。

执业资格是国家对社会通用性强、利害关系大的专业或工种实行准入控制，对从事这些专业的人员的学识和技能规定的必备标准。执业范围包括法律、税务、会计、审计、拍卖、导游、价格鉴定、资产评估、工程造价、工程监理等，执业人员须持国家颁发的资格证书。如从事律师职业人员，须通过国家组织的司法考试，才能取得国家司法行政机关颁发的律师职业资格证书。

2. 执业注册和持证上岗制度

执业注册是在国家实行准入控制的行业内,从业人员取得法定的职业资格后,还须办理执业注册登记手续方可开业。执业注册应按照法定程序向执业注册登记机关或有关行业组织申请办理,比如导游人员,先要通过国家统一考试取得导游资格证书和等级证书,然后到旅游行政部门申请导游注册登记,取得导游证才可做导游服务。

我国在新闻、出版、广播、电视、广告、旅游等文化服务部门实行持证上岗制度。所谓持证上岗就是,在国家实行准入控制的行业内,上岗人员除具备法定的从业资格外,还须经过岗位培训和考试,取得相应的上岗证书才可在相应岗位上工作。

新闻、出版行业持证上岗的主要岗位有:报社社长、总编辑;期刊社主编;出版社社长、总编辑;国家级、省级书刊印刷定点企业经理;音像复制单位法定代表人和主要负责人;新华书店省、地、市、县营销店经理。

广播、电视行业持证上岗的主要岗位有:广播电视出品人;播音员、主持人;制片人。

广告、旅游行业持证上岗的主要岗位有:广告审查员;旅行社经理;出境旅游领队。

三、经营客体规范

文化市场的经营客体是有形财产(文化商品)、无形财产(文化服务)以及文化资源的总和。文化市场的经营客体的规范涉及物权法、著作权法、产品质量法等法律和有关行业规章。

1. 财产权规范

物权即有形财产权,是指权利主体依法支配自有物或依照契约支配他人的物,直接享受物的效益并排斥他人干涉的财产权。物权包括所有权、用益物权、担保物权等内容。所有权是最基本的物权,具有以下法律特征:不需要他人协助就能实现的绝对性;任何人不得干涉的排他性;权利最全面、最充分的完整性。所有权包括所有权人对其财产的占有、使用、收益和处分四项权能。

知识产权即无形财产权,是法律赋予公民或法人对自身创造的科学、技术、文化等智力成果所享有的权利,主要有著作权、商标权和专利权。与有形财产权一样,知识产权同样可以为权利所有人带来经济收益和其他效益。

2. 产品质量规范

文化产品质量既包括形式质量又包括内容质量。形式质量如图书纸张质量、电影放映质量、广播信号质量等，内容质量如图书知识品位、电影的教化功能、广播节目的价值取向等。形式质量规范包括技术质量规范和服务质量规范。文化行业技术质量和服务质量规章较多，涉及各个门类，比如图书质量管理和保障体系都有相应的规定，电影发行拷贝的出厂技术标准也有专门规定；再比如互联网电子公告服务管理规定和旅行社质量保证金规定等。

内容质量规范是文化产品质量规范的重点。我国相继出台了大量的政策法规，保证社会主义文化事业的先进性。例如《音像制品管理条例》（2001 年 12 月 25 日中华人民共和国国务院令第 341 号公布，根据 2011 年 3 月 19 日《国务院关于修改〈音像制品管理条例〉的决定》修订、《印刷业管理条例》（2001 年 7 月 26 日国务院第 43 次常务会议通过，自 2001 年 8 月 2 日起施行）、《电影管理条例》（2001 年 12 月 21 日国务院第 50 次常务会议通过，自 2002 年 2 月 1 日起施行）、《出版管理条例》（2001 年 12 月 25 日中华人民共和国国务院令第 343 号公布，根据 2011 年 3 月 19 日《国务院关于修改〈出版管理条例〉的决定》修订）。

四、文化产品内容规范

1. 演出内容规范

国家禁止含有以下内容的演出活动：危害国家安全、荣誉和社会稳定的；煽动民族分裂、侵害少数民族风俗习惯、破坏民族团结的；宣扬淫秽、色情、迷信或渲染暴力的；表演方式恐怖、残忍，摧残演员身体健康的；利用人体缺陷招徕观众的；法律法规禁止的其他内容。

2. 娱乐内容规范

国家禁止娱乐场所娱乐项目中含有下列内容：反对宪法确定的基本原则的；危害国家统一、主权和领土完整的；危害国家安全、利益和社会稳定的；煽动民族分裂、侵害少数民族风俗习惯、破坏民族团结的；宣扬淫秽、色情、迷信或渲染暴力，有害消费者身心健康的；违背社会公德或诽谤侮辱他人的。

3. 旅游项目规范

国家禁止旅行社向旅游者提供下列旅游项目：含有损害国家利益和民族尊严的；含有民族、种族、宗教、性别歧视内容的；含有淫秽、迷信和赌博内容的；含有法律法规禁止的其他内容的。

4. 商标内容规范

国家规定商标不得使用下列标识:同中华人民共和国的国家名称、国旗、国徽、军旗、勋章相同或近似的,同中央国家机关所在地名称或标志性建筑物名称、图形相同的;同外国的国家名称、国旗、国徽、军旗相同或近似的,但该国政府同意的除外;同政府间国际组织的名称、旗帜、徽记相同或近似的,但该组织同意或不易误导观众的除外;与表明实施控制、予以保证的官方标志、检验印记相同或近似的,但经授权的除外;同“红十字”及“新红月”的名称、标志相同或近似的;带有民族歧视性的;夸大宣传并带有欺骗性的;有害社会主义道德风尚或有其他不良影响的。

5. 广告内容规范

国家规定广告不得有下列内容:使用中国国旗、国徽、国歌;使用国家机关和国家机关人员名义;使用国家级、最高级、最佳等用语;妨碍社会安全和危害人身、财产安全,损害社会公共利益;妨碍社会公共秩序和违背社会良好风尚;含有淫秽、迷信、恐怖、暴力、丑恶的内容;含有民族、种族、宗教、性别歧视的内容;妨碍环境和自然资源保护;法律法规禁止的其他内容,此外,广告不得损害未成年人身心健康;广告使用数据、统计资料、调查结果等必须真实、准确,标明出处;麻醉药品、毒性药品、精神药品等特殊商品不得做广告;食品等广告内容必须符合卫生许可事项;烟草广告中必须标明“吸烟有害健康”字样。我国广告中言过其实的现象时有发生,特别是药品广告,夸大疗效和医治范围,对药品副作用只字不提,对消费者知情权构成侵害。2005 年 5 月,国家食品药品监督管理局发布《保健食品广告审查暂行规定》(自 2005 年 7 月 1 日起施行),其中明确规定保健食品广告未经审查不得发布,并从 17 个方面规定了保健食品广告中不得出现的内容:含有表示产品功效的断言或者保证;含有使用该产品能够获得健康的表述;用公众难以理解的专业化术语、神秘化语言、表示科技含量的语言等描述;以专家、医务人员和消费者的名义和形象为产品功效作证明;宣称产品为家传秘方;含有无效退款、保险公司保险等内容的;声称或者暗示保健食品为正常生活或者治疗病症所必需;等等。

2009 年 2 月 16 日,国家广电总局等五部门联合下发《关于进一步加强广播电视医疗和药品广告监管工作的通知》,规定禁止聘请不具备执业资质的人士担当医疗、健康类节目的嘉宾,严禁演员和社会名人主持医疗、健康类节目。

第四节　文化市场管理手段及内容

一、文化市场管理手段

政府的文化、经济、社会等职能部门和国家司法机关,为使文化市场正常有序运行,运用行政、经济、法律等手段,对在文化市场上进行交易的人和事,实行规划、组织、协调、监控,同时提供相关服务,这些活动的总和就是文化市场管理。

下面具体阐述行政、法律和经济这三种管理手段。

1. 行政方法

行政方法是通过强制性或非强制性手段使机关工作人员和广大群众自觉自愿地去从事文化行政部门所鼓励的工作或活动。这种方法既可以贯穿中国传统体制的精神,又最能代表党和国家的路线、方针和政策,所以这种被称之为传统的政治行为和方法,在今后很长一段时间里仍将是文化市场管理的重要方法。比如包括思想教育方法、行政指令方法、行为激励方法、参与管理方法等,而且对文化市场来说,它是市场经济比较充分作用的领域,上述的行政指令和参与管理方法并不适用,而且与目前的行政管理体制改革的目标相背,但是这仍然是现在存在的方法。

2. 法律方法

法制方法是通过各种法律、法令、法规和司法、仲裁工作来进行管理的方法,是依照国家权力机关和文化行政部门发布的、具有管理规范性的法规、条例、规章等进行文化市场管理的行为和手段。其实施内容主要包括两个方面:一是制定法律和建立各种法规制度;二是注重相应的司法工作。二者不可偏废。对于地方文化主管部门而言,主要的法制方法运用是依照上级部门颁布的与文化管理有关的法规、条例、规章等进行执法,在一定程度上制定一些规范性的文件并实施。随着我国法律制度的日趋完善,整个国家管理的日趋法制化,法制手段将会在文化市场管理中扮演越来越重要的角色。

3. 经济方法

经济方法是根据客观经济规律和物质利益原则,利用不同经济杠杆调节不同经济利益之间的关系,以达到较高的经济效益与社会效益的行政管理方法。其主要包括:价格、税收、信贷等，通过协调不同的经济利益关系，调节社会劳动在不同部门之间的分配比例，优化经济结构和文化市场内部结构，提高经济活动的效率，同时引导消费，达到供求平衡和市场的良性循环。

文化市场的活跃和壮大，在为人民群众带来精神食粮和丰富生活的同时，也产生了各种矛盾和问题，对文化市场的管理提出了更高的要求。在文化市场的发展过程中，虽然现在已经逐步摸索出了一套文化市场管理和法律法规体系，但由于我国文化市场起步较晚，培育度不高，区域市场发展严重不平衡，以及经营成分多元化等一系列原因，导致了各省市在文化市场的实际管理中都存在着种种困惑和差别。因此，进一步研究文化市场管理的功能和方法具有非常深远的意义。

二、文化市场管理的主要内容

1. 文化经营许可制度

文化经营许可制度是我国文化市场管理的重要内容之一，目前，我国在出版物、演出、电影和广播电视等领域都实行经营许可制度。

(1)出版物经营许可制度

在中华人民共和国境内从事出版活动，均需遵从《出版管理条例》。出版物是指报纸、期刊、图书、音像制品、电子出版物等。出版活动包括出版物的出版、印刷或者复制、进口、发行。

(2)音像制品经营许可制度

国家对出版、制作、复制、进口、批发、零售音像制品，实行许可制度；未经许可，任何单位和个人不得从事音像制品的出版、制作、复制、进口、批发、零售等活动。

(3)营业性演出许可制度

营业性演出，是指以营利为目的为公众举办的现场文艺表演活动。

(4)电影经营许可

我国对于设立电影制片单位、电影发行单位和电影放映单位均实行经营许可制度。

(5)广播电视经营许可

我国对于设立广播电台和电视台、广播电视节目制作单位、广播电视节目传送单位以及宾馆饭店开展视频点播业务均实行经营许可制度。

2. 文化产品审查制度

文化产品审查制度，是指文化行政部门对进入文化市场领域的文化产品内容实施审查管制的制度。文化产品审查制度是国家控制社会意识形态的具体表现，旨在维护国家宪法确立的社会基本制度和社会公共利益。根据我国现行文化行业管理法规及规章的规定，目前主要对国产和进口的影片、电视剧、文艺类音像制品内容实行前置审查的制度，对图书、报纸、期刊、非文艺类音像制品以及广播、电视、网络、演出、展览、娱乐等内容服务活动实行市场督察的制度。

文化产品内容审查标准包括禁止标准和分级标准两类。禁止标准是指文化产品不得含有法定禁止传播内容的具体规范；分级标准是指含有法定限制传播内容的文化产品只能在限定人群、场所或时间范围内传播的具体规范。文化产品审查程序包括以下几种。

(1)电影审查程序

国务院电影行政部门设立电影审查委员会和电影复审委员会，履行影片审查和复审职责。电影制片单位在影片摄制完成后、电影进口单位在办理暂时进口手续后，报送电影审查委员会审查；审查合格的，签发审查通过令并颁发“电影片公映许可证”；审查不予通过的或作出修改决定的，应当书面通知送审单位。电影制片单位、进口单位对电影审查决定不服的，可以向电影复审委员会申请复审；电影复审委员会应当作出复审决定，并书面通知送审单位和电影审查委员会；复审合格的，核发该片的“电影片公映许可证”。

(2)电视剧审查程序

国务院广播电视行政部门设立电视剧审查委员会，负责审查中外合作制作电视剧、进口电视剧、中央直属单位制作的电视剧以及持证与地方单位联合制作的电视剧；省级广播电视行政部门设立电视剧审查机构，负责审查辖区内地方单位制作的电视剧以及持证与辖区外单位联合制作的电视剧；国务院广播电视行政部门设立电视剧复审委员会，履行电视剧复审的职责。凡审查通过的，由电视剧审查委员会或省级电视剧审查机构颁发“电视剧发行许可证”。送审单位对电视剧审查委员会或省级电视剧审查机构的审查决定不服的，可以向电视剧复审委员会申请复审；电视剧复审委员会应当作出复审结论，并书面通知申请单位；复审合格的，核发该剧的“电视剧发行许可证”。

(3)音像制品审查程序

省级音像行政部门或上级主管部门负责音像出版单位出版的国产文艺类音像制品审

查和进口音像制品初审的职责，国务院文化行政部门设立音像制品内容审查委员会，负责进口音像制品审查和国产文艺类音像制品审核备案的职责。经审查批准进口的音像制品，核发“音像制品发行许可证”。

此外，对由文化生产经营单位自审或经文化行政部门形式审查（如选题备案和剧本审核）之后进入文化市场流通的图书、报纸、期刊、广播、电视、网络等媒介产品和演出、展览、娱乐等内容服务活动，文化行政主管部门还应履行法定的内容监管职责。根据经营单位的自报和社会公众的反映，文化市场稽查机构应当对涉嫌含有法定禁止内容的文化产品进行审查鉴定，并可在认定属实的基础上采取查封、扣押或缴销违禁物品和吊销版号、刊号或经营许可证等管制措施。

3. 文化市场行政执法制度

文化市场行政执法是指各级人民政府文化行政部门或者经法律法规授权的其他执法机构（简称执法机构），依照国家有关法律、法规和规章的规定，对公民、法人或者其他组织的文化经营活动进行监督检查，并对违法行为进行处理的具体行政行为。

文化市场行政执法的范围是：营业性演出活动；音像制品的进口、批发、零售、出租和放映；娱乐场所经营活动；艺术品经营活动；电影发行、放映经营活动；互联网上网服务营业场所和互联网文化经营活动；文化行政部门管理的其他文化经营活动。

文化市场行政执法遵循公平、公正、公开的原则，建立权责明确、行为规范、监督有效、保障有力的行政执法体制。

三、文化行政处罚程序

文化行政处罚是文化行政管理的手段之一。公民、法人或其他组织实施违反文化行政管理秩序行为的，文化行政部门可依法定职权给予警告、罚款、没收违法所得、没收非法财物、责令停产停业、吊销许可证等处罚。文化行政处罚程序属于程序性的规范，旨在保障和监督文化行政部门有效实施文化行政管理。文化行政处罚程序包括简易程序、一般程序和听证程序。

本章小结

所谓文化市场，是指按价值规律进行文化艺术产品交换，和提供有偿文化服务活动的场所。它是文化艺术产品生产和消费的中介。它必须具备三个条件：一是要有能供人们消费并用于交换的劳动产品和活动；二是要有组织这种活动的经营者和需求者；三是要有适宜的交换条件。

文化市场具有实现商品流通、平衡供求关系、调节资源配置、促进知识转化、提供社会服务等功能。

本章重点介绍了图书市场、报纸市场、期刊市场和电影市场。

目前我国主要从经营主体、从业人员、经营客体和文化产品内容等方面对文化市场进行规范。文化市场管理手段主要包括行政手段、经济手段和法律手段，这些手段各有利弊，在不同领域发挥了重要作用。我国文化市场管理的主要内容包括文化经营许可制度、文化产品审查制度、文化市场行政执法制度等。文化行政处罚程序对于规范和促进我国文化市场的发展发挥了非常重要的作用。

复习思考题

1. 文化市场的含义和性质是什么？
2. 文化市场按营销内容可分为哪几类？
3. 文化市场有哪些功能？
4. 文化市场规范包括哪些内容？
5. 文化市场的管理手段有哪些，各有何利弊？
6. 文化市场行政执法制度包括哪些内容？

第六章　文化产业管理

第一节　文化产业概述

一、文化产业的定义

联合国教科文组织对文化产业的定义是:文化产业就是按照工业标准,生产、再生产、储存以及分配文化产品和服务的一系列活动。文化产业包括影视、音像、摄影、广告、信息咨询、大众传播媒介、流行音乐、平面设计等诸多行业。

根据联合国教科文组织对文化产业的定义,我们理解文化产业应该是指从事文化产品生产和文化服务的经营性行业。我国第一次在正式文件中使用“文化产业”这一概念,是在党的十五届五中全会通过的《中共中央关于制定国民经济和社会发展第十个五年计划的建议》中。2003 年 7 月 22 日,由中央宣传部牵头,成立了国家统计局、文化部、广电总局、新闻出版总署、国家文物局等单位参加的“文化产业统计研究课题组”,课题组的任务之一就是科学界定文化产业的含义和范围。2004 年 3 月 29 日国家统计局向省市等各级统计机构下发了《文化及相关产业分类》,其中明确规定,“我国的文化产业是指为社会公众提供文化、娱乐产品和服务的活动,以及与这些活动有关联的活动的集合。”

由此我们可以看出,文化产业的概念实质上服务于国家“产业政策”的实施,提出“文化产业”概念,意味着需要借助于国家政策的力量,支持一国的文化事业以超常的方式发展与转型。

文化产业与文化事业是有区别的。

主体不同:前者的主体是企业;后者的主体是政府部门。

客体不同:前者指经营性文化单位的集合;后者则指公益性文化单位的集合。

目标取向不同:前者主要是运用文化资源通过市场运作,形成产业模式;后者是对国民教育的感化,形成文化导向。

资金来源不同:前者是社会筹集,企业投资;后者是国家财政开支。

组织形式不同:前者是企业组织形式;后者是行政事业部门或单位团体组织形式。

二、文化产业的分类

国家统计局制定的《文化及相关产业分类》将文化产业分为两大部分。第一部分包括新闻服务,出版发行和版权服务,广播、电视、电影服务,文化艺术服务,网络文化服务文化休闲娱乐,其他文化服务;第二部分包括文化用品、设备及相关文化产品的生产,文化用品、设备及相关文化产品的销售。《文化及相关产业分类(2012)》将我国文化及相关产业分为五层共两大部分,10 个大类,50 个种类,120 个小类和 9 个延伸层,具体分类如表 6 - 1 所示。

表 6 - 1　文化及相关产业分类

第一部分　文化产品的生产	第二部分　文化相关产品的生产
一、新闻出版发行服务	八、文化产品生产的辅助生产
(一)新闻服务	(一)版权服务
(二)出版服务	(二)印刷复制服务
(三)发行服务	(三)文化经纪代理服务
二、广播电视电影服务	(四)文化贸易代理与拍卖服务
(一)广播电视服务	(五)文化出租服务
(二)电影和影视录音服务	(六)会展服务
三、文化艺术服务	(七)其他文化辅助生产
(一)文艺创作与表演服务	九、文化用品的生产
(二)图书馆与档案馆服务	(一)办公用品的制造
(三)文化遗产保护服务	(二)乐器的制造
(四)群众文化服务	(三)玩具的制造
(五)文化研究和社团服务	(四)游艺器材及娱乐用品的制造
(六)文化艺术培训服务	(五)视听设备的制造
(七)其他文化艺术服务	(六)焰火、鞭炮产品的制造
四、文化信息传输服务	(七)文化用纸的制造

表 6-1(续)

第一部分　文化产品的生产	第二部分　文化相关产品的生产
(一)互联网信息服务	(八)文化用油墨颜料的制造
(二)增值电信服务(文化部分)	(九)文化用化学品的制造
(三)广播电视传输服务	(十)其他文化用品的制造
五、文化创意和设计服务	(十一)文具乐器照相器材的销售
(一)广告服务	(十二)文化用家电的销售
(二)文化软件服务	(十三)其他文化用品的销售
(三)建筑设计服务	十、文化专用设备的生产
(四)专业设计服务	(一)印刷专用设备的制造
六、文化休闲娱乐服务	(二)广播电视电影专用设备的制造
(一)景区游览服务	(三)其他文化专用设备的制造
(二)娱乐休闲服务	(四)广播电视电影专用设备的批发
(三)摄影扩印服务	(五)舞台照明设备的批发
七、工艺美术品的生产	
(一)工艺美术品的制造	
(二)园林、陈设艺术及其他陶瓷制品的制造	
(三)工艺美术品的销售	

三、文化产业的特征

文化产业的基本特征可以从产品、内容、过程、主体、需求、消费、目标和功能八个维度来分析。

1. 文化产品具有双重性

文化产业是经济属性与意识形态属性的结合。人们为生产文化产品付出了社会劳动量和社会必要劳动时间,因此,它属于社会主义商品体系中的一部分。从另一个角度来说,文化产品除了具有一般商品的使用价值之外,还具有其他产品(物质产品)所没有的价值——精神价值。这表明,文化产业是一种特殊的产业形态,即文化产品具有意识形态属性。

2. 文化产业内容具有创新性

新兴文化业态凸现。文化产业是以内容为核心、突出创意的产业。注重创意，求特、求变、求新是文化产品内容的根本要求。随着高新技术的推广，文化产业将会产生一系列新兴的文化业态领域，将会拓宽文化产业发展路径。

3. 文化产业过程具有环保性

物质资源消耗少、能源消耗低、环境污染小。

4. 文化产业主体具有多样性

广泛吸纳社会各类劳动力。纵观世界各国，在文化产业主体中，既有现代化、拥有高新技术装备的大型企业(集团)，也有依靠个人创作和传统技艺发展的个体，更有依靠多人力量的合伙、合资、合作制的中小企业。因而，这一特点，决定了文化产业具有广泛吸纳社会各类劳动力就业和创业的功能。

5. 文化产业(品)需求具有广泛性

文化产品创造无形资本。文化产品是人类在改造社会中精神世界的产物，它凝结了一定人类群体的精神智慧，其内容具有普遍性的特点，对于这一特定的群体而言，它是共同的价值观念与审美观念的结合。通常情况下，物质产品具有独占性特点，仅能满足个人或极少数人的需要，但无法满足整个社会的需求，而文化产品创造的是无形资本，可以重复生产，它所创造的价值很高。

6. 文化产业(品)消费具有持久性

文化价值的传承。文化产品的消费是一种欣赏性的消费，与物资产品的消费情况不同，文化产品的消费不仅不会损耗，相反还会出现增值的状况。因为越是经典的文化越被广泛流传并产生深远影响，文化价值得以传承。

7. 文化产业目标具有"双效"性

社会效益与经济效益的统一。文化产业发展不能只追求利润最大化，更重要的是肩负起传播社会主义先进文化的社会和历史使命，以确保经济效益和社会效益相统一。

8. 文化产业功能具有"外联"性

文化产业与其他产业融合。从产业功能的层面上看，文化产业与其他产业具有较高的关联性，与科技正在发生普遍的渗透与融合。文化产业是知识经济的典型形态，是技术密集型与人才密集型的产业领域，技术、信息、人才、知识和智力相互融合所形成的"资本"与

“知识”的彼此相互支撑。

四、文化产业的功能

1. 经济功能

文化产业是新的经济增长点，经济功能是文化产业首要的功能。文化娱乐、影视传媒、音像制品、新闻出版、文化旅游等文化产业，是发达国家国民经济的重要支柱之一。

文化产业是社会财富积累的源泉。随着社会的发展，社会财富的形态也发生了变化，从过去重视物质形态向重视精神形态转变，知识产权、信息技术等文化财富的含金量大大超过了以金、银等为基础的物质财富的含金量。

2. 政治功能

文化产业具有传播价值观念的功能。文化产业虽然不如公益性文化事业那样，具有强烈的使命和责任，但同样具有教化功能。文化产业既然要追求经济效益，就必须具有普遍的可接受性，必须以大众可理解和可接受的形式，表达一些大众共同认可的价值观念。

文化产业具有维护国家文化安全的功能。文化产业具有维护国家文化安全的战略意义，关系到国家政权的巩固和稳定。特别是在我国加入世界贸易组织后，西方文化产品大量进入，西方文化价值观念也随之输入，国家文化安全的问题更加突出。

文化产业具有改善社会环境的功能。文化产业为大众提供各种文化服务，使大众不仅可以很好地安排业余时间，并且在轻松愉快的业余文化活动中接受正面引导。可见，文化产业对改善社会生存环境具有“正方向”的促进功能。

3. 社会功能

文化产业具有娱乐功能。娱乐功能是文化产业重要的功能，也是最基本的功能，是与生俱来的，它可以使消费者获得肌体的放松、感情的宣泄、心理的平衡。

文化产业具有审美功能。人们在享受文化产品的精神内涵的同时，也受到了感官的刺激，产生感动等心理反应。世间一切可以称美的艺术形象和具有审美价值的艺术形象，都能给人精神上的愉悦。文化产业所生产的文化产品也能产生这种不同凡响的艺术效果，这是文化产业的审美功能。

第二节 文化产业管理概述

一、政府对文化产业管理的必要性

对文化产业的行政管理是政府在完善的法律体系前提下，逐步转变政府管理职能，通过制定规则、监督实施、完善基础、适度调控等相对间接的方式，采用各种经济、文化和法律的手段对文化产业进行间接调控。其必要性体现在以下三方面。

1. 文化产业健康发展和资源合理配置的内在要求

政府对文化市场的宏观管理和调控，政府对文化产业的行政管理，是维护市场秩序，维持市场公平和公正的重要保障，能够促使文化财政经费、发展资金、基础设施等合理化配置，确保文化产业的健康发展。

2. 国家意识形态完整独立的需要

文化产业是意识形态的重要载体，而主流意识形态是国家稳定的保证，是文化安全的根本。文化产业同国家形象相关联，树立国家形象的是文化产业。总之，文化产业既有文化上的重要性，还有着经济上的重要性，更有着提升国家竞争力的意义。政府对此应加以重视。

3. 促进文化体制改革的需要

我国文化产业处于计划体制向市场体制的转型过程，相关的政策法律体系还不完善，需要政府通过相关的政策、资金投入和管理手段有效地推动文化体制的改革进程。

二、我国文化产业发展的现状

1. 中国文化产业发展现状

2014 年初，北京大学文化产业研究院发布了《2014 中国文化产业年度发展报告》。该报告指出，2013 年，我国文化产业发展仍处于建设文化强国的重要战略机遇期和攻坚期。文化企业并购、整合引关注，据不完全统计，2013 年文化传媒板块已发生 55 起并购事件，涉及电影、电视剧、出版、广告、游戏等子行业，累计资金近 400 亿元。2013 年，中国文化产业增加值增长 15% 以上，对社会经济的拉动作用进一步加强。

目前,中国文化产业的发展体现出以下几方面特征。

(1)文化体制改革深入开展

2013年是中国文化产业迅速发展的一年,同时也是进入发展拐点的一年。2013年11月,党的十八届三中全会在北京召开,会议公报指出,要"紧紧围绕建设社会主义核心价值体系、社会主义文化强国,深化文化体制改革,加快完善文化管理体制和文化生产经营机制,建立健全现代公共文化服务体系、现代文化市场体系,推动社会主义文化大发展大繁荣"。

(2)文化产业对社会经济的拉动作用进一步加强

党的十八大报告指出,要推动文化产业快速发展,到2020年全面建成小康社会时,文化产业成为国民经济支柱性产业。2012年,文化产业法人单位增加值与国内生产总值的比值为3.48%,按同口径计算,比2011年增加0.2%;文化产业对当年经济总量增长的贡献率为5.5%。这表明我国文化产业正进入稳定发展的时期,未来文化产业将在我国的经济发展中发挥越来越重要的作用。

(3)文化与科技加快融合

党的十七大以来,我国提出要加快文化与科技的融合。党的十八大报告提出,促进文化和科技融合,发展新型文化产业,提高文化产业规模化、集约化、专业化水平。

(4)文化产业融资活跃

2013年我国金融市场为文化产业的发展提供了更多资金和融资渠道,企业兼并重组是重要渠道之一。在传统融资渠道之外,众筹模式在今年也引起了关注。

(5)中国文化产业"走出去"面临挑战

伴随中国经济高速增长,中国的文化事业也在蓬勃发展并越来越多地走向世界。各种文化作品和产品通过不同渠道、载体走出国门,向世界展示中国多姿多彩、充满活力的国家形象。近年来,我国文化"走出去"取得了很大成绩,对外文化贸易发展较快,中外文化合作方兴未艾,一些文化企业在海外落户。文化"走出去"正成为我国文化产业发展的助推器,是提升国家形象和软实力的有效途径。但是,我国文化还远不是国际主流文化,文化竞争实力与日益增强的综合国力、经济实力很不相称。

2. 中国文化产业发展的制约因素

总体而言,中国文化产业发展速度加快,对国民经济增长的拉动作用显著增强。但是,目前我国文化产业发展还存在一些制约因素，主要包括以下几点。

(1)与文化产业发展相关的法规政策建设还比较滞后

文化产业牵涉面很广，而且有其产业独特性，目前还欠缺成套的政策体系，尤其缺乏扶持文化产业发展的财政、金融、税收等方面的配套政策措施。

(2)我国文化产业发展的规划不尽完善

一个产业的发展离不开超前的规划，我国当前的文化战略缺乏一个具有前瞻性、针对性、可操作性的系统规划。

(3)我国文化产业的规模化程度不高

全世界每100本图书中，有85本由发达国家流向不发达国家；全世界每100小时音像制品中，有74小时由发达国家流向不发达国家；美国生产的电影占全球影片数量的10%，却占用了全世界一半的观影时间。对于中国文化产业而言，必须做大规模，形成具备竞争力的高端产业。

此外，我国文化产业缺乏既深谙文化行业属性，又对经营管理驾轻就熟的人才。

三、文化产业管理的内容

1. 大众传媒类文化产业管理

大众传播媒介(简称大众传媒)主要包括广播、电视、图书、报刊及互联网等传播媒体。改革开放以来，我国的新闻、传播和出版事业发展迅速，报刊、广播、电视已经成为城乡人民文化生活的重要组成部分。计算机、多媒体、光缆传输、卫星通信等现代科学技术的广泛运用，极大地提高了新闻、传播、出版业的生产力水平，提高了我国新闻传播和出版业的国际竞争能力。

2. 娱乐类文化产业管理

(1)娱乐类文化产业管理的基本内容

娱乐类文化产业是当代文化产业的一个重要组成部分，它不仅极大地满足了现代人日益增长的文化生活需要，而且也是能够带来巨大经济效益并带动其他相关产业(如旅游、交通、餐饮、工艺品、音响灯光、装潢设计、家具、电子产业、文化用品、玩具、服饰、箱包等)发展的支柱型文化产业。对娱乐类文化产业的管理主要包括对歌舞娱乐产业(舞厅、卡拉OK厅、音乐茶座和音乐餐厅等)和游艺娱乐产业(电子游戏机房、游艺机房、台球房、保龄球馆、高尔夫球场以及综合性的游乐场等)的管理。

(2)娱乐类文化产业管理应注意的几个问题

①合理布局化。布局不合理,就会产生重复建设、项目雷同等问题,以致形成恶性竞争。

②建立文化娱乐集团。娱乐业的产业化,建立大型产业集团也是一条重要途径。

③提高娱乐类文化产业管理的专业化水平和服务能力。

3. 表演艺术类文化产业管理

表演艺术产业主要包含演出团体、演出场所、演出中介机构和演出活动等要素。当前,我国对表演艺术产业的管理主要表现在以下几个方面。

(1)演出团体方面

一是推动演出团体的体制改革。演出团体体制改革的目标是将其由完全靠国家拨款的事业单位,逐步转变为多渠道筹资、独立核算、自主经营、自我发展的社团法人。二是制定区别性的资源配置政策。三是运用各种手段引导演出团体注重社会效益。

(2)营业性演出活动方面

政府文化职能部门对营业性演出活动实行许可证制度,许可证开始阶段有"营业演出许可证"和"演出经营许可证"两种。1985 年 5 月,文化部制定了"营业演出许可证"制度,规定凡进行营业演出的单位、个人、营业性演出场所,都必须经当地政府文化行政管理部门审核批准,领取"营业演出许可证"。1991 年,文化部又制定了"演出经营许可证"制度,规定除经政府文化行政管理部门审批,领取了"演出经营许可证"的演出经纪单位外,其他单位和个人不得从事营业性组台(团)演出活动,包括文艺表演、时装、健美表演、非政府文化交流项目的外国及港澳台地区艺术表演等。后经国务院颁布,于 1997 年 10 月 1 日起实施的《营业性演出管理条例》中,两种许可证统一为"营业性演出许可证"。

(3)演出中介机构方面

演出中介机构包括国营演出公司和其他演出经纪机构。1987 年以后,一些省市的国营演出公司相继实行了经营权和管理权的分离,国营演出公司专门从事演出经营活动,演出行政管理工作收归文化行政管理部门统一负责。国营演出公司实行企业化管理,国家不给予经济补贴,但公司必须负责承办政府文化行政管理部门交办的各种演出活动和任务。因此,国营演出公司应当享受政府对文化事业单位的各种经济优惠政策。在此后的发展中,一些其他所有制形式的演出经纪机构也相继成立。从演出中介机构成立至今的实际状况来看,大部分中介机构的行政色彩浓厚,对市场介入的程度也不深。许多中介机构把自己仅仅看作二传手和中间人,实质上是将自己作为变相的票务中心。表演艺术要实现产业化,演出中介机构是至关重要的因素。演出中介机构只有使自己成为高度介入、高风险投资和高创新的实体,才能将表演艺术真正产业化。

(4)演出场所方面

因为演出场所也属文化设施范围,所以对演出场所的规划和建设也是城市文化设施建设的一个组成部分。政府文化行政管理部门对演出场所的管理,主要体现在对演出场所的规划和建设等宏观管理层面。当然,引导演出场所完善经营机制、提高服务质量和工作人员素质等也是政府及其职能部门的职责所在。

政府文化职能部门对表演艺术产业宏观管理的手段主要有政策和法规的制定、对演出计划的协调和平衡、对演出组织和演出活动的审核批准、对营业演出活动的监督检查等。宏观管理的进一步改革方向是加强立法和经济手段,减少行政手段。

4. 新兴文化产业管理

新兴文化产业是与传统文化产业相对的概念,主要是指在现代科学技术推动下出现的新的文化产业。具体而言,新兴文化产业主要包括以下几方面。

(1)电脑特技

美国好莱坞影视公司十分注重将电脑特技运用于影视制作中,实现了数码技术和表演艺术的完美结合,生产了《泰坦尼克号》《侏罗纪公园》《指环王》等一系列具有很高技术含量的电影,产生了巨大的影响,也获得了丰厚的票房回报。这昭示着技术在越来越大的程度上影响着影视艺术的走向。

(2)电脑动画

电脑动画是指采用图形与图像的处理技术,借助编程或动画制作软件生成一系列的景物画面,其基本原理是采用连续播放静止图像的方法产生物体运动的效果。

(3)电脑游戏

以计算机为操作平台,通过人机互动形式实现的一种新形式的娱乐方式。随着计算机技术的不断提高,电脑游戏也在更新换代。游戏产业是被公认为具有巨大潜力的新兴文化产业之一。

(4)移动媒体

移动电视、手机游戏等,已随着无线通信技术的不断升级而逐步普及,具有广阔的市场前景。

(5)数字电视

电视节目的拍摄、编辑、制作、播出、传输、接收全过程都使用数字技术。实现数字立体声、制作数字化、放映数字化、发行数字化、数字拍摄,并向网络和手机服务扩展。

(6)网络电视

即IPTV,是利用宽带有线电视网,集互联网、多媒体、通信等多种技术于一体,向家庭用户提供包括数字电视在内的多种交互式服务的新技术。

我国新兴文化产业虽起步较晚,但发展迅速。最显著的特征就是数字技术、互联网、移动通信技术和社交媒体的广泛覆盖与强力渗透促使整个文化产业的有效增量几乎全部集中在各个子行业的新兴业态的收入上,并通过刺激传统行业的转型变革与融合创新,逐步改变行业的整体格局和走向。

四、文化产业管理的目标

文化产业是国民经济的重要组成部分,也是精神文明建设的重要内容。从根本上说,文化产业的根本目标是以市场机制优化配置文化资源,加速发展文化产业,以更好地满足人民群众日益增长的文化需求。具体而言,文化产业管理的目标主要包括以下几个方面。

1. 完善文化产业法规和政策体系

经过多年努力,我国的文化法规和政策已逐步趋于完善。中国加入世界贸易组织以来,在世界贸易组织规则下,对文化产业的管理不仅应实现促进本国文化产业健康、快速和有序发展的目标,更应借鉴欧盟诸国在保护本国文化方面的有关法规政策,加快研究制定保护与扶持民族文化和文化产业发展的法规政策及文化产业的投融资和文化产业的"准入"政策等。这就迫切需要建立一整套完备的、适合世界贸易组织基本原则要求的法规和政策体系。

2. 优化文化产业结构

传统的文化产业主要由广播电视、书报刊出版、文化娱乐三大板块构成。随着社会的进步及人们文化需求和消费水平的进一步提高,在产业结构方面,要在继续优化传统的三大板块产业的同时,加快形成以电影衍生产品、广告、会展、设计和旅游业等为重点的新兴文化产业群体,实现文化产业结构的优化,促使文化产业由产业扩张向产业升级转变,促进资源优势转变为产业经济优势,不断提升文化产业竞争力。

3. 形成文化产业骨干集团群体

文化企业集团是文化产业发展的主力军,一个国家、一个地区或一个城市要使文化产业快速发展起来,就必须形成能进行跨地区、跨国界竞争的文化企业集团,形成能参与国际文化市场竞争的文化企业集团。

4. 扩大文化产业整体规模

文化产业发展的一个主要量化标准,是其在国内生产总值中所占的比重。从我国的实际来看,虽然自20世纪80年代以来,文化产业获得了快速的发展,规模经济状况有所改观,但从总体上说,文化企业的规模仍然普遍偏小,尤其是产业集中程度较低,生产要素配置较分散,规模经济的影响力更是有限。因此,对文化产业的管理,在整体规模方面,要尽快扩大其占国内生产总值的比重。

5. 加大文化消费在城乡居民生活支出中的比重

人们生活水平的提高,为文化消费和文化产业开拓了广阔的发展空间。据统计,我国的实际文化消费水平与潜在消费能力之间还存在较大的差距。文化消费在城乡居民生活支出中的可开拓空间非常巨大。加大文化消费在城乡居民生活支出中的比重,不仅是满足人们日益增长的文化消费需求的客观要求,也是促进我国文化产业发展、提高文化产业经济贡献率的重要环节。

6. 提升文化产品档次

在提升文化产品档次方面,管理的目标是根据市场需求,力争用最短的时间,形成一批在国内和国际文化市场上具有影响力的名牌文化产品。

7. 提高文化产业国际竞争力

文化产业国际竞争力是指与其他国家相比,我国文化企业通过生产和销售文化产品,提供各种文化服务,占有市场和获取利润的能力。它既是一种现实竞争能力,也包括可持续发展的能力。文化产业竞争力涉及一个国家的文化环境、文化市场状况、文化企业生产率和利润率、文化产品市场占有率等多方面因素,能够综合反映一国文化产业发展状况。在经济全球化和加入世界贸易组织的背景下,面对西方国家文化扩张和渗透的压力,发展文化产业，提高我国文化产业国际竞争力的必要性尤为突出。因此，逐渐提高文化产业国际竞争力是我国文化产业的重要发展目标。

第三节　我国文化产业的政策取向与发展路径

一、我国文化产业的政策取向

1. 文化产业发展的市场导向

未来中国文化产业将逐步融入市场经济，通过市场竞争提高规模化、集约化、专业化水平，真正成为新的经济增长点、经济结构战略性调整的重要支点、转变经济发展方式的重要着力点。

2. 推动文化产业与其他产业的融合

2014 年 3 月 14 日，国务院发布《关于推进文化创意和设计服务与相关产业融合发展的若干意见》，文化产业将跳出影视、出版、演艺等传统领域，融入国民经济的“大循环”中。文化创意和设计服务将深度融入装备制造业、消费品工业、建筑业、信息业、旅游业、农业和体育七大产业，放大文化的“溢出”效应，提升文化的附加值。文化也将像科技一样，成为国民经济转型升级的“新引擎”。

二、我国文化产业的发展路径

1. 延伸文化产业链

文化产业的发展优势除了文化产品自身附加值较高外，还能够带来积极的经济影响，其中最重要的是文化经济活动能够吸引更多的其他经济活动，通过间接消费和引致消费产生乘数效应。

2. 培育文化产业人才

文化产业应该作为结构调整、经济增长和促进就业的推动力而存在。人才是文化产业的核心要素和内容生产者，应是富有智慧、创造力和创新精神，并在文化、艺术、精神、心理和娱乐等领域内以自主知识产权为核心、以智慧服务为特征、以先进的技术技巧为手段进行创新的精英。

3. 促进协同创新

文化产业发展的驱动力可分为内在驱动力和外生驱动力。高额利润是文化产业发展的第一内在驱动力。卫星技术、网络技术、数字化技术和多媒体技术等高新技术，是文化产业与其他相关产业相融合并超越传统经济的另一内在驱动力。数字技术和新一代互联网信息技术等高新技术不仅加快了文化产业的发展进程，而且与文化之间的互相渗透的同时也从文化角度给高新技术产业带来了思想观念上的革新。知识产权保护、艺术授权经营规范等法律法规体系是文化产业发展的重要外在驱动力之一，完善的法律法规能够加强对文化创意的保护，为版权纠纷建立可行有效的争端解决机制。有针对性的财税政策是文化产业快速发展的另一重要外在驱动力。

本章小结

文化产业是指为社会公众提供文化、娱乐产品和服务的活动，以及与这些活动有关联的活动的集合。文化产业的基本特征可以从产品、内容、过程、主体、需求、消费、目标和功能八个维度来分析。文化产业在经济、政治、社会等方面具有重要的功能。改革开放以来，我国的文化产业得到了迅速发展。文化产业管理的内容主要包括大众传媒类文化产业管理、娱乐类文化产业管理、表演艺术类文化产业管理和新兴文化产业管理等。我国文化产业的政策应坚持市场导向，推动文化产业与其他产业的融合。文化产业发展路径包括延伸文化产业链、培育文化管理体制和促进协同创新。

复习思考题

1. 我国对于文化产业的定义是什么？
2. 简述文化产业的功能。
3. 简述政府对文化产业管理的必要性。
4. 文化产业管理的主要内容有哪些？

第七章　公共文化服务体系建设

第一节　公共文化服务体系概述

一、公共文化服务体系的概念

一种是经济学式定义，即把公共文化服务区别于以一般市场方式提供的文化商品(产品及服务)的文化类公共产品及其相关活动。公共文化服务界定为基于社会效益、不以营利为目的、为社会提供非竞争性、非排他性的公共文化产品的资源配置活动。

另一种是管理学式的定义，把公共文化服务理解为除公共文化产品或文化服务提供外,还包括文化政策服务(包括文化相关法律、法规、政策等)和文化市场监管服务。这种定义认识到了公益文化事业与经营性文化产业的分类,以及政府或文化行政管理部门对文化市场或文化产业发展的管理，并从中可以延伸对公共文化服务的政府公共财政投入、文化发展政策制定、体制改革与机制创新等内容。

有人认为公共文化服务体系就是为满足社会的公共文化需求，向公众提供公共文化产品和服务行为及其相关制度与系统的总称，是公共服务体系的有机组成部分。公共文化服务体系是以实现公民文化权利为逻辑起点,是满足社会的公共文化需求、向公众提供公共文化产品和服务行为的相关制度与系统的总称,是国家公共服务体系的有机组成部分。

在我国,由于现阶段市场经济发展不完善,区域发展差异较大,社会管理体制尚不健全,因此,公共文化服务体系的构建,仍要由政府主导。政府作为公共文化的主要提供者和管理者,必须承担起构建公共文化服务体系的重要职责,重点做好以下几个方面的工作:第一,转变政府职能,增强服务观念,建设服务型政府,维护文化市场秩序;第二,建立健全文化发展的法律法规体系,为公共文化服务体系的建设提供良好的制度环境和法律环境;第三,制定文化发展规划,有计划、有重点地建设公共文化服务体系;第四,建立政策支持体系;第五,要深化文化体制改革;第六,要加强文化队伍建设,为公共文化服务体系的建设提供人才支持。企业作为公共文化体系的竞争参与主体，补充政府在一定条件下的不足，提高公共文化服务体系运转的效率。非政府组织作为政府、市场之外的社会中间力量，是公共文化服务体系的补充主体。公共文化服务体系具有公益性，而非政府组织所坚持的利他主义和非营利性恰好迎合了这一性质。

将政府、企业、非政府组织的角色一一定位后，将公共文化服务体系的概念定义为：公共文化服务体系是以政府为主导，企业为竞争参与主体，非政府组织为补充主体的，为实现人民群众文化权利，满足人民群众文化需求的各种公益性机构、服务和制度的总和。

公共文化服务体系具有如下特征：均等性，即公共文化服务资源（场所、设施、设备等）应该为全体社会成员共同拥有，每位公民都能公平享受到同等服务；基本性，即满足公民的基本文化需求，超出基本范围的需求，可以通过文化市场获得；公益性，即公共文化服务应不以营利为目的，免费或低收费；便利性，即公共文化服务的时空服务半径与方式公民可便利获得。

二、构建我国现代公共文化服务体系的原则与目标

1. 基本原则

坚持正确导向，以人民为中心，以社会主义核心价值观为引领，发展先进文化，创新传统文化，扶持通俗文化，引导流行文化，改造落后文化，抵制有害文化，巩固基层文化阵地，促进在全社会形成积极向上的精神追求和健康文明的生活方式。

坚持政府主导，从基本国情出发，认真研究人民群众的精神文化需求，因地制宜，科学规划，分类指导，按照一定标准推动实现基本公共文化服务均等化，切实保障人民群众基本文化权益，促进实现社会公平。

坚持社会参与，简政放权，减少行政审批项目，引入市场机制，激发各类社会主体参与公共文化服务的积极性，提供多样化的产品和服务，增强发展活力，积极培育和引导群众文化消费需求。

坚持共建共享，加强统筹管理，建立协同机制，明确责任，优化配置各方资源，做到物尽其用、人尽其才，发挥整体优势，提升综合效益。

坚持改革创新，加快转变政府职能，完善管理体制机制，创新公共文化服务内容和形式，促进文化与科技深度融合，推动文化事业和文化产业协调发展。

2. 主要目标

到2020年，基本建成覆盖城乡、便捷高效、保基本、促公平的现代公共文化服务体系。公共文化设施网络全面覆盖、互联互通，公共文化服务的内容和手段更加丰富，服务质量显著提升，公共文化管理、运行和保障机制进一步完善，政府、市场、社会共同参与公共文化服务体系建设的格局逐步形成，人民群众基本文化权益得到更好保障，基本公共文化服务均等化水平稳步提高。

第二节　公共文化服务体系的内容

一、公共文化政策、理论体系

公共文化政策法规，即鼓励、保障和扶植公共文化服务发展的法律法规、政策措施，是保障公共文化健康发展的导向，其目的就是实现公共文化服务的公平性、科学性和公益性。一套科学的公共文化政策和理论体系是繁荣公共文化，引导正确的文化价值观念的根本所在。

二、公共文化基础设施体系

公共文化基础设施体系包括各种文化历史古迹、遗存，以及现在或需要加大建设的能惠及全体公民的图书馆、美术馆、文化馆、文化站、文化广场、文化宫、青少年宫以及高雅艺术剧院等，为公共文化服务体系提供文化物质基础。公共文化基础设施是公民享有公共文化最普遍最基础的产品，只有做到合理布局，形成一个普及全国各地，能够方便惠及所有大众的基础文化设施建设，才能真正地符合公共文化体系建设要求，实现它的便利性。

三、公共文化生产、运营体系

公共文化生产、运营体系指公共文化产品的生产主体和维持公共文化活动正常运行，提高公共文化服务质量和效率的保障体系。一般是政府和文化事业单位等相关机构，是直接作用于大众的公共文化服务机构体系。这一体系的正常运作能够为公众提供连续不断的公共文化产品和配套服务，为公民文化生活创造条件，让他们的文化需求得到满足。

四、公共文化信息体系

公共文化信息体系主要是指政府对有关公共文化信息进行整合并广泛发布，让公民对公共文化服务的内容、方式、所在地等相关信息得到了解，配合公共文化产品的有效使用，并提供网络文化等一些数字信息化的公共文化服务内容。这一体系包括公共文化电子政务、公共文化信息资源共享工程、电子图书馆以及网络文化教育等，是将现代化信息技术运用到公共文化服务中的重要实践。

五、公共文化资金保障体系

公共文化建设的资金来源可以包括政府财政拨款、银行贷款及社会融资、募捐、企业赞助、国际资助、相关文化基金等，现阶段主要来自公共财政。但是，政府公共财政是有限的，而公共文化服务的不断投入和发展，满足大众更高层次的文化需求是需要源源不断的资金投入建设以及维持良好的运行。所以，政府在有限财政下，需要积极引导社会各界力量投入到公共文化服务体系的建设中，加强和企业以及非政府团体的合作，组建成市场化、社会化灵活的公共文化资金保障体系，才能在保证公共文化服务体系良好运转的前提下，不断推动公共文化服务体系向更高层次的常态化发展。

六、公共文化人才体系

公共文化人才体系是由提供公共文化相关服务的文化事业单位专业管理人员、技术人员、社会业余文化人才队伍，以及相关文化人才吸引、文化从业人员培训、激励机制等制度组成。它是公共文化服务体系的中坚力量，以人的发展给公共文化服务体系注入动力。

七、公共文化创新体系

公共文化的创新体系是公共文化服务不断改进、完善的灵魂所在。任何方面的改良和进步都是以创新为前提的。创新可以激发社会整体创造能力，促进公共文化服务更加高效率、高质量地发展。

八、公共文化指标评估、监督体系

公共文化服务的质量需要有一套科学、精准的指标评估体系对具体服务的内容进行量化和分数配比，用评价结果来反映公共文化服务的好坏程度和人民群众的满意程度，并不断地去改正和完善。而评估的过程也是监督的过程，可以通过具体评估结果直观地反映出公共文化服务的哪部分还不达标或者没有达到预期要求，直接对负责人进行追责，并敦促尽快改正。同时作为公共文化管理依据，保证公共文化服务资金落到实处、公共文化服务实用有效、公共文化整体运行良好，切实保障群众公共文化权益，得到文化实惠。

第三节　公共文化服务体系的创新

一、公共文化服务的社会化供给

公共文化服务的社会化供给，即实现公共文化服务供给主体的社会化，主要包括两方面内容。

1.政府供给

在中国，政府作为公共文化服务体系的主导者，在公共文化服务体系的建设过程中主要扮演四种角色。

(1)公共文化制度和政策的制定者

政府要负责建立健全公共文化服务体系的法律法规，将公共文化服务体系的建设制度化、法律化。如各级政府将文化事业的发展纳入当地国民经济和社会发展的总体规划当中，统筹协调，合理安排，公共图书馆、博物馆、文化馆、革命历史纪念馆等，以及那些反映国家和民族文化艺术水平的精神产品创造机构和国家重点文物保护单位，代表地方、民族特色的文化艺术团体等，是政府在投入扶植政策上关注的重点。

(2)公共文化服务体系的规划者

政府还应按照社会发展对公共文化服务体系建设的要求，立足于公共文化服务的现有水平，制定公共文化体系建设的总体规划，提出落实规划的实施方案和工作安排。

(3)公共文化服务体系的协调者

政府应遵照国家法律和规章，协调公共文化服务体系内部各要素的相互关系，以及文化发展与经济建设、政治建设之间的关系，为公共文化服务体系建设提供良好的社会环境。

(4)公共文化组织及其工作者的服务者

政府要积极发挥行政职能,做好对各级公共文化组织,特别是基层文化组织及其工作者的服务工作,为公共文化服务的发展和文化工作者的才华展现,提供力所能及的服务。

2. 社会组织供给

目前在中国的公共文化服务体系建设当中,仍然是相对单一的政府部门和文化事业单位唱主角,民间资本和社会组织被排斥在行业之外,未真正地享有平等的参与竞争的资格和机会。实现公共文化服务体系建设的社会化供给必须引入市场机制,使企业和社会组织平等地参与公共文化产品的生产和供给,从而提高公共文化服务的质量和效率。

政府购买公共服务是深化社会领域改革、建设服务型政府的重大举措。政府可通过契约化、民营化等形式,把公共服务的生产交由市场和社会力量来承担,通过鼓励民间资本投资和经营公共服务行业,引入市场竞争机制,提高公共服务水平和效率。类似方式目前已成为美国、欧盟、日本、澳大利亚、新西兰、加拿大等发达国家和地区的通行做法。

从我国目前社会组织的发展状况来看,社会组织对公共文化服务的承接能力有限,因此,要实现公共服务的社会化供给,政府还有另一项重要的任务,即建设社会组织孵化器,给予非政府组织物质上的支持,提高社会组织的服务能力和服务水平。另外,政府还可以通过逐步简化社会组织登记注册手续并放宽其成立的限制条件,为社会组织的发展创造良好的政策环境。进一步简政放权,减少行政审批项目,吸引社会资本投入公共文化领域。建立健全政府向社会力量购买公共文化服务机制。出台政府购买公共文化服务指导性意见和目录,将政府购买公共文化服务资金纳入财政预算。推广运用政府和社会资本合作等模式,促进公共文化服务提供主体和提供方式多元化。鼓励和支持社会力量通过投资或捐助设施设备、兴办实体、资助项目、赞助活动、提供产品和服务等方式参与公共文化服务体系建设。推动建立健全公开透明的社会捐赠管理制度。鼓励党政机关、国有企事业单位和学校的各类文体设施向社会免费或优惠开放。创新公共文化设施管理模式,有条件的地方可探索开展公共文化设施社会化运营试点,通过委托或招投标等方式吸引有实力的社会组织和企业参与公共文化设施的运营。

二、公共文化服务的数字化发展

公共文化服务的数字化是指信息技术、数字技术、网络技术等现代科学技术在公共文化服务中的应用。公共文化服务数字化趋势伴随着互联网的发展而产生。进一步完善和创新公共数字文化服务体系，是构建现代公共文化服务体系的重要内容。

公共文化服务机构具有数字资源提供能力和远程服务能力，是公共数字文化服务体系建设的基本要求。公共文化服务和移动终端结合，是公共数字文化服务体系建设的发展方向。加强统筹规划、资源整合、共建共享、协调发展，是进一步完善公共数字文化服务体系建设的重点任务。

要实现公共文化服务体系的数字化，首先，政府应加大对公共数字文化基础设施的扶植和投入。其次，在数字化建设的过程中，应当注重数字化公共服务提供的均等化，即城乡居民、东中西部的居民、社会各个阶层的居民都能够广泛地享受公共服务数字化所带来的成果，从而实现文化的公平。最后，在数字化的过程中，还要注意对数字化设施的监督和管理。数字化所带来的另一个特点就是信息的开放化，信息的过度开放不可避免地会对个人、组织的信息安全产生一定的影响。因此，在实现公共服务数字化的过程中，要注意对数字化设施的监督和管理，以保证公民的信息安全。

结合"宽带中国""智慧城市"等国家重大信息工程建设，加快推进公共文化机构数字化建设。统筹实施全国文化信息资源共享、数字图书馆博物馆建设、直播卫星广播电视公共服务、农村数字电影放映、数字农家书屋、城乡电子阅报屏建设等项目，构建标准统一、互联互通的公共数字文化服务网络，在基层实现共建共享。提高资源供给能力，科学规划公共数字文化资源建设，建设分布式资源库群，鼓励各地整合中华优秀文化资源，开发特色数字文化产品。支持数字版权公共服务平台建设，实现公共数字文化资源有效保护。加强公共文化大数据采集、存储和分析处理。加快推进数字文化资源在智能社区中的应用，实现"一站式"服务。

三、公共文化服务的品牌化建设

公共文化服务的品牌化，是以打造公共文化服务所拥有的、为某群受众所接受的信息服务或信息产品，及其区别于其他服务或产品的特定形象(包括名称、标志、附加价值等)的统称。公共文化服务的品牌化建设要求做到以下三个方面。

1. 立足资源

立足资源，即根据地区的区位优势，积极打造地区名片，提供特色公共文化服务。特色是品牌的生命力与核心竞争力。品牌建设必须在充分立足自身资源和市场情况的基础上，求异创新，塑造具有独特内涵的品牌人格特征，走出一条适合自身需要的个性化道路。

2. 创树精品

公共文化服务品牌化建设要抓住一个要点——品牌不在多而在精，树立精品意识，打造与众不同的、高质量、高水平的精品文化品牌。

3. 高端引领

高端引领是公共服务体系品牌化的最终目标。所谓高端引领是指一个公共文化服务活动被打造成为具有个性、高质量、高水平的精品文化活动后，它在区域范围内所起的一系列带动作用和辐射效应。将公共文化服务的品牌化与地方文化资源产业化相结合，随着公共服务品牌化的推进，扩大公共服务的市场，增强公共文化组织的产业化能力。在品牌化的过程中，积极进行自主知识产权的创新，使品牌化不断向前推进。

本章小结

公共文化服务体系是以实现公民文化权利为逻辑起点，是满足社会的公共文化需求、向公众提供公共文化产品和服务行为的相关制度与系统的总称，是国家公共服务体系的有机组成部分。

公共文化服务体系具有均等性、基本性、公益性、便利性等特征。构建我国现代公共文化服务体系要坚持正确导向。坚持政府主导，坚持社会参与，坚持共建共享和坚持改革创新等原则。公共文化服务体系的内容涵盖公共文化政策、理论体系，公共文化生产、运营体系，公共文化信息体系，公共文化资金保障体系，公共文化人才体系，公共文化创新体系，公共文化指标评估、监督体系等八个方面。

复习思考题

1. 简述构建我国现代公共文化服务体系的原则。
2. 简述公共文化服务体系的内容。
3. 如何认识公共文化服务的数字化发展？
4. 如何建设公共文化服务的品牌？
5. 如何理解公共文化服务体系的社会化供给？

第八章　农村文化事业管理

第一节　农村文化事业管理概述

一、农村文化的含义

农村是与城市相对应的概念，也是一个历史性的范畴，是一个包含社会、经济、自然、文化等丰富内容的综合体。在当前，我国农村的内涵可以这样概括：我国现阶段农村是一个极其复杂的有机系统，包括生态、经济和社会等多方面的内容。首先，农村是一个地域概念，它包括城市以外的一切区域，农村的区域特征是生态特征较重；其次，农村是一个经济概念，农村与自然再生产联系较大，第一产业比重较大，经济活动较分散；再次，农村是一个社区概念，农村居民的交往范围较窄，重视血缘和地缘关系，民风较纯朴，传统伦理的习惯势力大。而农村文化是在农村社会生产方式基础上，以农民为主体，建立在农村社区的文化。它是农民文化素质、价值观、交往方式、生活方式的反映，是农村社会的重要组成部分。农村文化以农耕为经济基础，以血缘关系和地缘关系为纽带，以人际交往为主要传播方式。总体来说，农村文化，即由农村经济社会条件决定的以农村、农民和农业为主要表述对象的文化。农村文化也有广义和狭义之分，对比于“文化”概念，广义的农村文化指的是农民在长期参与农村的农业生产实践中创作出来的财富总和，包括物质财富和精神财富。狭义的农村文化仅包括精神财富部分，它表达的是农民的内心世界和开化程度，具体包括在长期农业生产实践中形成的世界观、人生观、价值观等观念形态及物化成果。其中，价值要素是农村文化的核心，它包括农民的价值观念、信仰信念、伦理道德等，成为农村文化要素中最重要的部分。

二、我国农村文化的特点

我国独特的农村文化，是在我国农村独特的政治因素、经济因素、地理因素和社会历史因素基础上形成的，因而具有与城市文化极为不同的特征。

1. 小农文化的历史继承性

从历史发展来看，我国处于农耕时代较长，小农经济的生产方式很长时间占据主导地位，由于经济决定着文化的产生和发展，故我国的农村文化伴随着小农自然经济的长期存在而存在发展，小农经济下产生的文化必然带有落后性。新中国成立后，经过三大改造，将土地收归集体所有，依然没有改变这种小农意识。改革开放虽然使很多农村产业结构发生变化，人们收入来源多元化，不仅仅依靠农耕，但中国大多数农村依然没有摆脱小农意识，农村文化发展远远落后于城市文化，带有较强的历史继承性。

2. 村落文化的封闭稳定性

我国大多数农村在长期的农耕生产方式影响下，日出而作、日落而息，村庄是一个完整的生活单位，带有很强的封闭性，在这种封闭生活单位下生长的农村文化，必然缺少同外来文化的交流和融合，这使得农村文化带有极强的稳定性，变化发展缓慢，农民的生活方式、价值观念、思维模式等都长期沿袭相同的模式，文化传统相对保守和狭隘。

3. 农村文化的多样复杂性

历史唯物主义认为，地理环境是人类存在和发展的物质条件，对人类社会的发展和进步起加速和延缓作用。由于我国占地辽阔，地形复杂多样，展现出地理环境的多样性，在这个前提下，不同地区、不同地理环境的农村文化带有多样性，例如：不同的价值观念、语言表达、生活生产方式等。我国又是一个多民族的国家，各个民族在长期共同生活中，形成了带有本民族特点的民族文化，并长期沿袭下来，极大地丰富了农村文化的多样性。地理环境和民族特质共同作用下，农村文化的产生和发展又带有复杂性。

三、农村文化的功能

农村文化的功能是指这种文化对农民个体、群体以及整个农村社会等不同层面所起的作用。农村文化对农民个体而言，起着塑造人格、实现社会价值的功能；对农村群体而言，起着指引、规范和行为整合的作用；对整个农村社会而言，起着社会整合和社会导向的作用。这三个方面的功能是互相联系的。概括起来，农村文化的功能表现在以下几个方面。

1. 认识功能

农村文化体系中包含的重要组成部分就是认知文化（包括自然科学、社会科学、思维科学)。在农村,为了发展经济、改善生活条件,农民必须通过不断掌握新的知识,加深对自然、社会和自身的认识,才能以新的知识为动力,在认识社会的基础上改造社会。这些关于自然、社会和自身的知识通过文化的积累而形成,通过文化的传播而发展,通过文化的创新而进步。它们属于文化的一部分,所以说,文化具有帮助农民认识自然、社会和人自身的功能。

2. 整合功能

农村文化体系中的一个重要组成部分就是法律、规范、道德等评价性文化。它们在农村社会发展中发挥着很重要的整合作用。

3. 调适功能和导向功能

在农村社会的整合系统工程中,又包括许多子系统。各个阶段和各个子系统的协调配合都有赖于文化的调适。如果说文化的整合功能是维持社会秩序的稳定,那么文化的导向功能则是推动社会进步。

4. 教化功能

教化功能就是塑造农民的新人格,实现社会化的功能。就农村而言,农民的社会化内涵是非常广泛的,但归结起来就是传授基本生活知识和劳动技能,树立生活目标和培养新的价值观念,教导和学习新的行为规范,在不断变动的社会中认识自身的社会角色,塑造新的人格等。这些内容都包含在社会文化之中,农村文化具有鲜明的教化功能。

四、农村文化建设的意义

1. 农村文化发展为新农村建设提供精神动力和智力支持

建设社会主义新农村,广大农民群众是新农村建设的主体,要充分利用劳动人民群众的智慧,全面调动农民群众的积极性和创造性。要不断增强农民群众自身发展的动力,从根本上必须依靠广大农民的科学文化素质,科学文化素质的提高来源于农村的文化建设。农村文化的发展为新农村建设提供精神动力和智力支持。“建设社会主义新农村是全社会的事业,需要动员各方面力量广泛参与。各行各业都要关心支持新农村建设,为新农村建设做出贡献”,从而集思广益、群策群力,因地制宜建设社会主义新农村。

2. 农村文化发展为构建和谐社会提供坚实基础

农村和谐是社会主义和谐社会的有机构成,是建设社会主义新农村的重要内容。建设社会主义和谐社会的重点和难点在农村，促进农村和谐是一项长期而艰巨的任务。建立民主法制、公平正义、诚信友爱、充满活力、安定有序、人与自然和谐相处的社会，要从加强建设农村文化入手，大力发展农村文化事业，为和谐社会提供文化支撑。有利于促进社会主义和谐社会的发展。

3. 农村文化发展是实现社会稳定的重要条件

稳定是发展的前提，是让中国改革的成果惠及 13 亿人口的基础。农业是我国的基础产业，农业人口又占据我国总人口的 70%。由此可见，农村的安定关系到天下的大治，必须深谋远虑，不可臆断想象。

农村文化发展有利于优化法治环境。新农村文化的开展，可以提高广大农民群众的法律意识，促进乡风文明。坚持以人为本的发展理念，通过开展普法文艺活动，传播进步的思想理念，弘扬民主平等的法治精神，从而在广大的农村形成扶正祛邪、扬善惩恶的社会风气，确保农村社会的稳定。使农民群众更好地学法、知法、守法，懂得利用法律武器来维护自己的合法权益。增加了农民群众的法律文化素质，优化了农村的法治环境，为社会的稳定发展创造了条件。

农村文化发展有利于促进民主管理。管理民主是社会稳定的基本要求。在广大的农村要是实行管理民主，就必须加大农村政治文化建设，使农民群众形成正确的政治价值观念。民主政治文化能使农民群众以和平的心态、理性的手段来实现自己的民主利益，从而有力推动了农村正常的社会秩序和社会全面发展。

4. 加强农村文化建设是加快我国改革开放和现代化建设进程的迫切需要

劳动者素质的提高是经济发展、社会进步的先决条件。我们面临实现国家工业化和现代化的双重任务。没有农村和农民的现代化，国家的现代化就是一句空话。农村文化建设与农业投资同等重要。加强农村文化建设，提高农民群众的科学文化素质，不仅关系到农村的繁荣发展，而且关系到整个国家改革开放和现代化建设的进程。因此，在当前市场竞争十分激烈的情况下，发展农村经济，特别需要提高劳动者的文化素质。

第二节 我国农村文化事业管理的现状与存在的问题

一、我国农村文化事业管理的现状

改革开放30多年来,我国农村改革取得了巨大的成功,农业发展举世瞩目。与此同时,农村文化建设也得到了迅速发展,农民的文化生活得到了显著改善。

我国改革开放的新形势为农村文化的建设和发展创造了许多有利条件。一是党和政府重视文化建设,并将其纳入经济社会发展总体规划。早在党的十五大就将建设中国特色社会主义文化作为党在社会主义初级阶段的三大基本纲领之一。二是广大农民对文化的需求不断增长。随着农村经济体制改革的推进,农业生产力发展加快,农民逐步富裕起来。农民物质生活水平普遍提高,有了剩余资金和休闲时间用于精神文化消费。三是农村经济的发展为农村文化建设奠定了坚实的物质基础。

然而,我们还应看到,由于我国正处于由计划经济体制向社会主义市场经济体制过渡的转型时期,旧的习惯势力还具有相当大的影响。目前的农村文化工作仍是整个文化工作中的薄弱环节,存在不少困难和问题,如有些地方对农村文化建设重视不够,没有将其摆到应有的位置;对文化事业投入少的问题在农村更为突出;农村基层文化场所较少,一些地方特别是贫困地区的文化设施仍非常简陋,不少地方农民的文化生活还相当贫乏,封建迷信、赌博等社会丑恶现象沉渣泛起,严重影响农村的社会稳定和精神文明建设。

二、新时期农村文化事业管理面临的主要问题

1. 农村文化建设发展的不平衡性

首先,文化建设和经济发展不协调。随着社会经济的快速增长,在社会主义新农村,广大农民群众的物质生活得到很大的改善,但精神文化生活却比较匮乏,从而出现了"富了口袋,穷了脑袋"的社会现象。虽说当前广大农民的腰包鼓了、口袋有了,但现实的生活中农民的文化娱乐支出的费用占农民收入的比例分配很小,这就导致了农民的文化需求得不到很好地满足,从而制约了新农村文化的发展进程。

其次,文化建设地区发展不平衡。在经济条件好的地方,基础设施建设比较完善,群众

性的业余文化活动日益活跃。但在经济相对落后的地方,农民的文化生活依然落后,甚至出现听广播难、看电影难、看书报难的现象。

最后,农村的文化建设滞后于城市文化建设。城市有完善的公共文化基础设施,而农村文化基础设施建设严重落后。在城市文化建设中有国家财政专项资金的大力支持,而国家对农村文化建设投入的资金远远低于城市文化建设水平。农村文化需求和农民在文化建设中的主体意识相对城市而言都比较薄弱。

2. 农村文化建设经费投入不足

经费是农村文化站设施建设和各项活动开展的基础和保障,由于农村文化建设经费投入总量不足,以及建设资金来源单一,农村文化站经费不足会导致文化设备陈旧老化、文艺场所无力更新、文化站人员工资待遇无法保障、文化活动难以有效开展等一系列连锁问题的产生,从而造成农村文化事业严重"贫血"的现象。

3. 文化生产与消费脱节

目前的文化生产较多地沿用过去的方式和经验,重视数量,轻视质量,标志着时代文化高度的精品和群众喜闻乐见的优秀作品不多,尤其是反映农村改革开放和新生活的力作更少,不能满足广大农民日益增长的文化需求。

4. 封建残余思想给农村文化事业带来许多消极影响

大部分农民政治观念比较淡薄,文化素养不高,一些不良文化向农村侵袭,封建落后文化也时而滋长蔓延。同时,一些地区农村家族文化、宗族文化仍然十分活跃。由宗族文化演化出来的家长制、裙带风、排外性、帮派观念等影响民主和法制建设。受传统文化的影响,农村文化仍具有封闭性、凝固性、落后性和农耕性等特征,几年来,在农村经济发展、社会进步过程中,也存在着封建迷信活动、赌博斗殴现象、铺张浪费大操大办陋习等不良社会文化现象,不仅毒化了农村社会风气,更严重地制约了农村精神文明建设的发展。

5. 农村文化管理相对薄弱

农村文化管理相对薄弱,文化管理体制亟待改革,文化立法有待完善,文化队伍建设欠佳,专业文化机构后劲不足,部分领导对农村文化建设不够重视。

三、我国农村文化事业管理面临的机遇

在世界经济日益一体化、新技术革命在全球蓬勃发展的时代潮流下,我国农村必将受

其影响。作为对这种影响与渗透的反应，农村文化建设也将有新的发展机遇。改革开放和市场经济的发展，促使农村广大干部和群众革新传统意识。经济的发展和农民生活水平的提高为文化建设提供了物质、资金基础和内在需求。农村集镇大量崛起，成为当地区域文化中心。被称为“民工潮”的农民空前大流动，使广大农民有了更多了解城市、参与现代生产和生活方式、获悉现代文化气息和科学技术知识的机会。全球化时代为农村提供了远景发展目标。新世纪中国共产党提出的全面建成小康社会的战略目标，为我国农村文化建设提供了比较切实的发展机遇。

第三节　加强我国农村文化建设与管理

一、农村文化建设与管理的重点

农村文化建设作为我国文化建设的重要组成部分，其建设的速度和管理的质量关系到我国文化事业发展的整体进程，农村文化建设与管理是一项长期任务，既要考虑顶层制度设计，又要注意贯彻落实。

《国家“十二五”时期文化改革发展规划纲要》明确指出，通过加快构建公共文化服务体系建设，加快城乡文化一体化发展。增加农村文化服务总量，缩小城乡文化发展差距，以农村和中西部地区为重点，加强县级文化馆、图书馆、乡镇综合文化站、村文化室建设，深入实施广播电视村村通、文化信息资源共享、农村电影放映和农家书屋等重点文化惠民工程，扩大覆盖、消除盲点、提高标准、完善服务、改进管理。大力推进农民体育健身工程。加大对革命老区、民族地区、边疆地区、贫困地区文化服务网络建设支持和帮扶力度。引导企业、社区积极开展面向农民工的公益性文化活动，尽快把农民工纳入城市公共文化服务体系，努力丰富农民工精神文化生活。建立以城带乡联动机制，合理配置城乡文化资源，鼓励城市对农村进行文化帮扶，把支持农村文化建设作为创建文明城市基本指标。鼓励文化单位面向农村提供流动服务、网点服务，推动媒体办好农村版和农村频率、频道，做好主要党报党刊在农村基层发行和赠阅工作。扶持文化企业以连锁方式加强基层和农村文化网点建设，推动电影院线、演出院线向市县延伸，支持演艺团体深入基层和农村演出。

二、农村文化建设与管理的战略选择

我国农村文化建设的战略目标是:到21世纪中叶,实现农民的现代化,创建中国特色的社会主义农村新文化,实现我国农村全面、深度、可持续发展。这一目标由众多子目标构成。

人的目标。要通过文化发展战略的实施全面提高我国亿万农民的文化素质、科技素质、能力素质、法律意识、市场意识、全球意识、创新意识,实现其现代化。

经济目标。要通过农村文化的发展,推动农村产业结构的调整、农业产业化的发展,实现农业现代化,大力发展农村社会生产力,改善农民的生存环境,提高生活质量,促进农村经济的繁荣和可持续发展,缩小城乡差别,使广大农民日益富裕。

教育目标。通过农村文化建设,我国农村教育10年内要达到发展中国家先进水平;20年要达到发达国家中等水平;30年要达到发达国家先进水平。

同时,我们应清楚我国农村文化建设的战略重点和步骤:大力发展农村的教育、科学、文化、卫生、体育事业,全面提高广大农民的综合素质,实现农民的现代化,加快农村社会生产力的发展,增强我国农村的综合竞争能力。战略步骤分三步走:前10年打基础,用20年大发展,再用20年全面实现农村的现代化;从发展区域上,可实行梯队形发展战略,即将我国农村划分为东部、中部、西部三大文化区域,以东部发达地区带动中西部农村的大发展。

为达到上述战略目标,必须有我国农村文化建设的有力保障。即以物质为基础,大力发展知识农业和农村市场经济,加快农业产业化步伐,加快农村城市化进程。在投入上,要吸收国内外资金,增强农村文化建设的"造血功能"。在体制上,应深化农村文化体制改革。

首先,要深化农村文化事业单位的改革。随着社会主义市场经济的发展,文化事业发展的基础和条件有了很大的变化。农村文化事业要通过深化改革,建立适应社会主义市场经济体制的运行机制,增强活力。政府兴办的图书馆、文化馆、文化站等公益性文化事业单位,要面向大众、面向市场,积极深化内部管理体制的改革,建立新的充满活力的发展机制。

其次,在保证政府投入的前提下,要积极开展有偿服务和文化产品经营活动,通过增加自我创收,解决开展文化活动的经费短缺问题,增强自我发展能力。

最后,加强农村文化工作的管理,研究制定有关农村文化的法规。变人治为法治,科学制定相关的法律、法规和政策,完善农村法律体系,全面建立优胜劣汰机制,对广大农村基层领导者实行直接选举,优胜劣汰。在手段上,要全面采用计算机网络技术,加强科学文化知识的普及,全面提高我国农业的科技含量,加快农村现代化建设步伐。

三、加强农村文化建设与管理的具体举措

文化主管部门是农村文化建设的主体,切实加强农村文化建设,各级党委和政府应积极采取措施,推进农村文化事业的发展,努力开创农村文化建设的新局面。

1. 提高认识,深刻领会加强农村文化建设的重要性和紧迫性

农村文化生活贫乏这种状况不改变,整个文化建设的水平就难以提高,整个经济建设也难以顺利发展,社会全面进步更难以实现。因此,我们要充分认识到农村文化建设的紧迫性和重要性,特别是农村基层干部,应牢固树立社会主义现代化建设必须经济、政治、文化协调发展的思想,真正从思想上重视起来。把文化建设的任务、目标、要求等细化、量化,使之由虚变实,由软变硬,并把其列为考核干部政绩的主要指标之一,促使各级领导干部在实践中做到将文化建设任务同经济建设任务一起抓,一样去完成。

2. 大力发展农村教育

农民素质的高低,直接影响着农业劳动生产率,影响着农业现代化的实现。同样是种地,不同的经营者有不同的收益,受教育程度高的劳动力在观念的转变、市场信息的捕捉与利用、种田的科学性等方面,均明显高于受教育程度低者。

应大力提高农村基层干部群众的思想道德素质和科学文化素质。加强农村思想道德建设和科学文化建设,必须提高农民的思想道德和科学文化意识,着力抓好以下几项工作。

(1)在农民中多途径、多形式地开展普及社会主义市场经济知识、实用科技知识和法律常识的培训,以及智力扶贫、文化扶贫、科技致富等活动。

(2)大力宣传典型,弘扬正气,扫除社会丑恶现象。

(3)依靠科技兴农,逐步提高农民素质。

(4)向农民"灌输"爱国主义、集体主义和社会主义的思想,"灌输"艰苦奋斗、勤俭持家的光荣传统,加强社会公德、职业道德和家庭美德的建设,提倡共产主义思想道德,把先进性要求同广泛性要求结合起来,引导农民正确处理社会主义市场经济条件下的个人、集体和国家之间的利益关系。

3. 坚持文化大众化方向，培植多元的农村小康文化主体

农村文化建设反映着社会基层最基本的文化形态，是社会文化一个充满原生态特征的源头活水。在农村，人民群众整体文化素质还不高，小康文化建设要采取群众喜闻乐见的形式，否则便会出现曲高和寡的尴尬局面。农村文化要紧紧贴近群众生活，散发出浓郁的乡土气息和时代气息。

应坚持家庭文化、社区文化和地方文化共同发展，促进家庭和睦、社区和谐、社会稳定，培养村民对现代家庭和社区的文化认同。

本章小结

广义的农村文化指的是农民在长期参与农村的农业生产实践中创作出来的财富总和，包括物质财富和精神财富。狭义的农村文化仅仅包括精神财富部分，它表达的是农民的内心世界和开化程度，具体包括在长期农业生产实践中形成的世界观、人生观、价值观等观念形态及物化成果。其中，价值要素是农村文化的核心，它包括农民的价值观念、信仰信念、伦理道德等，成为农村文化要素中最重要的部分。我国农村文化具有小农文化的历史继承性，村落文化的封闭稳定性，农村文化的多样复杂性的特征。

本章分析了农村文化的功能，农村文化建设的意义，我国农村文化的现存问题，探讨了制约我国农村文化发展的主要因素，提出了完善我国农村文化管理的基本措施。

复习思考题

1. 什么是农村文化？
2. 加强农村文化建设有哪些意义？
3. 我国农村文化管理存在哪些问题，原因是什么？
4. 完善我国农村文化管理的对策有哪些？

第九章　城市文化事业管理

第一节　城市文化概述

一、城市文化的含义

对于城市，国内外的学者从经济、社会、地理、历史、生态、政治、军事等不同的角度，给出不少于30种定义。综合来看，有以下几个方面的认识：第一，城市是一定区域范围内政治、经济、文化的中心，是人类社会创造出来的完全不同于乡村的聚居方式；第二，城市是人类进行贸易和文化交流的催生物，是人口密集的政治和军事上的集成物，是市民集居生活、进行活动、表达理念、传承文明的共同空间；第三，城市不仅仅是自然的堆砌物，而且还是人类文明的高层次展现，每一个城市在其形成和发展中，都会根据自身的地理环境、交通条件和繁荣程度，产生自己的文化特质。

法国的一位地理学家说过："城市既是一个景观，一片经济空间，一种人口密度，也是一个生活中心或劳动中心。更具体点说，也可能是一种气氛，一种特征或者一个灵魂。"显然，这种气氛、特征或灵魂，就是一个城市的文化。

从理论层面看，城市文化是一个城市的价值概念，是城市市民在长期的生活过程中，共同创造的文化模式，是一种独特的精神文化形态。也可以说，城市文化就是城市的精神、特色、市民素质、大众文化、历史文化遗产、建筑文化、群众文化等编织而成的城市图景。从实践层面看，城市文化是从城市诞生之日起，经过长期历史过程，在原有基础上不断吸收、融合外来文化，不断积淀和发展形成的客体。它作为城市的一个精神亮点，是一个城市生存的基础和城市人生活的精神支柱，也是人与人之间的联系纽带。它作为城市发展的一个新的经济增长点，与经济的相互促进、相互融合已成为当今世界的一个新观点、新趋势，它强调的是标志性的或者内在的价值，使城市充满朝气或者使其具有独特性。城市文化可以从广义和狭义两个方向理解。

广义的城市文化是指城市的主人在城市发展过程中所创造的物质财富和精神财富的总和,是人们对城市的综合识别体系。基于这样的认识,我们可以将城市的历史文化、发展变迁、功能地位、社会结构、人口构成、文化产品、精神风貌,科学技术、生活方式、人际关系、哲学观点、宗教信仰,还有市民的思维方式、行为方式、人格类型、价值准则及其人际间的交流等都归入城市文化的内涵之中。如果从城市与城市文化的关系来看,城市文化应是城市历史积淀的具体与直接的显现。一般地说,城市作为人类社会创造出来的完全不同于乡村的聚居方式,一出现,就既是经济的中心,创造并积累着物质财富,也是文化的中心,也在创造、积累并延续着人文财富。城市在长期的发展中,经过积累、沉淀、改造、创新,必然形成特有的文化形态。

狭义的城市文化是指一个城市的精神范畴,包括意识形态的因素(理论)和社会心理的因素(民俗),是指城市主人在城市长期的发展中培育形成的独具特色的共同思想、价值观念、基本信念、城市精神、行为规范等精神财富的总和,是城市文化的核心和灵魂。它是与经济、政治并列的城市全部精神活动及其产物,也是形成物质积累的基础和原因。既包括世界观、人生观、价值观、发展观等具有意识形态性质的部分,也包括科技、教育、习俗、语言文字、生活方式等非意识形态的部分,是众多复杂的因素结合起来的有机整体。外来文化对本土文化构成的威胁也主要表现在精神文化方面。

二、城市文化的作用

城市文化是社会文明的重要标志。城市文化的主要作用表现如下。

1. 城市文化具有激励作用

优秀的文化就像一面旗帜,能够凝聚人心,鼓舞士气,激发广大市民热爱祖国、热爱家乡的情感,激励人们自觉自愿地为城市发展贡献自己的聪明才智和热血汗水,促进城市经济和社会发展。

2. 城市文化具有教化作用

城市文化环境是孕育人才的土壤。人们聚集在蕴含文化的城市中,不免耳濡目染,潜移默化,文化水平逐渐提高;优良的物质与人文条件更为有志之士提供深入探索研究的多种机会。

3. 城市文化具有增效作用

丰富多彩的城市文化，能给人以无限的慰藉和鼓舞，让人们释放紧张的情绪，缓解内心的压力，感受精神的力量，从而以更加高昂的斗志投入紧张的工作。

丰富多彩的文化活动能吸引广大市民共同参与，扩大人际交往、协调人际关系、增加人们之间的亲和力。一个市民精神振奋、人际关系和谐的城市，必是充满活力、高效的城市，其经济和社会的发展必然突飞猛进。

三、城市文化的特征

1. 城市文化的多代性与多元性

城市文化的多代性反映了文化历史的演进。对照城市发展的历史，可以看到今天的进步，发现今天的不足，确立发展的时间坐标，正确认识自己的使命。尊重历史时代的传统文化主要体现为对文物古迹的保护，要对其作适当整修以及使其保持与周围环境的协调。

城市文化的多元性是城市文化时空发展的必然产物。随着社会文化交流的不断发展，除了当地传统文化的影响外，城市总会受到外来传统文化和现代文化的影响。多种文化的共存突出地表现为城市中各种传统建筑与现代建筑的共存，这几乎是一个普遍现象。

2. 城市文化的多样性与层次性

(1)物质层

城市文化的物质层是见之于形、闻之有声、触之有觉的城市表层文化，主要是城市直观形象与景观特色，即城市的各类房屋建筑，各项基础设施，各种流通物品，各种雕塑艺术以及草地、花卉等人工环境所构成的城市物质文化外壳，城市这些有形物质因素中必然体现出这个城市特有的精神因素。任何城市都有着独特的发展史，在不同时期所营造并留存下来的标志性建筑及特色景观就凝固为历史。例如，历史上的北京、西安，其方方正正的庄严建筑表现了大一统的皇家封建文化，上海唯美的欧式建筑表现了特有的中西合璧的“洋泾浜”文化，而天津遍布各处的大杂院则表现了市井的平民文化，等等。

(2)行为层

城市文化的行为层，即以组织制度为载体的行为文化。因为人的行为必须在特定的社会组织和特定的制度约束中才能表现出来，所以组织制度是行为文化的载体，行为文化也可称为制度文化，包括城市的管理制度、行政制度、人事制度、法律法规等各式各样的成文或不成文的规章制度、行为规范。

一个城市的行为文化具体地表现为城市市民的素质、品位、风俗习惯、生活方式，以及城市的民风、诚信、私人和公共服务等方面。凡是有人的地方，都有行为文化的存在。在现代社会中，既有以政府组织为载体的政治行为文化，也有以企业组织为载体的商业行为文化，还有以民间组织或非正式组织为载体的非政府非营利部门行为文化，如绿色和平组织的行为文化。

(3)理念层

城市文化的理念层是指城市的价值标准、道德风尚、精神风貌及市民的思想、意识、习惯、文化生活。其中，精神层是城市文化的核心和灵魂，是形成物质层和制度层的原因。理念文化是一个城市的核心价值观、城市精神、城市本质内涵的高度浓缩和概括。一个城市的理念文化，就像生命遗传的基因一样，它携带着这个城市发展的过去、现在和未来的全部信息。从这个意义上讲，也可以把理念文化称为"原文化"。

一个城市的理念文化是一个复杂的系统，从对城市发展影响的作用看，可把理念文化分为两大类：主流理念文化与非主流理念文化。

所谓主流理念文化，就是在一个城市发展中占据主导地位的，被城市政府倡导的文化。主流理念文化表现为城市的发展规划与战略、主要媒体的标语口号、执政方略，以及城市管理的职能组织和领导作为、城市整体的教育方向和教育成果、城市市民的文化倾向和人文素质等。

所谓非主流理念文化在常态下往往表现为具有这个城市特色的民间文化。虽然在公开倡导的媒体系统中不常看到，但绝不等于它不存在。如果说城市文化是城市的生命，那么城市理念就是城市的灵魂。城市理念有着深刻的哲学意味，但表现出的却是具体的价值观，也就是说城市理念不仅充溢着原生的文化生态的价值观，也活跃着新生的文化生态的价值观。前者在于传承，后者则在于创造。

3. 城市文化的开放性与整体性

与传统农村文化的封闭性形成鲜明的对照，城市文化具有开放性和多样性的特征。事实上，城市各个层次的文化并不是孤立地存在的，而是相互影响、相互作用、密切联系，从而形成一个整体。城市每个层次的文化都不可能孤立地发展，任何一个层次文化的发展，都离不开其他层次文化创造的条件。

4. 城市文化的现实生活性与有效管理性

城市人生活在拥挤的空间中，面对五光十色的生活，经历着迅速变化的世界，与人交往的范围主要在工作、学习中经常接触的人之间，时常感受到社会竞争的压力。传统的伦理道德越来越被淡化并受到挑战，文化艺术越来越大众化、平民化。

城市中聚集了大量的人口和组织，带来交通、治安、供应、娱乐、生产、生态环境等一系列问题。城市管理部门只有进行有效的计划、组织、协调、指挥等管理工作，才能保持城市的正常运行。

5. 城市文化的集聚性、扩散性与地域性

城市的重要特点是集聚。各种因素在城市的集中仍然是现代城市的一个显著特点。城市的中心作用既体现为文化的辐射作用和推动作用，也体现为对文化的吸引作用和消纳作用。城市文化的集聚性和城市中心作用之间的关系是互为因果、相互作用的辩证关系。城市文化不仅有集聚性的特征，而且也有扩散性的特征。一种文化比如艺术风格、学术流派要成为“丛学”，必须进军城市，才能向外辐射，才能产生区域性的、全国性的乃至全球性的影响。另一方面，城市文化的扩散性特征不仅是由集聚性特征所导致的，也是由城市布局的位置所造成的。城市文化特征的地域性是人们对自然环境的适应、改造和利用的地域反映。

总之，城市是一个结构、一个体系，是一个复杂的、多因素、多层次、多侧面的客体。

四、城市文化建设的内容

1. 城市文化建设的内容

城市文化建设的内容主要表现在以下几个方面：

（1）城市社会成员素质的培养，包括城市社会成员的教育水平、科技水平、艺术水平的提高及现代生活方式、思维方式和价值观的形成；

（2）城市形象的建设，即城市公益文化和环境文化的建设，包括城市空间布局及建筑风格的规划设计、城市文化基础设施的建设等；

（3）城市文化产业的发展，包括城市文化娱乐产业、影视及音像制品业、新闻出版业、文化旅游业、体育业以及一些与文化相关的美食、美容、时装、休闲、艺术品等产业的发展；

（4）城市历史文化资源的发掘和利用，包括对城市文物、古迹、革命遗址等历史遗产的发掘和利用；

(5)城市群众文化的建设，包括城市社区文化、群体文化、校园文化、企业文化、军营文化等方面的建设。

2. 城市文化建设的关键环节

(1)建筑文化建设

建筑文化是城市文化建设的表层含义。城市是各类房屋建筑的密集区，没有房屋建筑的高度密集就没有城市。城市各类房屋作为人们居住和活动的必备条件，是完成城市基本功能的重要设施，是城市文化最先映入人们眼帘的那一部分。往往从远处观察由房屋建筑构成而显现的一个城市的天际轮廓线，就可以感受到不同城市的文化韵味。有人说，建筑是凝固的音乐，是立体的绘画，是实用的雕塑，是科学技术的具体展示。总之，建筑是技术与艺术的完美结合，是实用性与观赏性的统一。由此可以看出城市房屋建筑具有丰富的文化内涵。

城市的房屋建筑具有鲜明的民族性、地域性、时代性特点，是形成不同文化氛围和社会情调的重要因素。北京的四合院与上海里弄，就是不同风格的民居；北京的故宫与巴黎的凡尔赛宫，是具有东西方不同气派的皇宫。城市的房屋建筑既要反映不同地区、不同民族、不同时代的不同风格，也要从实际出发把美观、经济、实用三者结合起来，这也是城市文化水平的反映。

(2)市民文化建设

市民文化是城市文化建设的浅层含义。城市建设的终极目的是给居民创造一种优雅、舒适的生活环境和工作环境，这就表明城市的主体是"人"——市民。市民形象直接影响着人们对城市形象的评价。市民形象主要包括：市民文化水平、精神风貌、道德修养、文化娱乐方式及内容、人际关系等方面。

就市民广泛参与文化生活而言，它的参与方式是没有组织的，完全自我的。其形式多样、内容广泛，自由活泼，最为市民喜闻乐见。例如广场文化活动、服饰文化活动、饮食文化活动、节庆文化活动、夜市文化活动、休闲文化活动，等等。

市民文化中有一层重要含义是城市居民的消费文化。目前城市消费有两种基本趋向，一是城市年轻人的时尚、奢侈与超前消费趋向，例如当代都市"奢辣族"；另一个是城市老年人节约、守旧的消费趋向。虽然两者是相反的，但却共同构成市民文化的一个层面。

(3)商业文化建设

商业文化是城市文化建设的中层含义。城市既是政治统治的中心,也是商业活动的重要场所。在两汉时期,地理要冲城市业已成为区域性商业都会,如吴城(今江苏苏州市)。吴城又名姑苏城,是春秋时吴王根据伍子胥的建议所修建。由于地处肥沃的太湖流域,交通便捷、物产丰富,吴越之地的盐、铜、越布等产品通过这些商路输出。唐代诗人张继据此而写出"月落乌啼霜满天,江枫渔火对愁眠。姑苏城外寒山寺,夜半钟声到客船。"的千古诗篇。

在现代城市的商业活动中,文化的渗透和参与已是不争的事实。一方面,商品经济的迅猛发展必然会带动文化的繁荣;另一方面,在大规模的商业活动中,文化往往被赋予产品开发的中心地位。城市文化建设中的商业文化含义在于挖掘与商业有关的城市文化内涵,如位于苏州城西3.5千米处的古运河畔省级风景名胜区——"枫桥"风景名胜区以"五古"为主要游览内容。这个"五古"就是寒山古寺、江枫古桥、铁铃古关、枫桥古镇和古运河,均为张继诗歌中的景观。以"姑苏"冠称的姑苏饭店是中国中旅集团直属的一家按三星级标准装修改建的旅游涉外饭店。

(4)精神文化建设

精神文化是城市文化建设的深层含义。城市的精神文化是城市文化的内核或深层结构。在某种意义上,城市的精神文化是与前面所说的狭义的城市文化概念内涵相一致的。即相对于城市物质文化、制度文化而言的城市精神文明的总和,它包括一个城市的知识、信仰、艺术、道德、法律、习俗以及城市居民所具有的其他一切能力和习惯。

城市的精神文化又可以分成两部分:一部分是通过一定的物质载体如印刷媒体、电子媒体以及其他有形物质媒体得以记录、表现、保存、传递的文化,即产品形态的精神文化;另一部分则是以思想观念、心理状态、价值趋向等形式存在于城市居民大脑中的观念形态的精神文化。就前者而言,城市精神文化产品如学术性书刊、城市历史文化遗产、街头艺术雕塑、图书馆、博物馆,等等,其基本特征是创造性和公益性,以提高市民的思想道德和科学文化素质为最高价值取向。就后者而言,是以观念形式存在于市民大脑中的精神文化,如城市居民的价值观、精神追求、精神境界、伦理道德、传统、风俗习惯等,是城市居民的行为方式和行为心理的总和。它表现的是一个城市的民俗民风以及居民的精神风貌和道德水平,是人们判断城市文化水平高低的重要依据。

第二节 我国城市文化建设中存在的问题

一、新时期我国城市文化建设面临的问题

当前,我国城市文化建设取得了一定的成就,表现为物质文化与精神文化日益丰富,文化产业蓬勃发展,大众文化空前活跃,文化消费多元化,城市文化日益全球化、开放化等。与此同时,我国城市文化建设还存在着许多亟待解决的理论和实践问题。

1. 城市文化需求与供给之间的矛盾突出

落后的社会生产与人民日益增长的物质文化需要之间的矛盾是社会主义初级阶段的主要矛盾,也是我国城市文化建设面临的主要矛盾。在我国城市文化建设实践中,这一矛盾具体表现为相对于日益增长的文化需求而言,城市文化的有效供给不足。

(1)精英文化陷入危机,大众文化泥沙俱下

在市场经济大潮的冲击下,精英文化日渐式微,陷入空前的危机。与此同时,当前我国大众文化存在盲目性、自发性和过于商品化的倾向,缺乏文化的创造性和个性。

(2)城市文化建设失衡

在城市文化建设方面,出现重物质文明建设、轻精神文明建设;重文化产业建设、忽视其他文化建设的倾向。在城市社会成员的素质培养方面,出现重科学文化素质和生活质量建设、轻理想与信念培养、轻思想道德建设的倾向。

(3)城市特色文化出现弱化趋势

由于部分城市对继承和弘扬城市特色文化的意义认识不足,加上文化全球化浪潮的冲击和城市文化产业化的影响,我国城市特色文化出现了弱化的趋势。

2. 城市社会成员缺乏参与文化建设的主动性

目前我国城市文化建设模式多是政府推动型,市民参与文化建设的广度和深度还远远不够。此外,由于缺乏有效的动员机制和激励机制,部分市民对城市文化建设采取敬而远之的态度,这也是城市文化建设参与积极性不高的一个原因。

3. 城市文化资源开发利用不够合理

城市文化资源开发利用的不合理性表现在三个方面。

(1)在资源的分布方面,一些城市大量文化资源闲置,一些城市却文化资源紧缺。

(2)在资源的保护方面,一些城市因资金紧缺出现城市公益文化设施紧缩现象,一些城市受经济利益的驱动而将公益文化设施改为商业用途,从而使文化资源丧失其历史价值。

(3)在资源的开发利用方面,由于缺乏合理有效的机制,城市文化资源的开发存在着"三多三少"现象,即对有形资源重视多,对无形资产利用少;对现有资源使用多,对潜在资源挖掘少;对自家资源管得多,对盘活资源协商少。

4. 缺乏合理有效的城市文化建设管理机制

在我国城市文化建设的管理机制方面,存在政府在城市文化建设中的角色定位模糊,文化建设资金投入严重不足,缺乏有效的文化建设激励和保障机制等几方面问题。

5. 城市文化与城市建设不协调,存在滞后现象

过分追求城市的功利性使城市建设严重不协调,许多方面的建设被忽视。城市文化是城市建设的重要内容,理应受到重视,但由于其建设需要巨大投资、对市场反应不敏感等特性,营利又具有间接性和周期长等原因,城市文化建设在不同程度上滞后于城市的经济发展。

6. 城市文化个性不突出,趋同现象严重

目前我国许多城市的这种文化个性受到不同程度的压抑。近十几年来,在计划、市场"双重经济体制"的影响下,经济结构雷同,"诸侯经济"之间盲目攀比,不正当的竞争愈演愈烈,更使城市原有文化特色日渐逊色,城市风格的点睛之笔在日新月异的城市改造和新区发展中湮没;"千城一面"现象有增无减,不论是在城市风俗习惯、思想观念等意识方面,还是在城市建筑、形体风貌上都明显地反映了这一点。

7. 城市文化抵御外来文化强烈冲击的能力弱

改革开放后,我国以积极开放的心态打开了国门,带来了城市的再度繁荣。但随之而来的问题则是外来文化的逐渐进入,对我国传统城市文化产生冲击。

8. 城市化中的城市文化发生缺损现象

中国的城市化产生于一个落后的东方大国,在实现的方式上,属于后发型和跨越式发展,这加剧了城市化过程的艰难程度,造成了城市文化建设的"贫血"和"畸形"。

第三节 完善我国城市文化建设的措施

我国的现代化建设已进入一个加速发展时期，与此相适应，城市化也将进入一个加速期。同时，我国的现代化建设也步入了改革的深水区和攻坚阶段，在社会转型的大背景下，加强城市文化建设，对城市化具有重要的现实意义和深远的历史意义。

一、我国城市文化建设中应坚持的原则

1. 坚持弘扬主旋律，体现先进文化前进方向和科学发展观的原则

应坚持经济与社会协调的科学发展观。城市文化建设要弘扬时代主旋律，坚持爱国主义思想，弘扬社会主义道德，体现先进文化的方向；要与时俱进，注入时代的精神、时代的活力、时代的审美情趣。

2. 坚持突出地方特色，实现不同文化的交汇与融合的原则

文化是历史的沉淀，每座城市都有自己独特的地域文化。这种地域文化特质，是沉积在这一方土地中的文化瑰宝，是千百年来这一方土地上人们追求和梦想的凝结，是历史和世情的演绎，是生命和人格的记载。城市文化建设要有开放的眼光和博大的胸襟，既要找准自己的文化位置和角色，又要把含有地方特色的文化成果纳入更开阔的文化视野之中，立足本土，广采博纳，吸收其他地方、其他民族的优秀文化成果，熔为一炉，产生新的文化。这样的城市文化，才是真正属于自我而又超越自我的文化，才真正是经得起时间考验的富有生命力的文化。

3. 遵循文化发展与城市建设、城市文化与环境相互协调的原则

城市文化建设既要遵循文化发展的规律，又要遵循城市建设的规律。城市文化建设不应以损害城市功能为代价的建设，也不应以损毁历史文化遗迹为代价的建设，而是与城市功能相得益彰、与历史文化遗迹水乳交融的建设，是融文化内涵和美学追求于城市形象中的建设。

城市与环境的协调，城市的生态化和园林化是城市文化塑造的标志和目的。城市与自然生态和谐共处的观念具体表现在每一个城市居民都树立起爱护环境、保护环境的意识，把城市建设成为自然、和谐的家园。

4. 坚持以人为本，鼓励市民积极参与的原则

城市社会成员的文化参与意识，对拓展城市文化建设参与的广度与深度有着重要意义。首先，要在社会上形成普遍性的认识，即城市市民是城市文化建设的主体，是城市文化的推动力量和受益者。其次，要规范城市文化建设制度，充分发扬民主，让城市市民不仅可以就城市重大的经济与社会事务发表自己的看法，而且还可以通过决策参与、执行参与和监督参与实现自己的主体地位。再次，要通过广泛开展科普教育、历史文化教育、城市特色文化宣传来提高城市市民的综合素质。最后，要充分引入激励机制，注重对城市文化建设人才的发现、培养和激励，为城市文化建设注入源源不断的动力和活力。

文化的本质，就在于不断提高人的文明和现代化的程度。因此，城市文化建设必须坚持以人为本。以人为本，就是要以人为出发点和归宿，在城市文化建设中充分考虑广大市民的需求。

二、完善我国城市文化建设的具体措施

1. 完善城市文化事业设施

第一，应加强文化设施建设。城市文化建设包括两个方面，一方面是软件建设，即思想道德、文化产品的建设和开发。另一方面是硬件建设，即文化设施的建设。目前，我国城市不同程度地存在着文化设施简陋落后、数量偏少的现象。第二，应完善硬件设施，增强载体功能。城市文化只有以硬件物质设施为依托，才能发挥城市文化的功能。

2. 完善政府城市文化管理体制

科学转变政府职能，加强宏观管理，这是建立合理有效的城市文化建设机制的必然要求。

首先，要合理定位政府在城市文化建设中的角色。在市场经济条件下，应坚持以市场调节为主，政府宏观调控为辅，实现城市文化资源的优化配置。其次，健全城市文化建设的法律和制度，落实和完善文化经济政策，使城市文化建设有法可依，保障城市文化建设主体的合法权益，保障城市文化建设向合理化、有序化发展。再次，建立有效的城市文化激励机制，健全城市文化机制，做好科学布局与规划。要本着“谁投资、谁受益”的原则，保障城市文化投资主体的合法收益，充分动员社会力量参与城市文化基础设施和历史文化资源的建设和开发，激发市民参与城市文化建设的热情。文化设施的布局应与现代化城市建设和改

造的规划结合起来,做好文化公共事业设施的规划与建设工作。最后,应注意在建设标志性文化设施的同时保护好历史文化建筑。

3. 改善城市文化环境

对城市原有的美好自然环境与历史遗迹善为保护和利用;对文化设施建设应循一定的方向努力,以臻完善;对居住区与邻里应创造多姿多彩的环境,提高城市的居住适宜性。第一,城市要满足多种多样的生活内容。第二,城市要有美好的交往环境。第三,城市要利用和创造美好的自然环境。第四,城市需要有美丽的建筑环境。

4. 科学制定文化政策,积极发展城市文化产业,鼓励文化创新

必须把提高市民的文化素质放到战略高度上来考虑。现阶段,制定相应的城市文化政策,提高市民的文化素质,应注重以下几个方面。

(1)重视教育,广泛开展职工培训以及再就业培训,增强居民的工作能力和素质,使其真正为城市发展作出贡献。

(2)重视文化基础设施建设。建设文化广场、主题公园、娱乐中心、图书中心等设施,为市民的文化活动提供场所。

(3)组织开展群众性的文化活动,繁荣企业文化、校园文化、社区文化等,提高文化的普及性。

(4)加强正确的伦理道德观念的宣传和教育,崇尚“爱人爱己,携手共进”的社会信条。

在现实基础上,发展我国城市文化产业需要从以下几个方面去努力。

(1)协调各文化产业之间的利益,促使各产业形成健全的经济实体,充满动力地参与市场竞争。

(2)制定文化产业管理和运行机制,指导其发展方向,使其更好地适合人民大众的要求。

(3)鼓励文化产业的国内外交流,参与国际竞争。

(4)投入必要的运行资金,这是推动文化产业发展的前提条件。

本 章 小 结

城市文化可以从广义和狭义两个方向理解。广义的城市文化是指城市的主人在城市发展过程中所创造的物质财富和精神财富的总和，是人们对城市的综合识别体系。狭义的城市文化是指一个城市的精神范畴，包括意识形态的因素（理论）和社会心理的因素（民俗），是指城市主人在城市长期的发展中培育形成的独具特色的共同思想、价值观念、基本信念、城市精神、行为规范等精神财富的总和，是城市文化的核心和灵魂。

本章分析介绍了城市文化的作用，特征，建设的内容，我国城市文化建设中存在的问题，并提出了完善我国城市文化建设的措施。

复习思考题

1. 什么是城市文化？
2. 城市文化的作用及特点有哪些？
3. 我国城市文化管理存在的问题及原因是什么？

第十章　社区文化事业管理

第一节　社区文化概述

一、社区与社区文化的含义

1. 社区

“社区”是社会学中的一个基本概念。它源于拉丁语，本义为关系密切的伙伴和共同体。“社区”这个概念，最早是由德国著名社会学家滕尼斯提出来的。现在“社区”已成为社会学中一个通用的范畴。但这个词从滕尼斯提出到现在，其含义发生了很大变化，人们在界定这一概念时观点各异。有的把它理解为社会团体，有的则称它为生活组织，也有的把它与“社会”一词通用。

费孝通先生对社区的表述为“社区是若干个社会群体或社会组织聚集在某一地域里形成的一个在生活上相互关联的大集体。”

2. 社区文化

社区文化是指社区居民在特定的区域内，经过长期实践而创造出来的物质文化和精神文化的总和。它对人们的思想观念、道德情操、行为方式以及人格理想的形成和发展具有重大影响，甚至制约着当地经济、政治的发展，即社区居民在特定区域长期实践过程中逐步形成和发展起来的有一定特点的价值观念、生活方式、行为模式和群体意识等文化现象。

对于社区文化的理解应从以下三个方面把握：

(1) 社区文化是社会文化的一部分，是人类宝贵的物质财富和精神财富的一部分；

(2) 由于社会文化包含物质文化、观念文化和制度文化的内容，作为社会文化的有机组成部分的社区文化亦应包含这三个方面文化的内容；

(3) 社区文化是在特定地域内长期实践过程中逐步形成和创造出来的。

二、社区文化的要素构成

1. 社区文化的构成

社区文化由文化载体、文化方式、文化制度和文化精神几个要素构成。

(1)文化载体

它是社区的物质文化,是由存在于社区范围内的一定数量的活动场所和绿化面积、花卉植被等物化形态构成的。

(2)文化方式

它是社区文化的形态表现,集中体现在社区居民的生活方式、行为方式和思维方式上。

(3)文化制度

它集中表现为社区的各种规范、制度,它是社会规范在社区生活的规则和行动的准则,是居民生活价值观念的具体化。

(4)文化精神

它是社区文化主体的理想、信念、价值目标和相应的观念体系等精神财富。

这四个方面组成一定的文化结构。文化载体是社区文化的外在标志,文化方式和文化制度是社区文化的直接体现,文化精神是社区文化的灵魂所在。社区文化作为一个群众性精神文明活动的创建形式和社会主义文化的表现形式,具有教育感化功能、调节融合功能和陶冶修养功能。

2. 社区文化的要素

(1)物质文化生活条件

物质文化生活条件是指经过社区居民改造的自然环境和创造出的一切物质文化财富。无论是社区内的文化设施及文化场所,如文化活动室、培训室、图书馆、舞厅、游艺室、社区电台、录像厅和人文景观等,还是社区内的公共建筑设施,甚至居民的生活用品等都属于社区文化的有机组成部分。因为它们的存在、形成、使用、选择都凝聚着社区居民的智慧、能力与价值观念,包含浓郁的文化特色。物质文化生活条件既是社区居民正常生活的必要前提,也是社区文化本身发展的物质基础。

(2)社区精神风貌

社区精神风貌,即通过社区群众的文化活动长期培养形成的人们的价值观念、人生观、审美观、艺术修养、生活情趣、伦理道德、宗教信仰等。其中价值观念是社区精神风貌的核心内容。精神风貌是在社区中占主导地位的文化要素。实际上,它是社区文化中最活跃的因素,是社区开展健康向上的文化活动的力量之源,是社区居民评价事物和进行目标选择的重要依据。它植根于每一个社区居民的内心世界,并通过他们的态度、行为得以外显,最终影响社区居民生活的目标和生活方式的形成。

(3)社区规范体系

社区规范体系即社区居民的行为准则,它是约束个体行为的有效手段,既包括保证社区各种群众文化活动正常进行所建立的一整套行之有效的法律和规章制度,也包括约定俗成的风俗习惯等行为规范。社区规范体系的建立可以通过约定俗成的方式,也可以对其用明文加以规定,使之获得社区居民的认同。通常说来,社区的风俗习惯是约定俗成的行为规范,生活在社区中的居民大多会以此约束其行为。

(4)社区团体、组织

主要是指实现各种关系的结构实体,它是社区文化存在的基础和保证。社区团体、组织的建立,既可以使各种社会关系得以正常发展,又能使其文化要素发挥正常职能。如家庭、学校、社区企业、居民委员会、共青团、妇联及其他非政府性组织、团体等。这些组织在构成上表现为一定的目标、规章、成员及相应的设备,是精神文化和物质文化的有机结合。在日常生活中,社区组织文化通过组织目标的确立、各项规章制度的实施以及必要的物资设备的使用,可以促进社区成员社会关系的规范化。

三、社区文化的特征

1. 地域性

社区文化是伴随社区的出现而形成的,作为地域性社会的社区,带有强烈的地域性特征。当人们开始在共同的地域从事社会生活,就必然要发生种种社会联系与关系,就会逐渐形成某种共同的社会心理、生活方式以及许多共同的价值观念、规范与约束等,社区文化便是这些区域性特征的文化体现形式。一个社区的历史越久远,它的文化区域性特征也就越明显。

2. 群众性

社区文化是在社区群众的相互交往和相互作用过程中形成的,是所有社区群众共同创造的产物。群众对社区文化的积极广泛参与,是社区文化的一个显著特点。

3. 多样性

由于在文化的服务对象、目的和设施等方面的差异，体现在文化的形态、体制和运行方式上便具有一定的多样性，社区文化不仅将娱乐、教育、审美等作用融为一体，表现出了强烈的时代感和鲜明的地域特色，同时，社区居民还可以根据自己的意愿选择文化生活的形式和内容，从而使社区居民在活泼、健康的文化氛围中满足自己的文化需求。

4. 交融性

社区是一个全方位开放的场所，因此在社区文化中，无论是本土文化与外来文化、传统文化与现代文化，还是高雅文化与通俗文化、公益文化与消费文化等，都必将在这里存在，并随着社区文化发展而不断发展和融合。

第二节　社区文化的类型与功能

一、社区文化的类型

社区文化是一个内涵丰富的文化体系，其形态表现各异。一般来说，根据不同的分类标准，可以把社区文化划分为不同的类型。

以文化活动主体为标准进行分类，可以把社区文化分为商业文化、校园文化、军营文化以及家庭文化等类型。这些不同的文化活动主体在各自不同的文化氛围中形成了各自相对独立的社区文化，体现了不同文化活动主体各具特色的生活圈层。

以文化性质为标准分类，可以把社区文化分为公益性群众文化、娱乐性营利文化、休闲文化、艺术教育及表演团体的专业性文化等类型。一般来说，社区文化都具有自己的一种或者几种经常性的文化活动形式，但公益性的自娱自乐形式的社区文化通常更为社区居民所接受。

以文化活动的内容为标准分类，可以把社区文化分为文艺表演、信息交流、宣传教育等诸多形式。

二、社区文化的功能

1. 营造“社区精神”

社区是联系个体与社会的中介，社区文化是个体社会化进程的基本构成要素。社区成员在长期的交往中逐步形成了共同的理想目标、价值观念、风俗习惯、信仰和归属感，即形成了某种共同的“社区精神”。这有利于提高人们的精神境界；有利于增进社区群众之间的感情，形成良好的人际关系；有助于增强社区成员的认同感和归属感；有利于满足人们的精神需求。

2. 提高“社区综合竞争力”

“社区综合竞争力”体现了一种新的发展理念，它以新的发展观为基础。增强“社区综合竞争力”不能仅仅理解为提升社区的经济增长能力，而应理解为社区经济、文化、自然的持续、协调发展。

3. 提高社区居民综合素质

社区文化作为一种教育因素，发挥着积极的潜在教育功能，起着陶冶人的情操的作用。同一般社区相比，特色的社区文化活动越丰富，居民参与越广泛，社区整体的文明水准就越高。人的素质，包括思想道德素质、科学文化素质、文学艺术素质、身体健康素质等方面的提高都同社区文化相关联。

第三节　社区文化事业的建设与管理

一、我国社区文化事业建设的现状

20 世纪 80 年代以来，我国社区文化有了长足的进步，社区文化工作网络基本形成，社区文化设施正在逐步完善，社区文化活动从内容到形式有了相应的变化和发展。首先，文化设施社会化，形成了区、街、居三级及社区单位提供的多层次阵地并存的格局，社区企业事业单位的娱乐设施也开始向社会免费开放，文化活动阵地迅速扩大。其次，社区文化活动的层次由单一转向多元，出现了官办、民办社区文化的新格局，在形式上，极大地丰富了社区文化的内涵和外延。最后，社区文化从福利化向产业化转变，一方面，社区文化利用自身的优势发展第三产业，“以文补文”，社区文化实力增强；另一方面，社区文化积极开拓文化经济资源，从市场经济的要求出发，服务经济，参与经济活动，体现了社区文化的自身价值。如举办各种文化旅游节，文艺搭台、经济唱戏等。

但是，我国社区文化发展很不平衡，大致呈现以下三种情形：一是一部分社区仍处于无所作为的阶段，它们要么认为文化建设应由政府、企业或社会来办，与社区无关，要么认为文化建设需人、财、物的投入，社区无能为力；二是整体上尚处于发展起步阶段的社区文化建设，迫切需要理论的指导和群众的支持；三是已建成的全国、市级、区县级文明小区的文化建设还需深化提高。

从总体上看，我国社区文化事业建设还存在如下问题：

(1)社区文化建设动力不足

目前，不少地方对社区文化建设仍存在畏难情绪，以缺资金、缺场馆、缺人才为由，被动观望，消极等待。

(2)社区认同意识薄弱，居民参与性不足

由于目前我国大部分地区的社区文化建设主要是由政府，即行政权力推动的，这就使得社区的居民参与仍以动员性参与为主，社区参与的广度与深度还远远不够。

(3)社区资源配置不合理，开发利用不够

由于我国目前社区的发展尚不成熟，社区所拥有的经济自给能力十分有限，社区发展的资源主要来自政府财政供给以及居民缴纳的各种费用，社区内各类部门与组织以及社区居民的捐款和提供各类设施的活动很少。因此我们看到，一方面社区社会资源总量本身严重不足和配置的相当不均衡，另一方面又有大量的物质性资源被闲置不用或开发利用不够。

社区文化设施布点不够合理，娱乐设施低水平的重复设置，社区文化馆，特别是街道文化站的建筑面积和配套设施远未达标，部分社区文化设施被挪作他用，社区文化功能不完善。

二、加强我国社区文化建设的对策

1. 社区文化事业的建设原则

(1)社区文化建设的系统性原则

所谓系统性原则，就是要把社区文化建设作为一项庞大而复杂的社会系统工程来实施，在依赖本地区基础条件、发挥本地区优势的前提下，坚持统一规划，发动社区各方面的力量同创共建，形成整体效应以推进社区文化建设。

(2)社区文化建设的主体性原则

社区文化建设的主体性原则即体现“以人为本”的基本原则,人是文化创造的主体,生活在特定社区里的居民就是该社区的主体。作为社会文化的一种类型,社区文化无疑是由长期生活在社区内的居民创造的,社区内的居民是社区文化的创造者和建设者。因此,社区建设的所有层面都必须得到并依靠广大居民的积极支持和理解,这样,社区居民才能把社区文化建设真正作为自己的一项事业。

(3)社区文化建设的开放性原则

所谓开放性原则,就是要把社区文化建设作为一个开放的系统,坚持吸收本土文化、传统文化中的优秀成果,发挥自身的传统文化优势,汲取外来文化的精华,不断整合,不断创新,创造出富有蓬勃生机和旺盛活力的开放的精神文化财富,并促进现代社区的进一步发展。

(4)社区文化建设的多元性原则

所谓多元性原则,就是要把社区文化建设作为一个整体的目标集来推进,而不是单一的文化服务内容、文化服务对象或文化发展体制建设。

2. 完善社区文化事业管理的具体措施

(1)社区文化建设要“以人为本”

“以人为本”指的是要把社区文化建设真正作为社区内广大居民群众的一项事业来抓,正确引导广大居民群众真心诚意地关心和参与社区的文化建设。社区居民是社区文化的主体,要坚持社区文化群众参与、群众受益的原则,充分调动广大社区群众的积极性、主动性和创造性,使社区群众的主体性得以发挥。

(2)重视社区管理的文化管理方法与体制的改进

社区文化建设的正常发展,需要健全的管理制度作保障。为此,在社区文化建设中,要结合社区特色,制定科学的社区文化发展规划,在进一步加大对学校、幼儿园、图书馆、俱乐部等文化学习和娱乐场所管理的同时,还要对开发中的商住房、物业、生活小区增加小区文化功能的管理。要建立健全社区文化的组织机制,制定社区文化发展规划。

社区文化建设和发展的龙头是政府,搞好社区文化建设和发展的关键是政府的组织和人、财、物的投入,对于这一点政府必须有明确的认识,并付诸行动。同时,社区文化又涉及社会的方方面面,必须依靠全社会来办,实现有效协同治理。

对于社会管理者来说，一方面，必须深入广大社区成员之中，了解他们的思想、工作、爱好、才能和需求，并对了解到的情况和各种数据进行全面细致的分析研究，这样才能做到心中有数。另一方面，社区文化工作是一项十分复杂的工作，它涉及社区内所有的居民，所有单位的职工和社区的全部环境。所以，要针对不同管理对象实施不同的管理方法，在符合管理的一般规律的前提下，制订切实可行的工作计划，不断进行管理方法的创新。

(3)统筹规划

营造社区文化建设的社会环境，加强社区文化建设，必须加强社区文化基础设施建设。要把社区作为群众文化活动的主要阵地，为群众排练文艺节目、举办展览和培训班。开展各种各样的社区文化活动必须有必要的场所，具备固定的设施与设备。因此，政府应加大对文化建设的投资力度，加强社区的文化设施、设备的建设和有效利用。

(4)加强社区教育管理

社区教育是社区文化的重要组成部分，可以说，社区教育水平的高低实质上在长远上决定着社区文化发展水平的高低；同样，社区教育管理的有效与否也将深刻影响社区文化管理的整体效果。

3. 规范社区教育管理的方式

要充分挖掘和利用社区现有的智力资源、物质资源、人才资源，充实社区教育内容，为社区教育服务，使社区教育内容取之于社区生活，从而更好地激发社区成员的教育情感，获得内心的认同。

社区教育是通过相关人员的具体教育实践活动来体现的，因此，要对所有的社区教育工作者进行必要的教育培训，通过培训，使社区教育工作者适应时代发展的需要，努力更新知识结构，拓展知识领域，提高业务素质，做好社区教育工作。

要不断完善社区教育管理体制，目前社区学校一般都在成立校务委员会的基础上，筹建协调组织能力更强的社区教育委员会，将社区教育的领导、协调和组织职能与社区学校管理职能剥离，实行政校分开，以更有利于社区教育的开展。

进行社区教育创新，不断拓宽社区教育领域。首先，在具体实践过程中，要注意几个结合问题。一是注意把社区教育中的政府行为与居民参与结合起来，积极探索社区办学社会化、市场化新路子，逐步实现政府办学向社会办学多元化的方向发展。二是将社区教育与社区党建工作有机地结合起来，依托社区党校，对党员和居民进行思想政治教育，充分发挥社区党组织在政治上引导、思想上指导、组织上保证、工作中服务的作用，把党的工作渗透到社区教育的各项工作中去。三是将社区教育与社区服务有机地结合起来，使社区服务成为实施和接受双方自我教育、自我完善、自我提高的过程。其次，应有效进行社区教育资源的优化整合。要大力倡导社区教育，提高社会各界的社区教育意识，促进教育资源的合理有效利用。最后，在教育管理上，社区教育须破除学历主义的观念，赋予非正规教育正式性。社区教育是一种开放式教育，它鼓励非学历教育和非正规教育，因为这两种教育方式都是“正式”的教育。

本章小结

作为社会学中的一个基本概念，社区以及社区文化一直得到人们的广泛关注。本章界定了社区以及社区文化的基本内涵，分析了社区文化的构成要素、基本特征、基本类型以及基本功能，在剖析影响我国社区文化建设原因的基础上，提出社区文化建设要“以人为本”等具体解决措施。

复习思考题

1. 什么是社区文化？
2. 社区文化的构成要素和基本特点有哪些？
3. 完善我国社区文化的基本对策有哪些？

教育事业管理篇

第十一章　教育事业管理概述

第一节　教育管理与教育管理学

一、教育管理

教育管理一词是现代社会“大教育”概念下的产物。它打破了以往那种封闭状态的教育格局,立足于社会整体化为前提的教育。教育管理是在一个国家或地区的政治、经济、文化等因素的约束下,遵循教育自身的规律,对整个教育系统及各级各类教育组织(正规的与非正规的)进行预测与规划、组织与指挥、监督与协调、激励与控制,使有限的办教育的资源得到合理配置,以实现提高教育质量,改善办学条件,促进教育发展和教育管理人才成长的有序过程。简单地说,从宏观层面,教育管理是国家对教育系统进行组织协调控制的一系列活动;从微观层面,教育管理就是管理者通过组织协调教育队伍,充分发挥教育人力、财力、物力等信息的作用,利用教育内部各种有利条件,高效率的实现教育管理目标的活动过程。

教育管理是一种教育现象,它是教育科学中一个特殊领域,具有以下一些特点。

1. 管理育人

教育管理的最终目标在于有效地育人,因此,育人也就成为教育管理不同于其他部门管理的显著特点之一。首先,教育管理要创造一个良好的育人环境,其中包括物质环境、精神环境和信息环境。校园文化、校园精神具有强大的熏陶力。其次,要体现“管理也是一种教育”的思想,用这个原则去衡量一切管理措施的得与失。最后,每个管理者首先是一个教育者,要以自己的品德和模范行动去影响别人,不要把自己局限于某种管理业务的组织者和执行者。

2. 教育质量的波动性

任何一个教育组织都是在开放系统中进行工作的。学校、家庭和社会的各种不同的观念、态度、行为影响着受教育者。学校、家庭和社会中有共同的教育因素,又有大量的不统一的、别人又难于控制的因素影响着受教育者,面对这样复杂的情况就给教育管理带来许多难题。教育质量不同于企业的产品质量,它从“原材料”开始,整个“工艺过程”,到产品检验,始终受到各种确定性因素和不确定性因素的双重影响。教育学中提出的许多要求和教育管理中的一些常规方法都属于确定性因素。而现实生活中各种不确定性因素对教育的影响要大得多。两种因素中积极的因素和消极的因素相互影响就出现教育质量的波动现象。这中间的“变量”是相当多的,各种变化的情况往往难以预测,问题暴露以后又难以控制。基于这种情况,教育管理要从“差异”状态出发,采用权变管理的思路,利用“冲突理论”中的精髓,向着统一、有序的教育目标前进。

3. 教育管理的主体是脑力劳动者

教师和教育管理干部都属于脑力劳动者。他们都是通过创造、传播、应用文化科学技术知识为社会服务,并得到社会承认的一批人。他们与体力劳动者不同,因此教育管理要尊重脑力劳动的特点。

4. 正确处理教育、教学工作中的各种矛盾

学校管理要把坚定正确的政治方向放在首位,要以教学工作为中心,同时要利用社会、家庭的有利因素与学校各方面工作配合起来。课堂教学是教学的主要形式,政治教育活动、课外文体活动、科技活动、社会服务活动和公益劳动进行统筹安排,这样才能有效地提高教育质量,培养出多种类型的人才。

二、教育管理学

1. 教育管理学的定义

教育管理学是研究教育管理过程及其规律的科学。按照教育管理对象的特点,我们可

以把它划分为广义的教育管理学和狭义的教育管理学两大类。所谓广义的教育管理学是以整个国家教育系统的管理作为自己研究的对象。它是以中央或地方的教育法令、法规为指导，遵循教育的客观规律，对整个教育行政系统和各级各类学校组织进行规划、组织、指导、协调和控制，使有限的教育资源得到合理配置，以实现管理目标优化的一门现代科学。所谓狭义的教育管理学是以一定类型的学校组织作为自己研究的对象，构建学校和社区环境之间的和谐关系，建立和健全学校组织及其运行机制，优化办学资源，调动全校人员的积极性和创造性，以全面提高教育质量，培养合格人才为目标的一门现代科学。

2. 教育管理学的性质

(1)教育管理学是一门社会学科

教育是一种社会现象，它存在于一定的社会环境之中，社会环境中各个因素对教育的存在与发展有着激励或制约的双重作用。教育管理学就是研究在什么社会条件下，采用什么方法能够激活教育中的激励因素，改变制约因素。此外，在评价教育管理的质量时也是以其社会效益的大小为准的。

(2)教育管理学是教育科学的组成部分

教育管理学是管理科学的一个分支教育管理学，即研究对影响教育质量和效益的诸多因素如何进行组合。因此，教育管理学就成为教育科学中一个重要的组成部分。

管理科学就是研究管理者如何应用一定的理论和方法，在特定的环境下，引导被管理者去行动，使有限的资源得到合理配置，以实现预定目标的活动。这种活动适合于社会生活的一切领域，其中也包括教育领域。

(3)教育管理学的文化性

世界各国的教育管理也存在着许多差异。这些差异除了经济与物质条件上的差异之外，主要表现为文化上的差异。也就是观念形态和文化传统的差异。对于我国的教育管理来说，中华民族的文化传统是我国教育管理的基石，是我们处理教育工作各方面关系的基本原则。

3. 教育管理学的特点

(1)教育管理学是增长智慧的科学

教育管理学就应该是启迪思考、开阔眼界、增长智慧之类的科学。美国著名的哈佛大学学习管理专业的人都铭记着这样一句话：为增长智慧走进来，为更好地为祖国和同胞服务走出去。可见他们在培养管理人才上也是把增长智慧放在重要的位置上。

(2)教育管理学是富有挑战性的科学

当前教育管理工作中存在着许多热门话题,对于管理者来说,如何处理这些问题是令人头疼的难题。"现实的挑战总是超越现存的理论"。管理者如果只是想从历史的文献、前人的科学著作以及各种法令、法规中找到现成的答案,来解决新问题几乎是不可能的。教育管理学就是教人如何迎接挑战,同自己的困境作斗争的科学。

(3)教育管理学是价值的科学

在教育管理实践中,每个管理者都有自己的价值观念体系作为管理行为的准则。教育管理学就是告诉学习者应该树立什么样的教育价值观,反对什么样的教育价值观。我们应该认识到:凡是现实存在的并不一定就是合理的、科学的,当前是合理的并不一定将来也一定是合理的。

4. 教育管理学是权变性的科学

权变就是权衡应变的意思。它要求我们一切管理工作都要从实际出发,因时、因地、因人制宜。既要有高度的原则性,又要灵活地选择管理方式和方法。管理者相信世界上没有十全十美的管理模式和管理方法。一般来说,任何一种管理模式、方案都是利弊融于一身。只不过在某种条件下利大于弊,换了一种环境、条件之后就有可能弊大于利。有人说,我们的目标是登山,但是现在没有地图、没有向导、在重要路口又没有路标。这时就全凭登山队长对各种险情作出估计和判断。所以权变性的思想方法是很重要的。教育部门的管理者也是如此。

5. 教育管理学是行动的科学

教育管理学虽然是在一定理论指导下,探索教育管理规律的科学,但它又不是纯学理的科学。它要告诉人们如何去行动,才能取得成效。无论是改造一个旧的或有缺陷的教育系统,还是构建一个新的教育系统都需要管理者的规划、策略、运筹的技能和方法。

第二节　教育管理过程与内容

一、教育管理过程

教育管理过程是指教育管理主体为更有效合理地实现管理与教育目的,而基于一定的原则与方法实施相关管理职能,更好地组织与协调教育人员与教育事务的经过与程序。

教育管理是一个工作过程。无论是教育管理活动的整体实施,还是每一项具体任务的完成,都需要建立在一定的工作过程之上。这个工作过程通常分为四个环节,即计划、执行、检查与总结。

教育管理过程不只是一个工作过程,更是一个社会过程。所谓社会过程,是指人与人交往互动的过程。从“管理”的角度看,首先,教育管理过程虽涉及人、事、物之间关系的处理,但在人－人关系、人－事关系、人－物关系、事－物关系中,最为重要的无疑是人－人关系。其次,就人－人的关系而言,教育管理也不是单向的、自上而下的过程。一方面,教育管理者不能简单地依据纵向的行政权威,通过命令与控制方式推动教育管理的过程,而是要与相关教育人员进行积极的“上下”对话与互动。另一方面,教育管理过程还涉及横向的各部门、各主体之间的交往与关系。往根本处讲,教育就是教师与学生、学生与学生之间的交流和对话。相应地,教育管理也就呈现出社会互动性很强的特征。重视人与人之间的良性互动,既是教育管理工作的目标,也是教育管理工作的方式。

二、教育管理过程的任务

教育管理过程从构成上讲,包括计划、执行、检查和总结四个环节;从性质上讲,是人与人之间的交往互动。要确保各环节的有序连贯与交往互动的通畅有效,教育管理者需要积极地履行相应的管理任务,即通常所说的管理职能。具体地,教育管理者在管理过程中需要承担的主要任务有领导、计划、决策、组织、沟通、激励、评价等。

1. 领导

领导是引领、指导与鼓励组织成员为实现目标而努力的过程。它也被视为是一种影响力,这种影响力基于职位、资历等权力因素和品格、能力、知识、情感等非权力因素形成。借助影响力,管理者将组织成员吸引到自己身边,取得他们的信任,使他们认同与接受组织发展的方向和目标,并心甘情愿、充满热情地为实现共同的目标积极努力。

2. 计划

计划是与决策紧密相关的任务,通常是为了将决策所确定的方向与目标进一步细化与操作化。与其他管理任务不同,计划工作最终都会具体化为一份或一套书面材料。这既是防止遗忘与疏漏,也是为了方便公告与传达;既是防止人去政息,也是为了日后考核与评价。同时,计划存在着长期计划、中期计划与近期计划,高层计划、中层计划与基层计划,整体计划与局部计划,一次性计划与常规性计划等多种类型。

3. 决策

决策就是通过方案的比较与选择,对做什么事以及怎么做事作决定。它不仅在教育及学校组织发展战略的确定方面扮演着重要的角色,而且几乎渗透在每一项教育管理工作中。换句话说,事事有决策,人人是决策者。一般而言,完整的决策过程包括识别决策问题、确定决策标准、设计备选方案、比较与选择方案、实施方案、评估决策结果等步骤。

4. 组织

组织是要围绕组织目标和具体计划,对人、财、物、事及其关系加以安排与协调。它包括两个层面的工作:一是建立、健全组织基本结构,明确组织的部门设置、层级关系、职务体系、任务分工、人员责权等;二是基于组织基本结构,通过对组织成员的能力调查、意愿了解、情感沟通、业务指导,以及资源的合理配置,促进各项工作的有效运转。

5. 沟通

沟通是为了清晰、准确地表达信息,及时、有效地传送信息,以就相关问题形成一致性理解。它被看作是"组织的精髓",具有控制组织成员行为、激发组织成员积极性、提供情绪表达与释放途径、满足工作所需信息等多种功能。教育管理中的沟通包括言语沟通与非言语沟通、正式沟通与非正式沟通、组织沟通与个体沟通等多种类型。

6. 激励

激励是要利用相关因素,通过相应方法,激发与维持组织成员的工作动机和积极性。组织成员的工作积极性具体表现为努力程度、持续时间和工作方向三个方面。而影响组织成员是否努力地、持久地、朝向组织目标工作的激励因素则包括工作的性质与任务、工作的硬环境与软环境、工资报酬与福利待遇、工作成就与荣誉、职称与职务晋升等。

7. 评价

评价是为了对活动和现象进行审慎的分析,考察相关工作的得失及原因,以及相关人员的表现,以明确进一步努力的方向和办法。评价要以客观事实为基础,以相关标准为依据,以科学方法为工具。它的目的不只是为了"往回看",为了鉴定与考核,更是为了"往前看",为了改进与指导。

三、教育管理内容

教育管理内容即所要管理的事务和事项，它主要包括四个方面的内容，即课程与教学管理、学生管理、教育人员管理和教育财物管理。

1. 课程与教学管理

课程与教学管理是教育管理的核心事务，其他各种事务很大程度上都是为课程与教学服务的。课程与教学管理的主要内容包括：

（1）教育方针确定

教育方针是人才培养的总目标，是课程设计、教材编制与教学活动开展的根本依据。

（2）课程设计

课程设计包括课程目标设定、课程标准研制与教材编制等工作。

（3）教学时间安排

教学时间的安排从宏观层面说，包括学年、学期、假期等内容的确定；从微观层面说，主要指学校课程表的编排，其涉及学校教学总时间的规定、各年级各学科教学时间的分配、各学科具体教学时间点的设置等。

（4）班级编制

班级编制首先涉及教学组织形式的选择，如采用班级授课制，还是分组教学，抑或复式教学。其次还涉及具体教学组织形式之下，采用何种标准进一步编排学生。例如，是设大班（组），还是设小班（组），是随机分班（组），还是依能力分班（组），等等。

（5）学籍编订

学籍既是动态记载学生在校状况的工具，也是学生毕业、升学、转学、休学、借读的依据。

（6）备课与教学工作管理

这主要是对教师备课工作进行布置、组织与指导，对教学进度和教学方法进行设计、检查与指导等，是对教学过程的管理。

（7）考试与成绩管理

这主要是为了解并记载教师的教学效果和学生的学习状况，以此发现教学、课程及相关工作有待改进之处，或决定学生是否能够升级、毕业或升学。

(8)教育教学研究管理

这主要涉及教育教学研究的内容、方式、组织等问题,其目的是提高教师对于一般教育问题和具体学科教学问题的认识与能力。

2. 学生管理

学生管理是为学生的成长与发展服务的,同时,对于学生的管理也是教育管理的重要内容。学生管理主要包括。

(1)入学管理

入学管理包括学生年龄、成绩、所在地等入学条件的规定,学区划定与招生学校的公布,招生政策的宣传,报名、考试和录取工作的安排,以及转学生、借读生的接收等。

(2)学习管理

学习管理包括考勤工作(检查、登记、统计学生的出勤、迟到、早退、缺课、旷课等情况及办理请假事宜),课堂管理(确定课堂学习方法、维持课堂学习纪律),课外辅导(以个别、小组或集体的方式,对学生进行针对性的辅导)和学习成绩考查等。

(3)课外活动管理

课外活动管理包括课外学习活动(组织读书会、诗歌朗诵会、书法比赛、参观、展览等),课外娱乐活动(组织话剧社、摄影社、音乐会、春游和秋游等),课外体育活动,课外志愿服务活动等内容的管理。

(4)生活管理

生活管理主要包括住校生食宿的管理、走读生在校饮食的管理以及对学生课外生活的指导等。

(5)卫生与安全管理

卫生与安全管理包括健康教育与安全教育的组织实施、学生卫生环境的维护与卫生常规的引导、学校安全问题的防范,以及学校卫生与安全事故的处理等。

(6)学生自我管理

学生自我管理主要包括两个方面:一是学生自己能够做的事情,通过建立健全团、队、学生会、班委会等组织,支持与指导学生自己进行管理;二是学生自己不能够独立做的事情,要通过相应方式听取学生的意见,让学生参与到学校管理中来。

3. 教育人员管理

教育人员主要包括三类，一是教育行政人员，二是学校管理者，三是教师。作为教育教学与教育管理活动的主体，教育人员管理的状况，直接决定着教育管理与教育教学活动的效果。教育人员管理的主要工作如下。

(1)教育人员职业标准的制定

这包括教育局长、校长、教师等人员入职资格、基本素质、能力要求、工作职责、职业使命等内容的拟定与颁布。

(2)教育人员的培养

这主要指相关教育人员职前教育工作的管理，其涉及教师教育的规划与组织实施、教育干部培养机构的设置与管理等。我国目前教育人员的培养主要集中在教师方面，还没有建立针对性强、与教育人员任用机制紧密关联的教育行政人员和学校管理者培养制度。

(3)教育人员的任用

教育人员任用的前提工作是确定岗位与人员编制，然后是任用方式的选择与任用程序的规定。其中，任用方式主要有派任制和聘任制两种，前者是政府委任的行政方式，后者是签订契约的法律方式；任用程序主要包括用人需求公告、报名与资格审查、考试(笔试、口试、操作考查)、确定符合条件人员、试用、确定正式录用人员并明确其具体工作等。

(4)教育人员的考核

这主要包括四项内容：一是制定不同教育人员的考核标准；二是明确考核标准制定及具体考核工作的程序；三是选择不同教育人员考核的方式方法；四是确定考核之后的奖惩及人员辅导与问题改进措施。

(5)教育人员的评薪评职

这项工作一是要明确各教育人员的工资及相关福利待遇；二是要结合业务能力与工作表现，做好教育人员的技术职务评聘与行政职务晋升工作。

(6)教育人员的继续教育管理

这主要包括继续教育管理机构与实施机构的确定，继续教育参与人员、期限、内容、类型和方式的规定，以及继续教育成效的考查与评估等工作。

4. 教育财务管理

教育财物是教育教学及其管理活动开展的物质基础，缺少了财物保障，一切教育教学与管理活动都将成为无源之水、无本之木。教育财物管理的内容主要如下。

(1)教育事业所需经费总量的确定

这主要是在综合教育发展需要、社会经济条件、国外教育投入情况等因素的基础上,明确特定阶段或年度各级各类教育及具体学校的教育经费总量。

(2)教育经费的筹措

教育经费筹措工作包括教育经费筹措渠道、筹措方式,以及与此相应的各级政府和各社会主体教育经费责任承担的规定。

(3)教育经费的分配

教育经费分配主要指总的教育经费在不同地区、各级各类教育以及不同学校之间的分配。它涉及分配的量、分配原则、拨款方式、拨付程序等问题。

(4)教育经费的使用

教育经费的使用包括教育经费支出项目的分类,经费使用方式、程序与纪律的规定,以及教育经费使用情况的审计与使用效果的评估等问题。

(5)教育设施的管理

教育设施包括教育行政设施、学校教育设施和社会教育设施三个方面。对于它的管理涉及校舍、活动场地、绿化用地、宿舍、食堂、办公场所等建筑和环境的规划、招标、建设、使用、保养、修缮等工作。

(6)教育设备的管理

教育设备管理主要包括教学设备、实验室设备、图书阅览设备、体育运动设备、办公室设备、卫生保健设备、后勤服务设备的采购、使用、保管、维护、报废等工作。

(7)教育物品的管理

教育物品管理主要包括粉笔、纸笔、实验材料、清洁用品等教学和办公消耗物品的购置、保管、领用等工作。

第三节　教育管理的基本方法

教育管理方法是指教育管理者为完成一定的教育任务和实现一定的教育目的所采取的手段和措施，一般包括法治的方法，预测规划的方法，组织协调的方法，经济的方法，激励的方法。

一、法治的方法

它是指教育管理者运用教育法令、决定、命令、批示、规章，对教育活动予以强有力的指导、调节和影响。这种方法对于保证教育管理的规范化、制度化，保障我国教育事业健康稳定地向前发展有着重要的作用。

当前，为适应政治体制改革的需要，我们要更好地运用这一方法，以法律为武器，推动我国教育事业不断发展。

运用法治的方法，首先，要加强教育立法工作，健全教育法规。依法进行管理，一个重要的前提就是要有法可依。其次，要做到依法办事。有了一套教育法规，如果不依法办事，再好的教育法规也是一纸空文。

二、预测规划的方法

预测规划的方法是指一个国家在对其政治、经济、文化、教育等方面的发展前景作出综合分析的基础上，依据国民经济发展的客观规律和教育规划本身的特点，对教育事业的发展作出规划。

预测的方法首先是进行预测，然后是在预测的基础上进行规划。预测是规划的基础，是为制定规划服务的。

三、组织调度的方法

组织调度的方法是建立在权利和责任基础上由上级对下级下达必须遵照执行的任务、要求和命令的方法。建立在不同等级的职位、权力和责任界限上的组织调度方法，是所有管理工作不可缺少的方法，它有力地保证着整体意志的统一和行动的统一。

正确实行组织调度的方法，要建立领导与被领导，上级与下级之间的正确关系。

正确运用组织调度的方法，要注意建立和健全各项教育管理活动的规章制度，从制度上来保证组织领导的渠道畅通。要明确各级组织机构的权利和责任，要制定各级机构工作人员的岗位责任制，要制定各种教育管理工作的工作制度。

四、经济的方法

经济的方法是从经济的角度或方面指导、调节和影响教育的方法。其中主要包括制定合理的教育经费政策来促进教育的发展。

办教育需要经费，巧妇难为无米之炊。近年来，我国也开始重视运用经济的方法来发展教育，并已初步获得了一些成效。要认真总结这几年的经验，制定更合理的教育经费政策，以便更快地推动我国的教育事业向前发展。

运用经济的方法，最重要的是要有充足的教育经费办教育，要从经济上提高教师的待遇。谈到增加教育经费和提高教师的经济待遇，人们一般会联想到国家没有钱，其实不然，钱与政策相比，关键是政策，有了好的政策，就能较好地解决教育经费短缺的问题。

关于教育经费政策，有关教育法规中以法律条文的形式规定教育经费在国民生产总值和国家财政支出中的比例，国家有关部门必须按照规定比例拨款，否则就是违法。政策上的一些灵活的举措也有利于缓解教育经费不足的压力，如 1988 年 1 月召开的全国高等教育工作会议上，对于深化高等教育改革，国家教委提出了高校可以开展有偿服务的问题。这一政策的制定，有效地缓解了我国高校办学经费不足以及大学教师收入低的问题。

运用经济的方法，还要注意建立健全教育财政管理制度，提高经费的使用效益。

五、激励的方法

激励的方法是指在教育管理活动中运用思想政治工作和行为科学的激励理论，激发、调动教育工作者的积极性的方法。所谓人的积极性，是指在自觉能动的心理状态下的行为表现。人的积极性的本质特点就是它的自觉性和主动性。

调动了教育工作者的积极性，就能使他们对教育工作在社会主义现代化建设中的巨大作用有一个正确的认识，对教育事业有一种炙热的情感，从而自觉地创造性地进行工作。

只要调动了教师的积极性，教育的各项工作就能够更好地开展，教育质量就能够得到提高。运用激励的方法,要注意运用我国思想政治工作的激励理论来调动教育人员的积极性。还要注意运用行为科学的激励理论。

本章小结

教育管理是在一个国家或地区的政治、经济、文化等因素的约束下,遵循教育自身的规律,对整个教育系统及各级各类教育组织(正规的与非正规的)进行预测与规划,组织与指挥,监督与协调,激励与控制,使有限的办教育的资源得到合理配置,以实现提高教育质量,改善办学条件,促进教育发展和教育管理人才成长的有序过程。

本章重点对教育管理与教育管理学的内涵,教育管理过程与内容、任务,教育管理的基本方法进行了分析介绍。

复习思考题

1. 教育管理的概念和特征是什么?
2. 简述教育管理的过程与任务。
3. 简述教育管理的内容。
4. 简述教育管理的基本方法。

第十二章　教育管理体制

在现代国家向其居民提供各种公共服务的过程中，需要通过公共行政机构进行所需资源的配置，协调这些服务类型与项目所涉及的各种利益关系，以满足社会各个阶层和群体的需求。教育领域也不例外，需要政府运用公共权力，按照一定的规则，建立教育行政机构，明确其职能与职责，以组织社会人力、物力、财力对教育的投入，规划各级各类教育事业的发展，建设多种类型的学校及其他教育机构，促进学校教育质量的提高，以尽力满足公众不断增长的教育需求。

第一节　教育行政管理体制的性质

一、教育行政管理体制的含义与功能

1. 教育行政管理体制的含义

教育行政管理体制，是指一个国家的教育行政组织系统，或国家对教育的领导和管理的组织形式与工作制度的总称。它主要涉及国家各级教育管理机构的设置、它们之间的相互隶属关系及权责划分等要素。教育行政管理体制所要解决的核心问题就是中央政府与地方政府、教育行政管理部门与学校在教育事权方面的权限划分。

2. 教育行政管理体制的功能

教育行政管理体制既是国家行政体制的重要组成部分，又是国家教育体制的重要部分。从静态层面上看，其主要是一种教育系统内的组织体系，而在动态层面上则是一种运行机制，二者构成了一个有机的统一体。受到一定社会政治、经济、文化传统等各方面因素的制约，不同的教育行政管理体制在功能上各有侧重，并表现为突出不同的内容，反过来也能对教育的发展乃至社会的变革产生一定的影响。一般来说，教育行政管理体制有四个主要功能。

(1)领导与管理功能

教育行政管理体制在整个教育体制中居于主导地位，对于办学体制、学校管理体制都有着制约作用。

(2)权力分配功能

教育行政管理体制所要解决的核心问题之一，就是处理中央与地方的关系、教育行政部门与学校的关系，而这些关系的确定，实质上就是划分国家教育行政管理的权力。

(3)分工协作的功能

教育行政管理体制不但是各种教育主体的力量在教育系统中发挥作用的外在表现形式，同时也是教育行政系统内部各个组成部门之间的分工协作的一种表现。

(4)提高教育行政组织效率的功能

教育行政管理体制明确各级教育行政组织机构的权利与义务、职责与权限，其根本目的就是要在确保教育活动正常运转的基础上，尽最大可能提高教育行政管理的效率。

二、教育行政管理体制的类型

教育行政管理体制的类型是指教育行政组织的形态，也就是国家干预教育活动的制度安排与组织结构预设的形式。其可以分为中央集权制与地方分权制、从属制与地方制、专家统治制与非专家统治制等多种类型。

1. 中央集权制与地方分权制

根据教育行政管理权责的分配关系，可以把教育行政管理体制分为中央集权制和地方分权制。所谓教育行政管理的中央集权制是指教育行政管理的权力集中于中央政府及其教育行政管理部门，地方政府及其教育行政部门则以贯彻实施中央制定的教育法律、法规、政策、规划和指令为己任。中央和地方的关系，表现为垂直的、领导与被领导的隶属关系。所谓教育行政管理的地方分权制是指国家领导和管理教育的权责由中央政府和地方政府分别执掌，以地方自主管理为主的制度。法国是教育行政管理中央集权制的典型代表。法国从教育事业是国家事业的观念出发，建立代表国家权力的中央教育部，统一领导和监督全国的教育，其权力范围不仅包括制定全国教育的大政方针和政策，还包括统一确定各级各类教育机构的教学大纲、教学目标、教学方法、考试时间和内容，并管理公立学校的教职员工、制定公立学校发展规划、确定教育经费等。实行教育行政管理分权制的典型代表是美国，美国联邦宪法明确规定，教育行政管理的权限保留在各州政府。

2. 从属制和独立制

依据教育行政管理机构与政府之间的关系，可以把教育行政管理体制分为从属制和独立制。教育行政管理从属制又称教育行政管理完整制，主要指各级教育行政管理机构是各级政府的一个职能部门，接受政府首长的领导，不是脱离政府的独立组织。如我国的各级教育委员会或教育厅(局)都是各级政府的一个行政职能部门，在各级政府首长的领导下，专司教育行政管理。而教育行政管理独立制又称教育行政管理分离制，一般应用于地方教育行政管理，主要指地方教育行政管理机关脱离一般行政而独立存在。它不属于地方政府的一个职能部门，也不接受地方政府首长的领导，而是直接向所在地区的代议制机构负责，如美国的地方学区制。

3. 专家统治制和非专家统治制

依据教育行政管理决策权是否由教育专家掌握，可以把教育行政管理体制分为专家统治制和非专家统治制。所谓教育行政管理专家统治制是指教育行政管理机构中的领导者特别是教育行政决策者主要是由教育专家担任，这类教育专家不仅从事过教育工作且取得过卓越的成效。教育行政管理非专家统治制是指教育行政管理首长或领导者由非教育专家担任的制度。

三、教育行政管理体制的制约因素

教育行政管理体制并非处于真空状态而独立存在，其建立、改革及完善都受到一个国家或社会的诸多因素的制约或影响。

1. 国家政治体制的制约

教育从来都受制于国家政治制度、体制以及具体的行政机制。一般来说，教育行政管理体制与国家政治体制始终保持高度一致。

2. 社会经济状况的制约

随着经济发展水平的不断提高，教育发展的规模、速度和水平不断加快与提升，教育组织形式也得到不断的演进。

3. 本国教育和文化传统的制约

任何国家都有自己的文化、教育传统，在有些国家这些传统被强有力地保存下来，并对教育行政管理体制产生了决定性的影响。

4. 国际改革浪潮的影响

当代世界各国的教育正日益走向开放，各国教育的交流与合作日益加强，任何国家的教育改革都备受关注，国际教育改革潮流对世界各国的教育影响日益增大。很多国家都借鉴、学习他国先进的教育行政管理体制改革理念、经验与举措，以调整或变革自身的教育行政管理体制。

5. 管理主体的制约

教育行政管理体制不仅受到各种外部环境的客观因素影响，也受到管理主体自身内在的思想、观念和价值观作用的支配。

第二节　我国现行的教育行政管理体制

一、我国现行的教育行政管理体制

我国现行的教育行政管理体制就是中央统一领导下的分级管理体制，即在中央统一的方针政策指导下，对教育事业实行中央教育行政与地方各级教育行政分级管理、分工负责的管理体制。《教育法》对我国现行的这种教育行政管理体制作出了明确的规定。《教育法》第十四条规定："国务院和地方各级人民政府根据分级管理、分工负责的原则，领导和管理教育工作。中等及中等以下教育在国务院领导下，由地方人民政府管理。高级教育由国务院和省、自治区、直辖市人民政府管理。"第十五条规定："国务院教育行政部门主管全国教育工作，统筹规划、协调管理全国的教育事业。县级以上地方各级人民政府教育部门主管本行政区域内的教育工作。县级以上各级人民政府其他有关部门在各自的职责范围内，负责有关的教育工作。"第十六条规定："国务院和县级以上地方各级人民政府应当向本级人民代表大会或者其常务委员会报告教育工作和教育经费预算、决算情况，接受监督。"

按照《宪法》的有关规定，我国教育行政机关的设置分为中央人民政府教育行政机关和地方各级人民政府教育行政机关。中央人民政府即国务院所属的教育行政机关，即中华人民共和国教育部，各省、自治区和直辖市人民政府设教育厅（局、委员会），各地（市）、县（市、区）人民政府设立教育局（委员会），依照法定权限管理本行政区内的教育事务。地方教育行政部门受同级人民政府统一领导,同时接受上级教育行政部门的业务指导。

二、我国各级教育行政职能部门

1. 教育部

教育部是国务院主管教育工作的职能部门。目前教育部职能司局主要包括办公厅、政策研究与法制建设司、法制规划司、人事司、财务司、基础教育一司、基础教育二司、职业教育与成人教育司、高等教育司、教育督导团办公室、民族教育司、师范教育司、体育卫生与艺术教育司、思想政治工作司、社会科学司(国务院学为委员会办公室)、语言文字应用管理司、语言文字信息管理司、国际合作与交流司(港澳台办公室)等22个具体部门。除此之外,还有中央教育科学研究所、国家教育行政学院、国家教育发展研究中心、中国教育报刊社等单位直属于教育部。教育部的具体工作职责有以下17个方面:

(1)拟定教育改革与发展的方针、政策和规划,起草有关法律法规草案并监督实施。

(2)负责各级各类教育的统筹规划和协调管理,会同有关部门制定各级各类学校的设置标准,指导各级各类学校的教育教学改革,负责教育基本信息的统计、分析和发布。

(3)负责推进义务教育均衡发展和促进教育公平,负责义务教育的宏观指导与协调,指导普通高中教育、幼儿教育和特殊教育工作。制定基础教育教学基本要求和教学基本文件,组织审定基础教育国家课程教材,全面实施素质教育。

(4)指导全国的教育督导工作,负责组织和指导对中等及中等以下教育、扫除青壮年文盲工作的督导检查和评估验收工作,指导基础教育发展水平、质量的监测工作。

(5)指导以就业为导向的职业教育的发展与改革,制定中等职业教育专业目录、教学指导文件和教学评估标准,指导中等职业教育教材建设和职业指导工作。

(6)指导高等教育发展与改革,承担深化直属高校管理体制改革的责任。制定高等教育学科专业目录和教学指导文件,会同有关部门审核高等学校设置、更名、撤销与调整,负责"211工程"和"985工程"的实施和协调工作,统筹指导各类高等教育和继续教育,指导改进高等教育评估工作。

(7)负责本部门教育经费的统筹管理,参与拟定教育经费筹措、教育拨款、教育基建投资的政策,负责统计全国教育经费投入情况。

(8)统筹和指导少数民族教育工作,协调对少数民族和少数民族地区的教育援助。

(9)指导各级各类学校的思想政治工作、德育工作、体育卫生与艺术教育工作及国防教育工作,指导高等学校的党建和稳定工作。

(10)主管全国的教师工作,会同有关部门制定各级各类教师资格标准并指导实施,指导教育系统人才队伍建设。

(11)负责各类高等学历教育招生考试和学籍管理工作,会同有关部门制订高等教育招生计划,参与拟定普通高等学校毕业生就业政策,指导普通高等学校开展大学生就业创业工作。

(12)规划、指导高等学校的自然科学和哲学、社会科学研究,协调、指导高等学校参与国家创新体系建设和承担国家科技重大专项等各类科技计划的实施工作,指导高等学校科技创新平台的发展建设,指导教育信息化和产学研结合等工作。

(13)组织指导教育方面的国际交流与合作,制定出国留学、来华留学、中外合作办学和外籍人员子女学校管理工作的政策,规划、协调、指导汉语国际推广工作,开展与港澳台的教育合作交流。

(14)拟定国家语言文字工作的方针、政策,制定语言文字工作中长期规划,制定汉语和少数民族语言文字规范和标准并组织协调监督检查,指导推广普通话工作和普通话师资培训工作。

(15)负责全国学位授予工作,实施国家学位制度,负责国际间学位对等、学位互认等工作。

(16)负责协调我国有关部门开展与联合国教科文组织在教育、科技、文化等领域的国际合作,负责与联合国教科文组织秘书处及相关机构、组织的联络工作。

(17)承办国务院交办的其他事项。

2. 省、自治区、直辖市教育行政机关

省、自治区、直辖市教育行政组织机构为教育厅,下设办公室、督导室、普通教育处、高等教育处、职业教育处、师范教育处、人事处、计划财务处等。省、自治区、直辖市教育行政机关的直属机构一般有教育科学研究所、电化教育馆、省高校招生办公室、省高等教育自学考试指导委员会等。省、自治区、直辖市教育行政部门的基本职能是,在当地政府和国家教育部的领导下,统管本地区各级各类教育事业,研究和制定本地区教育发展规划,保证党和国家的教育方针政策的全面贯彻执行。具体而言包括如下 9 个方面:

(1)贯彻执行国家的教育方针、政策、法令和规章制度,拟定执行计划、具体实施办法和适合地方情况的补充规定;

(2)组织进行全省人才的需求统计,编制各级给类学校发展计划、招生计划,组织领导招生和学生升华、就业的指导工作;

(3)在当地政府的领导下,协助进行教育部门的思想政治工作;

(4)协同有关部门管理本地区普通教育、成人教育、高等教育、职业教育的财务、基建以及教职员工编制和劳动工资计划及分配工作;

(5)审查并管理本地区高等教育专业的增设和撤销工作,指导高等学校的思想政治工作、教学科研工作和总务工作;

(6)协同有关部门做好教师职称评定工作,统一规划在职教师进修和地、市、县教育行政干部的培训提高工作;

(7)协同各级政策检查,督促地、市、县教育行政工作,组织好教育督导工作;

(8)总结推广所属各级各类教育事业的工作经验;

(9)组织和管理中心小学仪器的采购、生产、分发供应和勤工俭学。

3. 省辖市、地区、自治州教育行政机关

省辖市、地区、自治州教育行政机关为教育局,其内部机构的设置由当地人民政府决定,所以各地设置的机构不完全相同。一般设有办公室、普通教育科、职业教育科、成人教育科、计划财务科、人事科等。其主要职责包括以下5个方面。

(1)监督检查所辖市、县、区教育行政部门贯彻教育方针、政策、法规和各类决定的情况;

(2)在当地政府的领导下,协助市、县、区进行教育部门的思想政治教育工作;

(3)在当地政府和上级教育行政部门的领导下,对所属师范学校、高中、完全中学和直属小学、幼儿园的领导班子建设、师资配备、财务拨款情况进行管理,检查所属市、县、区执行教育事业发展规划、财务管理和基建情况及教育行政工作的情况;

(4)做好教育督导工作,严格执行国家规定的教学计划和上级教育行政部门规定的学年和学期工作计划;

(5)做好教师和教育行政干部的学习、进修和培训工作,加强教学研究,不断提高教育质量。

4. 县、市、区教育行政机关

目前我国县、市、区的教育主管机关为教育局。靠教育局的机构设置和人员编制，视所辖业务范围、区域人口、地域大小及学校数量而定。其主要职责包括以下 7 个方面：

(1) 贯彻执行教育方针、政策、法规，根据上级要求及本地区的实际情况，制定落实计划及实施办法，以及拟定适合本地实际情况的补充规定；

(2) 制定本地区教育事业发展规划并检查实施情况；

(3) 在当地政府领导下，做好所属教育部门的思想政治工作；

(4) 做好教育督导工作，督导学校认真执行国家的教学计划、教学大纲和上级教育行政部门制订的学年、学期工作计划；

(5) 管理用好教育经费，对教育行政机构和学校进行财务上得监督；

(6) 管理所辖中学、小学、职业中学、职业技术学校、学前教育机构、校外教育机构和乡镇教育行政组织；

(7) 做好教师和教育管理干部的培训工作。

5. 乡镇教育行政机构

目前，我国乡镇教育行政机构有乡镇文教组、乡镇中心学校、乡镇教育办公室和教育组几种形式。其主要职能包括以下 7 个方面：

(1) 贯彻执行教育方针、政策和中小学工作条例；

(2) 组织和指导全乡镇的教学工作，坚持以教学为中心，提高教育质量；

(3) 抓好思想政治教育工作，认真贯彻《学生手册》；

(4) 切实抓好普及小学教育工作，在抓升学率、巩固率、合格率、毕业率的同时也要抓好扫盲工作；

(5) 确实管好用好教育经费，要通过各种途径筹集教育经费，建立健全财务管理制度，坚持勤俭办学；

(6) 关心师生健康，搞好学校体育卫生工作；

(7) 搞好学校领导的配备和学校教师的调动、调整工作，定期对其工作进行考核，不断改善他们的工作条件。

第三节　我国教育管理体制的职能转变

一、现行教育行政管理体制的进一步完善

教育行政管理体制改革要根据中央统一领导、分级管理、分工负责的原则,并在此基础上着力实现权责明确、统筹有力、转变职能的教育行政管理体制改革的最终目标。具体来说,主要从以下几个方面着手。

1. 中央政府简政放权

中央教育行政管理机构简政放权、转变职能仍然是我国教育行政管理体制改革的一个重要任务。

2. 地方政府扩大权限,统筹管理

在中央教育行政部门下放权力的同时,地方各级教育行政部门也相应地拥有更多的领导和管理各省、市、县的教育行政管理权力。

3. 扩大学校办学自主权

学校是教育事业的主要载体,学校的发展和特色的创建,必须有充分的自主发展权力作为支撑。

4. 管理、办学、评价权力的分离

二、重建政府、教育行政部门和学校三者的关系

有效进行教育行政管理体制改革,必须重新审视政府、教育行政部门和学校三者之间的关系,明确各自在教育行政管理体制中的角色和权责,重新构建一种分工明确、规范有序的政府、教育行政部门和学校三者的新型关系。教育行政管理体制改革,必须从宏观的角度上,进一步明确我们教育行政与国家一般行政的关系,在国家教育法律、法规和政策的指导下,加强沟通与协作,构建一个促进教育事业快速、稳定和健康发展的外部行政管理系统。教育行政管理体制改革中,研究教育行政管理部门和学校的关系,按照相关要求,推进政校分开、管办分离。构建适应中国国情和时代要求的政府与学校的新型关系,建设依法办学、自主管理、民主监督、社会参与的现代学校制度,把学校发展和教育教学的权力还给

学校,政府专注于加强教育服务和对学校的监督职能,为学校发展营造良好的外部环境和提供有力的政策与资源支持。

三、我国教育行政管理体制的发展趋势

从我国教育行政管理体制改革的发展轨迹可以看出,我国教育行政管理体制的改革始终在我国社会经济体制、政治体制改革的影响下,不断变革和改进,体现出我国教育行政管理体制改革日益科学化和专业化的趋向。

当前,在我国社会主义市场经济体制、政治体制改革不断深化的背景下,我国教育行政管理体制改革也呈现出一些新的发展趋势。

1. 在国家政治体制改革背景下完善教育行政机构的改革

作为政府行政组织机构的有机组成部门——我国教育行政机构也以精简机构和转变职能为重点,对教育行政部门内部的各个职能机构进行重新审视,合理撤并一些多余的、职能重叠的机构和人员,提高教育组织机构的行政效率,缩减行政成本。在当前的教育行政管理体制改革中,必须健全教育行政管理中的责任控制机制和服务机制,强化教育行政管理主体的伦理精神、责任意识和服务精神,最终实现教育行政管理的科学性、有效性。

2. 城乡一体化背景下的教育行政管理体制及其实现机制的改革

近年来,在国家城乡经济和社会发展一体化的背景下,我国城乡教育一体化进程日益加快,在这个进程中,是否需要在更大范围内,由更高一级政府去统筹基础教育发展,以引导城乡教育均衡发展,实现城乡教育一体化,也是未来一个时期我国教育行政管理改革所要探究的问题。

3. 信息化背景下的教育行政管理体制的改革

21 世纪以来,信息技术的飞速发展和广泛应用,对人类的生活、工作产生了重大影响。特别是先进的信息技术、办公自动化系统和互联网技术的普及应用,极大地转变了教育行政管理的思想和行为,推动着教育行政管理体制改革。其主要表现在:进行教育行政组织结构再造,加速教育行政组织机构从金字塔式向扁平化、小型化方向转变;教育行政组织权力也会从集权化、高重心走向分权化、低重心、均衡化;教育行政监督手段和方法日益从单一化、低效性走向多样化、有效性,问题解决的时效性显著增加。总之,随着信息技术的不断发展,教育行政管理活动日益走向科学、合理、高效。

第四节　教育行政组织的变革

一、教育行政组织变革的必要性

1. 我国教育行政的现状

由于教育行政管理体制受到特定历史时期的政治、经济、文化等社会因素的影响，在我国政治、经济体制持续不断的改革背景下，我国教育行政管理职能持续进行调整转变，管理体制也经历了多次变革过程，并在这些持续变革过程中不断得到完善。

目前我国基础教育实行的是国务院领导，省、自治区、直辖市人民政府统筹规划，市、县级人民政府具体负责实施的地方负责、分级管理、以县为主的体制。与中央教育部类似，各级教育行政部门根据需要在内部也设有相应的各个处、室、科、股、组等，体现出各个部门机构设置的“上下对应”，随着教育行政事务的日益繁杂，其部门有不断增加的趋势。

提高教育行政组织的效率和效益是教育行政组织的改革和建设实践活动中要解决的重要课题和要达到的根本目标。

目前，在我国现行的教育行政体制下，教育行政组织的效率不高，效益不大的情况相当普遍。所谓效率，是指所完成的任务与时间、人力和物力消耗的相对量，或者说完成任务与所用的时间、人力、物力的比例。效率是对完成任务的速度和成本的数量要求。效益是就所完成的任务对社会需求的满足程度而言的，是关于完成某项任务的人力、物力的耗费同满足社会需求的相对值，这是对所完成任务的质量要求。效率和效益是衡量行政机构工作的两个相互联系的尺度。没有高的效率就不可能产生好的效益，而缺乏好的效益，所谓高的效率也就失去了它的实际意义。因此，提高教育行政组织的效率与效益是教育事业获得发展的保障。

2. 影响行政组织效率、效益的因素

一般说来，制约行政组织效率、效益的因素主要有：

(1)行政组织结构合理与否；

(2)行政工作程序安排设计因素；

(3)行政管理方式方法选择与运用的因素；

(4)行政机关工作人员的素质。

分析我国教育行政组织效率不高、效益不大的原因，主要有：

(1)教育行政组织职能实现不力；

(2)各级各类教育行政组织的职权范围不很明确，从而导致机构层次多、部门林立、机构中人浮于事的现象；

(3)教育行政组织的领导者及一般工作人员的素质较差，特别是领导干部素质不能适应教育事业发展的需要，干部结构不合理。

就教育行政组织的变革来说，其必然也要受到内外部环境诸多因素变化的影响，在当前科学技术飞速发展的背景下，尤其是电子技术、现代自动化办公技术以及网络技术的广泛应用，使得扁平化、小型化、高效率的教育行政组织结构成为可能；同时，在教育行政组织内部，组织资源日益充足和组织成员素质的不断提高，也对教育行政组织结构的变革提出了内在的要求。

二、教育行政组织变革的具体措施

转变教育行政组织的职能、精简机构和提高教育行政领导干部和一般工作人员的素质，就是改变我国教育行政组织效率低、效益低的主要措施。

1. 转变教育行政组织的职能

随着教育事业的发展及教育活动的日益复杂化，要求教育行政组织改变以监督控制，特别是对下级教育行政组织和教育机构直接控制为主的职务活动，突出计划职能和指导服务职能的发挥，以调动下级教育行政组织及教育机构的积极性，有效地促进教育活动的开展。这也是世界各国教育行政组织活动的一种发展趋势。

2. 使教育行政组织结构合理化

教育行政组织结构的不合理，机构臃肿、重叠、人浮于事是助长官僚主义、影响教育行政组织的效率与效益的客观原因。因此，要建设一个高效的教育行政组织系统，关键在于进行精兵简政，合理设置教育行政机构。也就是说，所设置的教育行政机构的数量、层次划分、规模大小都要有利于教育行政组织的效率与效益的实现。不能因人而设，也不能因一时需要而随意乱设。从这种观点出发，管理现代教育事业的教育行政组织必须是精干的，为此，多余的可有可无的机构应该取消，重叠的应该合并调整，这是目前我国教育管理体制改革的一个重要内容。另外从系统论的观点出发，现代教育管理组织系统应该是一个由决策中心、执行系统、监督反馈系统构成的有机管理整体。

3. 提高教育行政工作人员的素质

提高教育行政组织的效率和效益的另一个措施是提高教育行政机关工作人员的素质。这是因为制约行政组织效率和效益的诸因素中，人的因素，即行政机关工作人员的素质是最主要的因素。教育行政机关工作人员的素质是指心理方面固有的特点和胜任工作所应具备的基本条件，具体为政治思想素质、身体素质、文化业务素质、智能素质。教育行政机关工作人员应该具有与其所从事的管理业务工作相适应的科学文化知识和专业知识。提高教育行政机关工作人员的素质，要通过全面有效地实施公务员制度，特别是大力加强工作人员的在职培训去实现。

本章小结

教育行政管理体制，是指一个国家的教育行政组织系统，或国家对教育的领导和管理的组织形式与工作制度的总称。它主要涉及国家各级教育管理机构的设置、它们之间的相互隶属关系及权责划分等要素。教育行政管理体制所要解决的核心问题就是中央政府与地方政府、教育行政管理部门与学校在教育事权方面的权限划分。

本章重点介绍了教育行政管理体制的含义与功能，我国现行的教育行政管理体制，我国教育管理体制的职能转变，以及教育行政组织的变革的具体措施。

复习思考题

1. 教育行政管理体制的含义是什么？
2. 教育行政管理体制的制约因素有哪些？
3. 我国教育行政管理体制的发展趋势主要有哪些？

第十三章　教育政策与法律

第一节　教育政策概述

一、教育政策及其特征

1. 教育政策

政策,通常也被称为公共政策,是现代国家公共生活中广泛使用的概念之一。政策科学是第二次世界大战之后兴起和发展的一门独特的研究领域。

政策是指国家、政党等为实现一定时期的政治、经济和社会发展目标或解决特定的社会问题而制定的行为规范和准则,表现为一系列的纲领纲要、发展规划、法律条令、行政决议、措施方法等形式。

教育政策是公共政策的一种类型,是指为了解决教育领域所产生的公共问题,政党、立法机构、政府等所制定的教育方针、行动纲领、教育法规、条令条例等多种行为规范和活动过程的总称,是对教育工作的目的、策略和途径的总体规定。教育政策的实质是对全社会内的教育资源进行分配和再分配的过程。

2. 教育特征

作为公共政策的一种类型,教育政策与其他公共政策一样,一方面,也具有阶级性、公共服务性和过程性等方面的基本特征。另一方面,相比于一般的公共政策,教育政策也有自身的特殊性,主要体现在以下 4 个方面。

(1)教育政策所调节的对象是教育领域,而教育总的来看是一项具有明显的社会公益性的事业,教育政策的制定必须体现公共利益和诉求。

(2)教育关系到千家万户,直接关系到年轻一代的成长和发展,因此教育政策的活动领域与社会公众的相关性更强,教育问题的形成和表现形式也更为多样,更容易引起社会的密切关注和多元化的观点争论,这决定了教育政策所面临的社会情境的复杂性。

(3)教育是一种主要在学校进行的培养人的社会实践活动,相比于一般政策,教育政策需要在满足国家和社会发展需要的同时,还需要切实考虑到尊重学生的人格、尊严,尊重个体的价值选择自由,在教育过程中建立起教师、学生、学校管理人员、教育行政人员之间民主平等的关系。

(4)教育政策中的资源和利益分配实质上是对发展机会的分配,公正、有效的教育资源和利益分配对于实现人们的受教育权利、促进教育公平和社会和谐来说,至关重要。教育政策的制定和执行应当充分考虑到教育政策的特殊性。

二、教育政策过程

与其他公共政策一样,教育政策的制定和执行过程通常也表现为一定的阶段性或周期性。教育政策过程包含教育问题的感知、教育政策问题的确认与议程建立、提出和评估备选方案、政策选择与政策合法化、教育政策实施、教育政策评估、教育政策的调整与终结等阶段。

1. 教育问题的感知

教育问题主要表现为两种形式:

(1)社会经济环境的变化导致社会发展和个人发展对教育提出新的需求,而教育却不能及时满足社会和人的发展新需求;

(2)在教育的改革与发展过程中,由于社会文化传统和经济体制结构的影响,教育的运行不可避免地会出现一些偏差或障碍,如一些学校的教育乱收费问题、应试教育问题、学生心理健康问题等。在教育问题的前期阶段,教育问题的规模、严重程度、影响通常比较小,未能引起社会的普遍关注。随着时间的推移,问题范围逐渐扩大,带来的负面影响日益严重,以至于影响到了学校的正常教育教学实践和社会发展,这时,教育问题就会被社会公众所感知,人们就会提出解决教育问题的要求。

2. 教育政策问题的确认与议程建立

教育政策的基本功能就是解决教育领域出现的问题。但是,并不是所有的教育问题都能够进入政府的议事日程,因为政府的资源和管辖范围也是有限的,不可能也没有必要在某个时间段内解决所有的教育问题。只有那些比较紧迫的或具有可能造成长期负面影响的教育问题才能进入政党、政府议事日程成为教育政策问题。这时,政党和政府才会动用行政资源、学术研究资源和其他社会资源，研究政策问题的成因、范围和可能的影响，开始寻找解决教育政策问题的途径。

3. 提出和评估备选方案

在界定教育政策问题基础上，政党和政府会就教育政策问题的解决，设定政策目标，提出多种行动方案，一般教育政策研究者也会对解决教育政策问题提出特定的解决方案。教育政策方案评估的主要内容包括对政策结果的预测、方案的可行性、造成的社会成本与收益等方面进行综合评估。

4. 教育政策选择与政策合法化

在政策评估的基础上，教育政策制定部门将从备选方案中进行优化选择。通常，被选择的政策方案就将进入到立法机构、政府教育行政主管部门，经过审议后，形成政策草案，并公之于众，征求各种教育政策相关者包括学校、教师、家长、研究者、社会公众等的意见和建议。在此基础上，进一步完善政策方案。一个相对完善的政策方案要想成为一个真正能够得到执行的有权威性的政策，还必须经过政策方案的合法化环节。教育政策的合法化包括教育政策议案的审查、通过与批准、签署和颁布等多个阶段。

5. 教育政策实施

教育政策实施是将教育政策所规定的目标和内容具体化的过程，在教育政策过程中居于重要地位。一项教育政策制定出来之后，首先要为政策执行机构和人员所熟知，也要为教育政策的调整对象所知晓、所认同，才能真正进入具体实施。也就是说教育政策的实施首先要进行广泛的政策宣传，统一人们的思想认识，使人们自觉地接受和服从教育政策规范和行为准则。同时，为了有效实施教育政策，还必须配备必要的人力、物力和财力，建立一定的组织机构具体负责政策的执行，制定具体的操作规程，将政策分解实施，并建立起政策执行过程中的评估、监督和奖惩制度保障教育政策顺利实施。

6. 教育政策评估

教育政策评估是根据教育政策目标，通过一定的程序，对教育政策实施的效果和社会效益进行分析和判断。对政策的具体实施进行评估，主要是分析和判断某项教育政策是否达到了预期的目的和效果，在科学、全面评估的基础上才能确定某项具体的教育政策是应该继续执行，还是应当进行调整、终结甚至是废止。教育政策评价的过程实际上是一个教育政策信息反馈的过程。

7. 教育政策的调整、终结与废止

教育政策评估是一个总结政策经验，发现政策问题的过程。通过评估，通常会发现教育政策目标中某些与社会发展与个人发展要求不适应、不适宜的地方，发现政策措施的无效之处，或者发现政策组织机构及其行为的不当之处，这时候就要对教育政策所设定的目标、采取的政策措施、行政组织及其行为进行修正和调整。教育政策的调整伴随教育政策过程的始终，不可能出台一项政策措施就可以一劳永逸解决所有的教育问题。在对教育政策的具体实施效果进行评估后，将采取通过发布通知、新闻公告的方式中止或废止那些不合时宜的或无效的教育政策措施。通过评估政策实行效果，如果发现政策的实施已经达到了预期的目的，取得了较好的社会效益，则可以通过总结会议、发布政策实施报告的方式，表明某项特定的教育政策已经达到了预定目标，宣告政策的终结。

三、当前我国教育政策的基本取向

我国是人民民主专政的社会主义国家，中国共产党是执政党，共产党所作出的教育改革与发展的各项决定、决议、建议或意见、通知等，体现了党在一个时期对于教育工作的总体价值取向和人民群众对于教育的期望和要求，既是党的教育政策，也是国家的教育政策。对于今后一个时期我国的重大教育政策的基本取向，2006 年 10 月 11 日中国共产党十六届六中全体通过《中共中央关于构建社会主义和谐社会若干重大问题的决定》作了具体规定，主要包括以下方面。

（1）坚持教育优先发展，促进教育公平。

（2）全面贯彻党的教育方针，大力实施科教兴国战略和人才强国战略，全面实施素质教育，深化教育改革，提高教育质量，建设现代国民教育体系和终身教育体系，保障人民享有接受良好教育的机会。

（3）坚持公共教育资源向农村、中西部地区、贫困地区、边疆地区、民族地区倾斜，逐步缩小城乡、区域教育发展差距，推动公共教育协调发展。

（4）明确各级政府提供教育公共服务的职责，保证财政性教育经费增长幅度明显高于财政经常性收入增长幅度，逐步使财政性教育经费占国内生产总值的比例达到4%。

（5）普及和巩固九年义务教育，落实农村义务教育经费保障机制，在农村并逐步在城市免除义务教育学杂费，全面落实对家庭经济困难学生免费提供课本和补助寄宿生生活费政策，保障农民工子女接受义务教育。

(6)加快发展城乡职业教育和培训网络,努力使劳动者人人有知识、个个有技能。

(7)保持高等院校招生合理增长,注重增强学生的实践能力、创造能力和就业能力、创业能力。

(8)完善高等教育和高中阶段国家奖学金、助学金制度,落实国家助学贷款政策,鼓励社会捐资助学。

(9)规范学校收费项目和标准,坚决制止教育乱收费。

(10)切实减轻中小学生课业负担。

(11)提高师资特别是农村师资水平。

(12)改进学校思想政治工作和管理工作,提高师生思想道德素质。

(13)引导民办教育健康发展。

(14)积极发展继续教育,努力建设学习型社会。

上述14个方面对于教育在我国的战略地位、公共教育资源配置的制度安排、各级各类教育包括义务教育、职业教育、高等教育和成人教育的改革与发展的总体方面进行了总体的政策规定,构成了今后一个时期我国具体的教育政策制定和教育发展的总政策,将对我国中长期教育政策取向和教育与社会的和谐发展产生重大而深远的影响。

第二节 教育法与教育行政

一、教育法

法是体现统治阶级意志,由国家制定或认可,以国家强制力保证实行的行为规则的总和。马克思主义认为,法是建立在一定经济基础之上的上层建筑的重要组成部分,它与一定的经济基础相适应,由一定的经济基础所决定,同时,又对经济基础产生巨大的反作用。

法通常在广、狭两种意义上使用。在狭义上使用时,系指法律。在这里法律是指由国家立法机关制定的受国家强制力保证执行的行为规则的文件。

在广义上使用时,与广义的法规相同,是指法律、行政法规、地方性法规以及规章等。即指国家立法机关制定的和其他国家机关制定或认可的规范性文件的总和。

教育法是关于教育的法规。具体讲,它是举办教育事业所必须遵循的准则、依据和规范。它是国家权力机关制定的有关教育方面的法律文件的总称,是国家法规的一部分,具有法的一般特征。

二、教育政策与教育法

政策是国家、政党为了实现一定历史时期的路线和任务,根据当前的情况和历史条件制定的具体行为准则。政策是以利益为基础的。在我国,党和国家的政策集中体现了人民的意志和利益。社会主义法的实质就是共产党的主张和人民意志的统一。因此,从这个意义上说,政策和法是一致的,而法是政策的具体化、定型化、条文化。也可以说,教育法是以法律程序和手续确定下来的教育政策。从内容上讲,教育政策是教育法的渊源。从教育法的形成过程来看,教育政策是制定教育法的指导思想和依据。从贯彻实施上来看,教育法又是教育政策得以贯彻的有效形式。

不过,教育政策和教育法是不同的。教育政策是由党中央和中央政府所授权的部门或地方政府制定的,不经过立法程序,对教育机构和个人教育行为都具有指导性。这体现着一种意向,回旋余地较大,在具体贯彻中常常可以因人、因事、因条件而异。就是说,教育政策具有较多的灵活性和弹性。而教育法是经过立法手续制定的,有制约性。教育法与教育政策相比,具有明显的稳定性和连续性。就是说,教育法一旦建立,就不能随意更改,或者说以教育政策代替、取消、改变教育法是绝对不能允许的。

三、教育法体系

教育法和其他法规一样,从形式上,可以分为成文法和不成文法。成文法是指以文书的形式制定的法规。作为成文法的教育法规就是教育的成文法。不成文法就是不具文字形式或者说不经过立法程序,没有被条文化的但在社会中却起着法作用的法规。在世界范围,它一般由国家认可的惯例、判例等表现出来。作为不成文法的教育法规便是教育的不成文法,也就是关于教育的惯例法和判例法。

教育的成文法,根据法规制定机构的不同,又可以分为国家的教育法规和地方教育法规两类。

所谓国家的教育法规是指由国家制定的关于教育的成文法。它由宪法和关于教育的法律,国务院、教育部发布的决定、指示、命令、暂行规定、暂行办法、通知、条例、章程等构成。目前我国关于教育的法律数量很少,大量的是国务院、国家教委(教育部)发布的有关教育的决定、指示、条例、章程等行政性法规。

地方教育法规是由各级地方人民代表大会、各级政府制定的教育成文法。主要有各级地方人民代表大会制定的关于教育的地方法规、自治条例、单行条例等;各级人民政府制定的关于教育的规章及发布的决议和命令等。这些地方教育法规必须以与宪法、教育法律、教育行政法规不相抵触为前提。

总之,不同机构制定的教育法,其内容及效力范围是不同的,在整个教育法体系中的地位也是不同的。可以说,教育法体系就是由以上这些不同类型、规格的教育法规所构成的相互关联、合理有序的多层次的系统。

如果说以上是从教育法规的形成上来阐述教育法体系的话,那么从教育法的内容上来看,教育法体系又可以说由以下几个主要的教育法规所构成:

(1)宪法中有关教育的条款;

(2)与教育制度相关的教育法规;

(3)与教育行政组织机构的设置、职权范围划分相关的法规;

(4)与各级各类学校教育相关的法规;

(5)与学术、科研相关的法规;

(6)与社会教育相关的法规;

(7)与教育经费相关的法规等。

以上这些教育法规是以教育的客观规律与教育实践的不同领域为分类依据的,它们的任务是调整教育同政治、经济、文化等各社会领域的关系,调整教育内部各个方面的关系。

四、教育法在教育行政管理中的作用

教育法在教育行政管理中的作用,是指教育法对教育行政管理活动发生影响的方式、手段和结果。教育法在教育行政管理中的作用与教育法的本质、目的和特征是密切相关的。可以说,是教育法本质属性的外在表现。

1. 教育法保证国家对教育的领导和管理

从本质上讲,教育法是国家教育意志的体现。教育法建立的根本目的,就在于借助教育法这个工具来建立、维护和发展统治阶级在教育领域中的社会关系,并通过对教育领域中各种社

会关系的法律调整,形成良好的教育秩序,从而顺利地实现国家对教育的领导和管理。

2. 教育法保证必要的教育行政管理秩序

教育法的建立,可以使教育行政管理系统中的子系统(或者说各级各类教育行政机构、成员)依照法律规定明确自己的职责、权利、义务、利益。从而使它们各自的职能获得正常的发挥,使彼此间的活动有条不紊地开展,进而使整个教育行政管理系统得以有效地运转。这一作用取决于教育法的规范性。

3. 教育法加强了教育行政管理系统的稳定性

正常、稳定的教育行政管理秩序是国家实现对教育管理的需要,也是教育发展的需要。教育法具有法的基本特征即规范性、强制性和稳定性。运用教育法进行教育行政管理,有助于把符合客观规律、行之有效的管理制度、方法、形式规范化、条文化,把它明确固定下来,并严格加以执行。从而可以大大加强教育行政管理系统的稳定性,有利于排除管理中的突发因素的干扰,保证教育行政管理系统内部关系的正常化。

4. 教育法促进了教育行政管理系统的功效

提高管理活动的效率,增加管理系统的功效是现代管理理论和实践所追求的目标之一。由于反映事物客观规律的法能抑制管理系统间各种不合理的沟通,保护和促进合理的沟通,有助于建立起一种正常、协调稳定的管理秩序,并能及时有效地调节所出现的矛盾及预测管理行为的后果,故正确地运用教育法,可以提高教育管理活动的效率,增加教育行政系统的功效,促进教育行政管理系统的发展。

第三节　教育法的制定与实施

一、教育法的制定

1. 教育法制定的含义

教育法的制定简称为教育立法。它是指国家机关制定、修改、废止教育法规的专门活动。

在我国进行教育立法,它意味着:首先,是国家将自己的教育政策及人民群众的教育意愿上升为法律,变为国家意志的基本方式;其次,教育立法是国家机关把党的教育主张及全体人民的教育意愿,根据法定权限和程序,制定、修改和废止教育法规的专门活动;最后,教育立法和一般立法一样，有广、狭两种含义。广义的教育立法是泛指有关国家机关依法定权限和程序制定各具不同法律效力的规范性教育文件的活动。狭义的教育立法是专指人民代表大会及常务委员会依法定权限和程序制定教育法规的活动。

2. 教育立法权限的划分

在我国教育立法权限是通过宪法和有关的组织法加以规定的。具体为：全国人民代表大会有权制定和修改教育基本法；全国人民代表大会常务委员会有权制定和修改全国人民代表大会制定的教育法律以外的其他教育法律；国务院有权依据宪法和教育法律制定教育行政管理法规，发布教育方面的决定和命令；国务院所属各部委可依据教育法律和国务院的教育行政法规、决定、命令，在本部门权限内发布有关教育方面的命令、指示和规章；省、直辖市人民代表大会和它们的常务委员会有权制定地方性教育法规，发布有关教育的决定、命令等；民族自治地区的自治机关有权根据该地区政治、经济、民族文化教育特点，制定有关教育的单行条例；县级以上的各级人民政府和民族自治地方的教育行政机构由政府授权并经政府批准，可以制定和发布规定、办法、通告等执行性的教育行政管理法规。

任何超越自己权限制定的教育法规，都是不合法的，也是无效的。

3. 教育立法程序

教育立法程序是指国家机关在制定、修改和废止教育法律规范活动中，必须履行的法定步骤和手续。只有经过法定程序所制定、修改的教育法才是合法的、有效的。

立法程序，特别是各级权力机关在制定法律规范性文件时，通常都须经过法律草案的提出、法律草案的讨论、法律的通过及法律的公布四个步骤。教育立法程序也一样。教育法规草案是由法定的机构、组织和人员（即具有法律提案权的国家机关和人员），依照法律规定的办法，在对相应问题进行详细调查，并会同有关团体、人员进行讨论协商的基础上拟定并提出的。其他的机关、团体、企事业单位和公民也可以随时提出制定某些教育法规的建议。教育法规草案的讨论是指法律制定机关对列入议事日程的教育法草案进行正式审议和讨论。这是教育立法民主化的重要环节，也是教育法规通过的基础。教育法规通过是指法律制定机关对教育法规草案经过讨论后表示正式同意，从而使教育法规草案变为教育法，这是教育立法过程中最具有决定意义的步骤。教育法律公布，即法律制定机关将通过的教育法规用一定的形式予以正式公布。一般说来，法律公布与法律效力有密切关系，也就是说，法律被通过之后，如果没有按照法定程序和方式通知公民和国家机关，那么这一法律就不具有法律效力。因此它是制定立法程序的最后一环。

4. 教育法规的修改和废止

教育立法除了教育法的制定外，还包括教育法规的修改和废止的专门活动。其具体表现形式为教育法规的废止、撤销、变更和消灭。教育法规的废止指由于情况上的变化，教育法规失去效力。即原来的教育法规已不适应新的需要，不能继续生效。废止一般采取在法规中直接明确规定，以废止某一教育法规的方式，或以修改前法的方式间接废止某一教育法规。教育法规的撤销是由于教育法规在制定时含有不当或不符合宪法的因素，不能继续生效，故由上级机关或原制定机关予以撤销。教育法规的变更是指教育法规含有废止或撤销的因素时，由上级监督机关或原制定机关将其内容改变。教育法规的消灭，是指除上述的废止、撤销和变更的原因外，由于教育法规所规定的社会事实已不存在或效果已达到，引起实际上教育法规的消灭。

5. 教育法制定的基本原则

教育法制定的原则，除坚持四项基本原则这一根本指导性原则外，还要注意以下原则。

(1)实事求是的原则

这一原则要求制定的教育法规，必须符合我国的国情，适应教育的整体水平。只有满足这一要求，才能使教育法起到应有效用。

(2)民主立法的原则

由于教育法的制定涉及教育、教学等专门性的业务与技术，所以在制定教育法的过程中，要充分了解广大教职工及干部、专家、有关机构团体、学校的意见，并充分发挥他们在制定教育法活动中的积极作用。

(3)系统性原则

教育从制度上看是一个整体，具有系统性。因此要求教育法也要与此相适应，形成系统。其次从教育客观规律出发，也要求教育法规的种类、规格齐全、配套，形成系统。

(4)稳定性与适时变化相统一的原则

法的特征要求教育法一经公布，就要使之相对稳定，不能朝令夕改，但是也随着国情的变化和教育的发展做及时的补充、修改。

(5)本国与外国教育立法经验相结合的原则

新中国成立以来，我国在教育立法工作中虽有教训，但也有成功的经验，这些是我们制定教育法规的宝贵财富。另外，世界上许多国家已具有较为完备的教育法规体系，值得借鉴。应该把二者结合起来，以建立具有中国特色的社会主义教育法体系。

二、教育法的实施

教育法的实施是指教育法规在现实教育活动中的具体运用和实现。

教育法作为一种意志，它自身不能自动转化，不能自我实现。就是说，教育法要在教育活动中得以实现，需要人们自觉地以一定形式的活动来完成这一转变。教育法实施的具体方式如下。

教育法的遵守：其含义为一切国家教育行政机关、教育组织、教育公职人员、公民按教育法规定的要求去行为。

教育法的适用：也可以称之为教育法的执行，即国家教育行政机关及其公职人员依照法定权限和程序，将教育法运用于各种具体的与教育有关的人或组织的专门活动。

最后要指出的是，不论哪种形式的教育法的实施，都需要实行监督。目的是防止教育法规实施不当及滥用教育法规的现象，以确保教育法规的有效施行。通常采用的监督形式主要有：各级国家权力机关的监督、国家行政机关的内部监督、审计监督和人民群众的社会监督。

第四节　教育改革、发展与教育法规建设

教育在改革中发展，教育改革又是教育事业发展的需要，说到底是国家经济、社会发展的要求。中外经验表明，教育改革与发展要求教育法规建设给予紧密配合。

一、教育法规可以确认和维护教育制度

这是由教育法规所担负的使命所决定的。我国教育法规的使命是保护符合国家利益和要求的教育制度。

二、它可以依据教育的客观规律组织教育、发展教育

因为教育法的本质是教育客观规律的法律化、条文化。

三、能保证和促进教育改革

具体表现为：教育法可以为教育改革提供依据，指明方向；它是巩固教育改革成果的有效手段，就是说，教育法可以把教育改革中出现的新关系、新秩序规范化、制度化，并加以确立和推广；还可以成为促进教育改革的工具。因为教育的客观规律反映到教育法律中，并得到规范化、制度化后，必然反作用于教育实践活动。所以在教育改革与发展中，应加强教育法规建设，即加强教育立法和教育法的实施工作。这项工作包含的内容有：

(1)要将成功的教育政策、教育改革的成果用法律形式固定下来；

(2)借鉴成功的历史经验及利用科学的教育发展预测成果，提前立法，以引导和促进教育的改革与发展；

(3)建立和完善教育法的实施措施和步骤，并使之制度化。

我国现行的主要教育机关法律法规，见表 13－1。

表 13－1　我国现行的主要教育相关法律法规

1	《中华人民共和国教师法》	1993 年 10 月 31 日公布，2009 年 8 月 27 日修正
2	《中华人民共和国教育法》	1995 年 3 月 18 日公布，2009 年 8 月 27 日修正
3	《中华人民共和国职业教育法》	1996 年 5 月 15 日公布
4	《中华人民共和国高等教育法》	1998 年 8 月 29 日公布
5	《中华人民共和国国家通用语言文字法》	2000 年 10 月 31 日公布
6	《中华人民共和国民办教育促进法》	2002 年 12 月 28 日公布
7	《中华人民共和国学位条例》	1980 年 2 月 12 日公布，2004 年 8 月 28 日修正
8	《中华人民共和国义务教育法》	2006 年 6 月 29 日公布
9	《中华人民共和国学位条例暂行实施办法》	1981 年 5 月 20 日国务院批准实施
10	《普通高等学校设置暂行条例》	国发[1986]108 号，1986 年 12 月 15 日发布
11	《高等教育自学考试暂行条例》	国发[1988]15 号，1988 年 3 月 3 日发布
12	《幼儿园管理条例》	1989 年 8 月 20 日国务院批准，1989 年 9 月 11 日国家教育委员会令第 4 号发布

表 13-1(续)

13	《学校体育工作条例》	1990 年 2 月 20 日国务院批准,1990 年 3 月 12 日国家教育委员会令第 8 号、国家体育委员会令第 11 号发布
14	《学校卫生工作条例》	1990 年 4 月 25 日国务院批准,1990 年 6 月 4 日国家教育委员会令第 10 号、卫生部令第 1 号发布
15	《扫除文盲工作条例》	1988 年 2 月 5 日国务院发布,1993 年 8 月 1 日修正
16	《教学成果奖励条例》	国务院令第 151 号,1994 年 3 月 14 日发布
17	《残疾人教育条例》	国务院令第 161 号,1994 年 8 月 23 日发布,2011 年 1 月 8 日修正
18	《教师资格条例》	国务院令第 188 号,1995 年 12 月 12 日发布
19	《中华人民共和国中外合作办学条例》	国务院令第 372 号,2003 年 3 月 1 日发布
20	《中华人民共和国民办教育促进法实施条例》	国务院令第 399 号,2004 年 3 月 5 日发布

本章小结

教育政策是公共政策的一种类型,是指为了解决教育领域所产生的公共问题,政党、立法机构、政府等所制定的教育方针、行动纲领、教育法规、条令条例等多种行为规范和活动过程的总称,是对教育工作的目的、策略和途径的总体规定。教育政策的实质是对全社会内的教育资源进行分配和再分配的过程。

教育法是关于教育的法规。具体讲,它是举办教育事业所必须遵循的准则、依据和规范。它是国家权力机关制定的有关教育方面的法律文件的总称,是国家法规的一部分,具有法的一般特征。

本章教育政策概述部分主要介绍了教育政策的特征,教育政策过程,当前我国教育政策的基本取向;教育法与教育行政部分主要讲述了教育法的概念,教育政策与教育法的联系与区别,教育法体系,教育法在教育行政管理中的作用。在教育法的制定与实施部分分析介绍了教育法的制定含义、立法权限划分、立法程序、制定原则,教育法的实施等。本章最后简单介绍了教育改革、发展与教育法规建设问题。

复习思考题

1. 什么是教育政策，教育政策过程包括哪些环节？
2. 我国当前教育政策取向包括哪些内容？
3. 为什么现代教育行政管理要求法制化？
4. 一个完整的教育法规体系应包括哪些教育法规？
5. 教育法规与教育政策的异同是什么？

第十四章　教育领导与决策

第一节　教育领导

一、教育领导的含义

领导可以被界定为：领导者(团队)运用组织或个人手段对组织中的群体或者个人施加影响，使其为实现特定目标而自觉努力工作的现象。领导现象由四个基本要素构成，即领导者、追随者、领导环境和副产品。领导者是负责指引或者执行的人；追随者是在领导者的指挥与带领下行事的人；环境是领导者及其追随者所处的情境，包括正式的、非正式的，社会的或者工作的，动态的或者静态的，紧急的或者常规的，复杂的或者简单的等各类情境；副产品包括了领导者与追随者，领导者与环境之间相互作用所产生的一切后果，如产生了对领导者的敬畏，目标得以实现，顾客满意，高质量的产品和服务，等等。领导现象就是上述四个要素之间复杂的、动态的相互作用的过程。

教育领导是教育领域中的领导活动，主要指对各种正规教育组织活动的领导，特别是指学校中的领导活动。教育领导可以被界定为：教育组织中的领导者(团队)运用组织或个人手段对组织中的群体或者个人施加影响，使其为实现教育活动目标或者教育组织发展目标而自觉努力工作的现象。教育领导活动既具有一般领导活动的特征，也体现出一定的独特性。

1. 教育领导以公益性为核心价值追求

教育是一项公益性事业，公益性是教育领导的核心价值追求，当功利性与公益性发生矛盾的时候，教育领导应坚持公益性而降低功利要求。

2. 教育领导的目标具有内在一致性

各级各类教育领导的目标都由国家教育事业发展的总任务决定，体现在教育活动、教育组织发展等层面，包括：实现学生综合素质全面提升，培养社会建设的合格接班人；促进教职工队伍的专业发展，实现教育家办学；推进学校现代化，进一步提高教育质量、提升教育公平；促进教育事业整体健康与可持续发展。

3. 教育领导具有专业性

教育领导需要遵循教育规律，活动对象又是专业化程度较高的教育从业人员群体，教育领导的实施必须建立在专业的基础之上，教育领导者必须具备包括专业知识、专业能力和专业精神在内的完整的专业素质体系。

4. 教育领导体现出深刻的人本性

教育是培养人的社会实践活动，服务于人的发展。教育领导也需要将人置于工作的中心，以尊重和情感为媒介，激励并满足教育活动中人的发展需求，帮助他们摆脱外在压制和自身的束缚，成为好人、能人和自己的主人。

二、有效教育领导的特征

教育领导有效性体现为领导者带领教职员工实现特定领导目标的效果、效率与效应的统一。效果是教育领导者实施领导所产生的结果或成果，是领导者工作业绩的直接体现；效率是指领导者率领教职员工完成一定工作的具体数量、质量与耗费时间之比，反映教育领导者工作的速度、节奏和频率；效应是指教育领导者完成领导活动所产生的客观价值，体现为对教育组织以及社会的影响。效果与效率体现出教育领导的技术属性，效应则体现出教育领导的社会属性。有效教育领导的特征可以概括为三方面。

1. 目标成就

体现为教育领导活动预期效果实现情况良好，目标达成度较高，预期外的负面效果较少，针对的问题得到很好的解决；同时领导活动对教育组织和社会产生了良好的影响，平等地协调、整合和分配了教育组织资源和利益，均衡实现各群体和个人应当享有的利益需求。

2. 工作过程的协调性

体现为教育领导过程中，领导者通过科学的实施决策、选人用人、沟通、激励等职能，进行及时、正确、可行的指挥，合理分配组织权利、提供充足的资源保障、增加执行的灵活性，并进行及时的工作监督，使教育领导下的各项工作体现出高效率。同时，教职员工对教育领导者及其工作的支持度和评价较高，教育组织内部成员比较团结，具有较高的工作满意度和成就感。

3. 外部适应性

体现为教育领导活动不断提升组织的核心竞争力，并逐步建立起适应外部环境变化的能力，能够应对外界的风险和挑战，不断强化健康可持续发展的能力。

教育领导工作是否有效受到多种因素的影响。影响教育领导有效性的因素包括四种：

(1)教育领导者的个人特质。具有较高的专业素养、较大的个人魅力和较强的个人权威的领导者更容易实施有效领导。

(2)教育组织中追随者的个人特质。高素质的教育管理干部、专业发展程度较高的教师和较好的生源都是实现教育领导有效性的重要条件。

(3)教育组织的特质。教育组织的属性、层级、类型，教育组织所处地域的经济、社会与教育事业发展状况都可以影响教育领导的有效性。

(4)教育组织的目标与任务。教育领导所指向的目标和任务是否科学合理、具有可实现性，目标与任务是否明确并得到追随者的认可，是否围绕目标与任务制订切实可行的工作计划等因素，都在一定程度上决定着教育领导的有效性。

因此，提升教育领导效能是一项系统工程，要不断提高教育领导观念的现代化和领导活动的科学化水平，并实现教育领导者、教职员工与学生以及教育组织内外部环境的合理互动。

第二节　教育领导者

一、教育领导者的角色

领导者是构成教育领导现象核心要素之一，是教育领导活动的主体，是决定教育领导活动效能的决定性因素之一。对于教育领导者应该扮演的角色、应该具备的专业素养及专业标准、教育领导者专业发展以及高效教育领导团队的构建等问题进行深入探讨，是教育领导学的重要内容。

1. 校长角色

任何一种职业都有其特殊的、区别于其他职业的角色定位。校长工作是多方面的，与这些工作对应的角色也是多样的。斯佩克(M. Speck)对校长角色做了迄今为止最经典的划分。她认为，校长有三个职业角色：管理者、教育者和领导者。

校长作为管理者的主要职责包括：筹备与计划学校各项工作；对具体工作进行命令、指挥和协调，组织教职员工实施各项工作；通过循环反馈系统对教育教学工作进行控制；对教职员工和工作效果进行评价，并指导工作改进。

校长作为教育者的主要职责包括：审查研究计划和示范性的教育活动方案；督促教育教学计划实施；对教师教学工作进行视导；指导并促进教学研究；建设学习型教师团队，改进对学生的服务质量；监测学生发展情况。

校长最重要的角色是领导者。校长由管理者向领导者转变是教育新使命和新课程改革的必然要求，是教育行政管理改革的必然要求，是现代学校管理的必然要求。校长作为领导者又可以划分为五个分角色。

（1）发展战略的引领者

作为发展战略的引领者要做好学校长期的发展规划和不同阶段的工作计划，同时要营造有利于发展的学校文化。校长需要准确判断学校自身的优势与劣势，科学论证并制定合理可行的学校发展规划；善于把握教育形势的发展变化，明确各阶段的工作重点，提出适当的工作策略和有力的行动措施；继承发扬学校的优良传统，形成独特的学校文化，建设优雅的校园环境。

（2）管理机制的创设者

作为管理机制的创设者在校内建立以“科学管理、民主管理和依法管理”为特征的管理机制。科学管理要求搭建一个结构合理、素质过硬的领导班子，形成科学的集体决策机制；民主管理要求校长能够充分发挥党支部、工会、教代会等机构的民主监督功能，保证各项决策在教职工中获得较高的认可度；依法管理要求校长领导学校制定规范的办学章程，不断完善各项规章制度，根据形势变化进行制度创新，严格按照有关规章制度开展具体工作，保证制度执行到位。

（3）人力资源的开发者

作为人力资源的开发者要努力打造两支队伍，即专职教师队伍和行政管理人员队伍。对于专职教师队伍，校长需要有效引导教师提高师德水平，准确了解教师的专业发展需求，合理指导教师制定职业生涯规划，为教师提供丰富的专业发展机会，科学评价教师工作，建立特定教师群体的培养机制；对于行政管理人员队伍，校长需要根据每名教职工的特长与优势安排、调整管理岗位，设计合理的学校后备干部培养和选拔机制。

（4）教学活动的引领者

作为教学活动的引领者要积极推进教育改革，指导教师教学活动和组织教师进行教学科研。校长要掌握先进的教育教学理念，积极推动课程与教学方法改革；抓住教学管理各个环节的要点，科学指挥教学活动，有效监控教学质量；定期听评课，指导教师的课堂教学实践；积极组织教师申报教研课题，有效指导教师从事教学研究活动。

（5）内外资源的保障者

作为内外资源的保障者应合理统筹和利用校内资源，获取广泛的社会资源。前者要求校长合理安排、使用和监控校内各种资源，最大效度地发挥其效能。后者要求校长注重优化学校的外部环境，密切家长与学校合作关系，争取上级主管部门的支持，促进校际交流，充分挖掘和获取社会办学资源。

2. 教育行政人员角色

教育行政人员主要实施宏观层面的教育领导。当前，我国政府模式正处于从管理型向服务型转变的过程中。教育行政机关的职能势必转向以服务职能为中心，革新领导模式以更好地对公共事务进行控制和引导。据此，教育行政人员在实施宏观教育领导的过程中应扮演好四个角色。

（1）制度和资源的保障者

重点包括三项职能：提供学校教育所需的经费、设备等物质条件；提供观念的导向、政策支持和制度保障；提供适合学校的管理或服务的方式。

（2）推进改革的激励者

应注重：阐释与宣传改革愿景和目标；合理设定政校关系与权限，充分尊重学校的权利自主与利益诉求；设计科学合理的改革执行机制，实现教育行政机构和教育实施机构间的激励相容。

（3）工作过程的协调者与监督者

在监督过程中，应注重建设双向沟通机制，使沟通制度化、渠道化、高效化；运用合理的沟通方法和频率，包括会议、研讨、培训、观摩、网络技术等沟通方式；对重要的沟通过程和内容进行记录，形成较为完备的政策信息档案。监督的重点职能包括：建立健全工作监督评价的体制与机制，对不同层次的监督主体及其权限、监督内容、监督程序以及监督结果处理等环节加以规定。

（4）工作成效的评价者

需要建立科学的工作评价制度；借助科研机构或者独立的评估组织进行评价；建立评估的信息数据系统；建立相应的领导责任制，结合评价结果进行相应的问责。

二、教育领导者的专业素养与专业标准

教育领导者的素质是指从事教育领导工作应该具备的身心品质。对于教育领导者，尤其是校长专业素养的研究较多。有学者提出教育领导者应具备广阔的视野、宽厚的胸襟、阳光的心态、法治的精神、规范的操守、渊博的知识、专业的能力和健康的体魄。也有学者对美英等国校长素质要求进行比较，指出各国普遍重视的校长专业素养包括：校长职业品质、专业知识、实践经验和教育领导能力。在这些研究结论的基础上，我们认为教育领导者尤其是校长的专业素养应该由专业知识、专业能力和专业精神构成。

对于教育领导者，尤其是校长来说，系统而明确的专业知识体系是专业素养的重要维度之一。从专业知识结构来看，应该包括教育理论知识、教学和学科知识以及领导与管理学知识三个方面，具体包括政治理论知识与国情知识、教育政策法规知识、领导学知识、管理学知识、学科教学知识、教学论知识、教育学原理知识以及与学校教育有关的自然科学、人文社会科学等基础知识。从知识的类型来看，校长需要的是实践性知识，而不是学术性知识。前者是以现实为导向，以问题为中心的；后者是以理论为导向，以建构为中心的。校长专业知识应该由实践性知识而不是学术性知识构成。诚然学术性知识具有重要的理论价值，但必须经过转换成为实践性知识才能成为校长专业知识的构成要素。

专业能力主要是指教育领导者有效开展领导或管理工作所必备的个性心理特征和实际技能。具体来看，教育领导者尤其是校长应该具备四项核心专业能力：领导策划能力；领导教学工作的能力；领导组织的能力；协调社区关系的能力。

专业知识和专业能力解决教育领导者“会不会”和“能不能”的问题，专业精神强调教育领导者“愿不愿意”的问题。专业精神包括专业道德、专业理想、专业自我。

三、教育领导者的专业发展

1. 校长专业发展内涵与特征

教育领导专业化更多地特指校长专业化。校长专业化同时体现在校长个体与群体两

个层面。从职业群体的角度看，校长专业化就是指校长职业由准专业阶段向专业阶段不断发展的过程；从个体角度看，校长专业化就是校长专业发展，是校长内在专业结构不断更新、演进和丰富的过程。校长专业发展具有五个特征：

(1)校长专业发展是终生的。校长专业发展贯穿职业生涯始终，应针对不同的校长专业发展阶段设计不同的专业发展内容，采用不同的引领方式。

(2)校长专业发展的阶段性。校长的成长需经历“新手校长——熟练校长——能手校长——教育家”的演化过程。

(3)校长专业发展的自主性。校长不仅是校长专业发展的对象，更是自身专业发展的主人，有权决定自身发展的内容、形式、速度和程度。

(4)校长专业发展的多样性。校长们对本职工作有着不同的认识和理解，在本职工作中形成了各具特色的实践智慧，自然会对自己如何发展进行不同的设计与计划。

(5)校长专业发展的全面性。校长专业发展不仅要关注校长专业知识和专业能力的拓展，更要关注校长专业道德、专业情感等专业素养、专业品质方面的发展。

2. 以培训促进校长专业发展

校长培训指以特定的教育理念为指导，通过培训课程和培训手段对受训的校长进行教育，以期提高校长的专业素养以及组织实施素质教育的能力和水平的教育活动。校长培训由培训目标、培训主体(培训机构和培训者)、培训内容和培训模式四个相互关联的核心要素构成。培训目标是指校长培训活动力图实现的结果和目的，是校长整个培训工作的出发点和归宿，对培训活动起着导向、规范和调节作用；培训主体是培训活动中人的因素，主要指组织、统筹、协调、实施、管理培训活动的机构，以及具体负责实施培训教学活动的培训者；培训内容指为了实现校长培训计划目标而向受训者传达的所有必需的信息，包括知识、技能、观念、理念、技术等；培训模式指传授培训内容所使用的方法、技术和工具。

3. 校长专业发展的制度保障

影响校长专业发展的因素很多，但最直接、最重要的制约因素是制度，应该通过加强制度建设促进校长的专业化。校长是重要的人力资源，应依据人力资源管理理论建立健全校长管理制度。应建立的校长管理制度包括：校长职责制度、资格制度、聘任制度、培训制度、考核和监督制度、职务晋升制度、薪酬制度以及相关的工作保障制度。人力资源管理流程中的各个环节并不是孤立的，各个环节之间是相互作用、相互影响的。

四、教育领导团队的构建

教育领导团队指由教育组织中相关领导成员组成的起领导作用的团队。教育领导团队由两个或两个以上的学校管理者组成，领导团队成员之间分工合作、相互配合，在共同的工作理念与目标指引下，履行各自特定的任务或职责，共同完成组织领导工作目标的组织形式。高效教育领导团队具有以下特征：一是强有力且目标明确的领导；二是具有精确而细致的目标；三是具有高素质的团队成员；四是具有和谐的协作氛围；五是沟通渠道畅通有效。

构建高效教育领导团队的策略有以下四点。

(1)年龄结构的梯队策略——新老结合

学校管理团队成员的组合必须注重年龄结构的优化。最好的做法是，对老、中、青不同年龄的人员进行恰当组合，使不同年龄段的人员都能进入学校管理层。

(2)心理结构的相容策略——刚柔并济

管理团队成员之间性格的相容是团队稳定、和谐的重要因素之一。一个理想的管理团队的性格组合应该是有柔中有刚，刚柔相济，从而形成一种感情、志趣、行为相投的管理团队性格和心理的合理组合状态。

(3)知识结构的互补策略——文理结合

具体来讲，在团队成员中既要有数、理、化等自然科学相应专业的人员，也要有文、史、哲等社会科学相应专业的人员。除此之外，团队成员中还应当有精通教育管理的人才和一些具有相关专业(领域)背景的专家。

(4)工作结构的配套策略——精兵简政

工作结构的配套，主要指学校管理团队的搭配要做到人员精、人数少、工作配套，符合精干有力的原则。

第三节　教育决策

一、教育决策的概念

西蒙(Herbert A. Simon)认为,管理即决策。他说:“正如行动的任务贯穿于整个组织一样,决策的任务也贯穿于整个管理组织中,二者紧紧地交织在一起。一般的管理理论必须包括能够确保作出正确决策的组织原则,正如它必须包括确保有效地行动的原则一样。”教育决策在教育管理中占据着同样的地位、角色,它是教育管理过程中的重要环节,直接影响着教育改革与发展的目标、方向。一个成功的教育决策通常会带来教育的发展,而一个失败的教育决策却往往阻碍教育的进步,甚至会造成严重的教育失误。

对教育决策内涵,即教育决策者为了实现一定时期的教育目标、完成特定的教育任务而对教育组织中的各项活动、事务所进行的方向性的规定与安排。

教育决策的主体是指各级教育政策的制定者,其中包括党和国家的各级机关、学校领导者以及参与教育决策的各相关利益群体。教育决策的内容是教育组织中的各项活动、事务。根据教育决策内容的涉及范围,可以将教育决策分为广义的教育决策与狭义的教育决策。广义的教育决策是指教育决策者对教育组织中的各项事务、活动的规定与安排,强调教育决策内容的全面性、过程性;狭义的教育决策是指教育决策者对教育组织未来发展中的各项事务、活动所作的决定,强调教育决策内容的前瞻性、即时性。教育决策的目的是实现一定时期的教育目标、完成特定的教育任务。任何的教育决策总是朝向某个预定目标的。现实教育管理实践中几乎找不到没有任何目标的决策活动,实现目标是一切教育决策最根本的任务。

二、教育决策的特性

1. 普遍性

教育决策的普遍性是指教育决策伴随教育管理的整个过程。一般管理理论将管理划分为四种职能,即计划、组织、领导和控制。决策活动贯穿于管理活动的始终,并且占有首要地位。虽然教育管理不能与一般管理职能一一对应,但管理学的研究成果对教育管理的研究同样具有借鉴意义。

2. 前瞻性

教育决策的前瞻性是指教育决策的超前意识与时代意识。教育决策应符合未来一定时期经济社会发展的需要,应与教育事业的发展方向紧密相连,这决定了教育决策必须要具备前瞻性的特点。

3. 求实性

教育决策的求实性是指教育决策要从实际出发,根据现有的教育资源与教育条件因地制宜地制定教育决策,既不要保守不前也不要好高骛远,做到实事求是。

4. 互动性

教育决策的互动性是指教育决策与实践之间的双向互动。教育决策者的主观判断通过教育决策而体现,教育决策的效果通过政策实施反映于客观教育实践,根据一定的标准对教育实践结果进行评价,其评价的结果又将对下一次的教育决策产生影响。

三、教育决策的类型

根据不同的划分标准,可以将教育决策划分为不同的类型。

1. 程序型决策与非程序型决策

根据所要解决的教育问题的性质不同,可以将其划分为程序型教育决策与非程序型教育决策。程序型教育决策所解决的问题具有重复性和例行性,同时也是教育决策者熟悉或是经常遇到的教育问题,在对此类问题作决策时,可以采用确定性、程序性的教育决策。例如,学校处理学生退课的程序、学校资助贫困学生的程序等。非程序型教育决策所要解决的问题具有突发性、不确定性,是教育决策者不能提前预知与掌控的教育问题。当教育决策者遇到此类问题时,没有现成的解决方案,只能根据具体问题作具体决策。例如,学校应对突发安全事件的处理。

2. 居中性决策、请求性决策与创造性决策

根据决策的来源与决策者身份的不同,可以将教育决策划分为居中性决策、请求性决策与创造性决策。居中性决策是教育决策者根据上级教育部门的工作方针与指示要求而作出的教育决策,旨在使下级教育部门与各级教育机构顺利贯彻实施决策的内容。请求性决策是指教育决策者发现教育组织中存在的问题并要求其改变与修正的教育决策。通常

情况下，请求性教育决策越多，越能反映出该组织所存在的教育问题越多。创造性决策是教育决策者将自己的主观判断与时代精神相互结合，创造性提出的能够推动教育发展的教育决策，它是实现教育改革与发展的重要推动力量。

3. 短期决策与中长期决策

根据决策内容作用的时间长短，可以将教育决策划分为短期决策与中长期决策。短期决策通常是针对一定时期的特定教育事件或特殊教育需要而制定的教育决策，作用时间一般在一年以内的教育决策，又叫业务性决策。中长期决策又称为战略决策或战术决策，其作用时间较长，不因外界因素干扰而需要长期坚持的教育决策，具有持续性。例如，我国教育改革与发展坚持教育公平的教育方针，缩小城乡、地区间的教育不均衡等即是长期教育决策。

4. 个人决策与群体决策

根据决策主体的不同，可以将教育决策分为个人决策与群体决策。个人决策也叫作个体决策，是指教育决策的整个过程由特定的某一个人制定完成的决策，个体决策能够花费较少的时间、精力，且教育决策者的决策思路不容易受外界影响。群体决策又称为集体决策，是指决策的整个过程由两个以上的参与者组成，所提出的决策方案是多人的共同意见与观点。

采用个人决策还是群体决策要视具体问题而定，通常情况下，较为重大的决策建议采用群体决策的方法，可以避免由个人主观认识所造成的失败决策。

第四节　决 策 技 术

决策技术是实现决策目标的工具，根据作出决策的信息性质，以及处理信息的手段的不同，可以将决策技术划分为定性决策技术与定量的决策技术。

一、定性的决策技术

定性决策技术是教育决策者根据本人或教育组织中其他成员的共同智慧所进行决策的方法。在定性决策方法中，教育决策者根据已有的知识储备以及教育经验通过逻辑思维与理论思维的加工，在对教育问题进行分析、判断的基础上作出决策，主要有以下几种。

1. 头脑风暴法

头脑风暴法(Brain Storming)是由美国心理学家亚历克斯·奥斯本(Alex F. Osborn)提出的一种被广泛应用的决策方法。头脑风暴法在于创造一种自由、轻松的谈话氛围,鼓励与会者畅所欲言,互相交流,在充分表达看法的情况下激起创造性思维的火花,使与会者的讨论结果不断趋向一致与集中,最终得到解决某一问题的特定方法。

2. 名义群体技术

名义群体技术(Nominal Group Technique,NGT)结合了头脑风暴技术的某些原则,其最大的不同是与会者不仅要提出解决问题的意见,而且还要对这些意见进行评价、投票选择。

研究表明,名义群体技术在提供意见的数量与质量方面均优于头脑风暴技术,同时也优于普通的群体决策技术。运用名义群体技术,教育决策中的各成员的创造性思维可以得到更多表达的机会,同时也获得了更多评价他人意见的机会。尽管如此,许多学校的管理者在实际操作时仍然没有很好地运用这种技术进行教育决策。

3. 德尔菲技术

德尔菲技术(Delphi Technique Method)是由兰德公司的研究人员在20世纪50年代创造的。与头脑风暴技术和名义群体技术相比,德尔菲技术的最大特点是与会者不进行面对面的讨论,其决策的产生完全依赖于一个“隐形的群体”。运用德尔菲技术进行决策时,参与者不需要集中于某一特定场所,可以通过发邮件的形式进行投票而产生决策结果,这给许多忙碌的专家提供了便利,可以不因时间与空间的限制而进行决策。同时,这也是收集覆盖较广范围信息时的有效方法,例如,某省在减轻学生课业负担的改革中可以通过对学生团体、教师团体、家长团体以及全国教育专家使用德尔菲技术,从而得出最终决策。其基本步骤如下。

(1)拟定决策提纲

在确定决策目标的情况下,设计调查问卷,并对调查问卷的内容进行反复修正。参与者的作答要求是:标明事件发生或是不发生概率的大小;对问题作出“是”或“不是”的明确回答;对判断的依据和判断的影响程度作出说明;对决策问题熟悉程度作出估计。

(2)选择参与者范围

所选择的参与者一般是有名望的或从事该工作数十年的有关方面的专家,根据调查内容的不同,可以适当将教职工群体、学生群体、家长群体作为参与者,但要控制好其所占的比例。人数一般控制在 10 ~ 15 人,对一些涉及范围较广、影响程度深的决策可以选择 100 人以上。

(3)独立决策

用发邮件或是单独谈话的方式要求每名参与者匿名写下对有关问题的决策意见和依据,并可以提供补充材料。

(4)整理收集决策资料

决策的组织者将所有参与者对问题的反馈信息进行收集整理,使其条理化、清晰化。

(5)修改决策意见

决策组织者将整理好的决策资料分发给每位决策参与者,使每一位决策参与者清楚地了解其他参与者对此问题的意见和解决方法。并要求每位参与者对其他参与者的意见和解决方法进行评价,进而对自己原有的解决方法进行改进与修正。

(6)得出决策结果

如果需要的话,组织要不断地重复(4)(5)两阶段的步骤,直到使决策参与者能达成一致意见。

如今,德尔菲技术被广泛应用于商业、政府部门、军队以及各级学校中,就所得出决策的满意度来说,德尔菲技术要远远优于普通群体的决策技术。但德尔菲技术也存在着某些难以克服的缺点,如受参与者主观影响较大,缺乏严格的论证;且反复收集决策资料、反馈决策所花费的时间较长等。

4. 电子会议技术

最新的决策技术是将专家会议与计算机网络技术相结合的电子会议技术。决策的参与者围坐在一个大的会议显示屏前,参与者可以通过自己面前的计算机终端设备将对问题的意见与解决方法显示到会议显示屏上,同时投票的结果以及个人对其他参与者意见的评价也将显示在会议显示屏上。电子会议技术有以下优点:

(1)匿名性

与会者通过匿名的方式将自己的意见输入电脑后,会议显示屏只显示意见的内容,而不显示意见的来源。

(2)真实性

与会者在不受外界干扰的情况下,凭借自己对该问题的看法直接表达观点,且会议显示屏所显示内容与与会者敲击进入电脑的内容完全一致。

(3)三是高效性

数据显示,在采用电子会议技术进行决策比传统面对面会议的决策方式快55%。

由于电子会议技术的诸多优点,各企业单位、行政机构以及教育组织在进行决策时也逐渐开始使用此种决策技术。

综合以上四种定性技术,一个基本的共同点在于改变以往互动群体法的诸多弊端,促成真正的观点迸发和交流,提高决策的科学与民主。表14-1描述的是这几种方法或技术之间的区别。

表14-1　各种决策技术的比较

决策技术	头脑风暴法	名义群体技术	德尔菲技术	电子会议技术
观点的数量	中等	高	高	高
观点的质量	中等	高	高	高
社会压力	低	中等	低	低
成本	低	低	低	高
决策速度	中等	中等	低	高
任务导向	高	高	高	高
潜在的人际冲突	低	中等	低	低
成就感	高	高	中等	高
对决策结果的承诺	不适用	中等	低	中
群体凝聚力	高	中等	低	低

二、定量的决策技术

定量决策技术是建立在数学运算的基础上,通过结合统计学、运筹学以及电子信息技术等科学手段,将决策的影响因素用数值大小表示、建立数学模型,以期求出方案的损益值,供决策者参考使用的决策方法。定量决策的技术法比较于定性决策技术的最大优点就是,克服了决策者主观因素的干扰,其决策的结果通常以数据作为支持,从而大大加强了进行决策的可信度与说服力。

1. 决策树

决策树是将所要决策的问题通过图形来进行表达,通过计算解决问题的不同方案的损益值与期望值,选出较好方案的决策方法。决策树有决策节点、方案枝、自然状态点、概率枝等组成,从左向右形成树形网状图如图 14－1 所示。

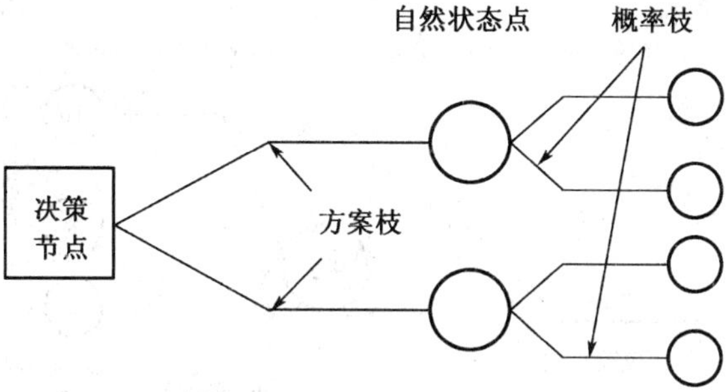

图 14－1　决策树结构图

【案例分析】

某高中在进行规范化学校建设时需扩大原有操场面积,通过对学生群体与教师群体的调查,对扩大操场面积的需求可分为高需求(0.3)、中需求(0.5)和低需求(0.2),且可采用两种方案进行改造。第一是用水泥建造,需要投资 30 万元;第二是铺塑胶跑道,需要投资 45 万元。据推算五年后,两种方案在三种不同需求状态下的预期使用收益如表 14－2 所示。试问应该采取哪种方案才能获得最大的预期使用效益?

表 14－2　两种方案的具体情况　(单位:万元)

	高需求	中需求	低需求
水泥操场	10	8	4
塑胶操场	16	12	2

根据两种方案情况画出决策树,如图 14－2 所示。

根据图 14－2 计算出预期使用效益如下：

方案一：$(10\times0.3+8\times0.5+4\times0.2)\times5-30=9$（万元）

方案二：$(16\times0.3+12\times0.5+2\times0.2)\times5-45=11$（万元）

比较两个方案的预期使用效益，选择塑胶操场建设方案，剔除水泥操场建设方案枝。

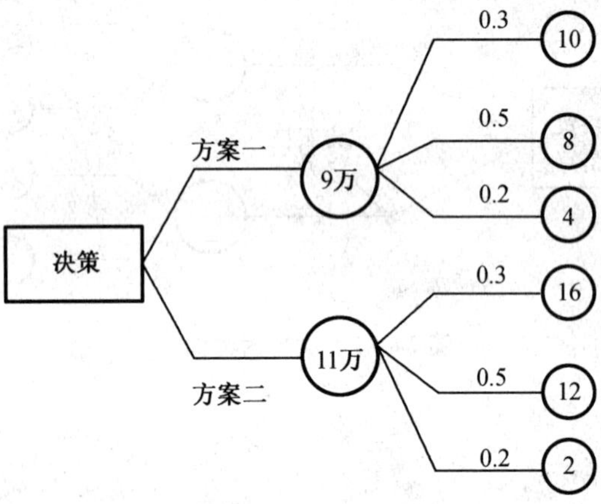

图 14－2 决策树图

2. 矩阵汇总

矩阵汇总法是把所要考虑的决策因素汇总起来，对各因素赋予一定的权重比例，通过计算得出总分，以方便决策者作出选择的决策方法。

【案例分析】

某小学要对教师进行评优工作，现有甲、乙、丙、丁四名教师进入最后评选范围，教师评价分数与学生评价分数见表 14－3，且赋予教师评价分数的重要性权数为 0.4，学生评价分数的重要性权数为 0.6，试问应如何评选一、二、三等奖。

表 14－3　教师评价分数与学生评价分数表　（单位：分）

	甲	乙	丙	丁
教师评价	92	90	86	93
学生评价	88	86	94	89

分别计算教师评价分数的加权值以及学生评价分数的加权值，并进行加总后得出总分，如表 14－4 所示。

表 14－4　四位教师的评价矩阵汇总表　（单位：分）

	教师评价分数	教师评价分数加权值（教师评价分数×0.4）	学生评价分数	学生评价分数加权值（学生评价分数×0.6）	总分
甲	92	36.8	88	52.8	89.6
乙	90	36	86	51.6	87.6
丙	86	34.4	94	56.4	90.8
丁	93	37.2	89	53.4	90.6

从表 14－4 中可以看出甲、乙、丙、丁的最后总数大小。因此，丙为一等奖，丁为二等奖，甲为三等奖。

3. 优选理论

在现实教育决策中，决策者往往并不完全按照决策树或是矩阵汇总的方法得出结果，进行决策。通常越是重要的决策，越是如此。

【案例分析】

某小学的校长正面临两个可供选择的校本课程改革方案，A 方案预期所获收益成果（假设为 1 000 单位）较高，但成功概率（0.2）较小，且一旦失败将损失（假设为 100 单位）重大；B 方案预期所获收益（假设为 100 单位）小于 A 方案，但成功概率（0.9）较大，且不成功也没有太大的损失（假设为 0 单位）。按照决策树或矩阵汇总思路进行选择时，应该选择 A 方案。

在实际中，教育决策者通常会考虑到一旦 A 方案失败，对学校的损失是巨大的，而且也会影响到自己本人的声誉与前途，再加之 A 方案的风险性较大，因此许多教育决策者会选择比较平稳的 B 方案。所谓优选理论就是用来分析决策者面对风险时所采取的态度，即分析风险爱好者或是风险规避者在面对风险时所作出决策的理论。

根据优选理论，决策者根据所面对人、事、物的不同会作出不同的决策，而且有些决策者天生就不喜欢冒风险行事，只有当事情百分之百成功时才会作出决策。相反，有些决策者则勇于冒风险，敢于打破旧的思路、尝试新鲜事物。图14－3给出了四种典型的风险曲线，即谨慎者曲线、冒险者曲线、平均曲线和个人偏好曲线，体现了人们对待风险的几种典型态度。

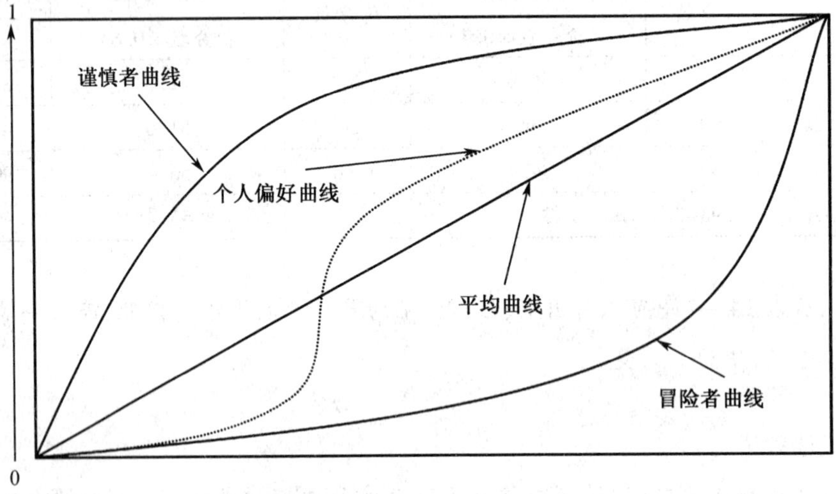

图 14－3　风险曲线

三、计算机模拟支持决策

1. 计算机模拟的定义

计算机模拟是在宏观上进行基于数据的教育决策时不可或缺的一部分。计算机模拟是以相似原理为基础，以计算机和相关专用设备为工具，利用系统模型对真实的或设想的系统进行动态分析的一类综合性技术。计算机模拟综合集成了信息处理技术、系统科学、软件工程、图形图像技术、多媒体技术、计算机网络技术等。计算机模拟技术不仅仅是一类有力的科学研究手段,它也是人们认识客观世界的新利器。进入21世纪,计算机模拟技术在科学研究、工业、军事、交通、教育等领域得到越来越多地应用。在当今信息时代,大数据以及大数据的分析手段在教育领域已经得到了广泛应用。然而,对基于数据的教育决策的研究,大多数还停留在微观和中观层面。如何利用大数据和计算机模拟技术来辅助地区乃至国家层面的宏观教育决策,还是一个有待研究的领域。

随着当前社会的快速发展和信息大爆炸时代的到来,组织机构和个人面对不断涌现的海量数据和变革的社会环境,只有做到有效的决策,才能在当前的社会环境中得到不断发展。显而易见,仅凭个体记忆的少量先验知识进行决策已经不能适应大数据时代发展的形势,如何进行科学决策成为组织机构面临的重大课题。而计算机模拟支持决策技术作为一类新兴的决策支持手段可以帮助组织机构和个人获取和筛选海量的决策信息、设计和开发高度相似的模拟系统,模拟各种备选方案的演化过程和最终结果,结合相关决策支持理论,就可以为组织机构和个人提供有价值的决策方案,降低组织机构和个人的决策风险,保障组织机构和个人决策目标的实现。

计算机模拟支持决策技术是近年来发展起来的一类综合性科学技术。通常地,决策对象和决策过程都不能通过真实的客观再现来进行分析,因此计算机模拟支持决策技术就成为一类研究决策过程的重要手段和途径。计算机模拟支持决策技术是对决策对象和决策过程进行系统模拟的一类技术,它通过构建系统模型,开发模拟系统,模拟系统的演变过程和行为,进而模拟决策对象或决策过程发展变化的规律,在计算机等专用设备上实现对决策对象或决策过程的全过程模拟。在计算机模拟支持决策的整个过程中,人们可以通过对模拟系统运行状态的跟踪和分析,研究被模拟的决策对象或决策过程的运行状态各项参数,以此来预测和推断实际决策对象或决策过程的真实演化规律,为人们的科学决策提供真实考虑的数据和依据。

2. 计算机模拟的步骤

计算机模拟支持决策技术的主要实施方法包含八个步骤。

(1)确定需要决策的问题

这一步骤的主要任务是明确决策目的和主要决策问题及其假设条件,确定研究对象或系统的边界，并对问题涉及的主要变量进行表征。

(2)研究对象的系统分析

对决策问题的研究对象进行辨识，确定研究对象的主要变量，分析研究对象的参考模型，梳理决策系统主要变量之间以及主要变量与其他变量之间的相互关系。

(3)建构系统模型

运用系统动力学原理对决策研究对象构造系统模型，以预先假设条件为参考，分析系统内部各部分之间的相互依存、相互作用的关系，完善模型的结构，实现模型的形式化表征和定量化描述。系统模型是一个系统某一方面本质属性的描述，它以某种确定的形式(如文字、符号、图表、实物、数学公式等)来提供关于该系统的知识。系统模型一般不是系统对象本身，而是现实系统的描述、模仿或抽象。

(4)设计和开发计算机模拟系统

根据系统模型的形式，计算机的类型以及模拟目的将决策研究对象的系统模型转变成计算机模拟模型，确定计算机模拟模型的框架、结构和参数。设计和开发计算机模拟系统，设定计算机模拟系统的运行条件和参数数值。

(5)运行计算机模拟系统

根据计算机模拟支持决策的目的和模拟系统的运行参数和数据，在计算机等专用设备上进行计算机模拟系统，模拟整个决策研究对象的演进过程，跟踪和记录计算机模拟系统随时间变化的运行状态和特征数据。

(6)检验计算机模拟系统

通过分析计算机模拟系统的模型结构和主要变量的运行参数和数据以及模拟系统在极端条件下的适应性，检验计算机模拟系统的有效性。根据检验的结果，不断修正系统模型和完善计算机模拟系统，使其成为一个与实际系统高度一致的计算机模拟系统。

(7)模拟系统结果分析

根据计算机模拟支持决策的研究目标和决策问题，对已经通过有效性检验的计算机模拟系统的运行状态的条件、参数和特征数据等进行整理和文档化，研究随时间变化的模拟系统的演进规律，为科学决策提供客观有效的评判依据。

(8)决策方案分析

决策者根据计算机模拟系统的运行数据和计算结果，深入分析备选决策方案的计算机模拟的实际实施效果，比较不同备选决策方案的优缺点，选择最优的决策方案。

本章小结

本章的内容包括四个部分。在教育领导部分，介绍了教育领导的含义，有效教育领导的特征；在教育领导者部分，介绍了教育领导者的角色，教育领导者的专业素养与专业标准，教育领导者的专业发展，教育领导团队的构建等内容；在教育决策部分，主要介绍了教育决策的概念、特性、类型。在本章的第四部分，从定性和定量两个方面以及计算机模拟决策介绍了教育决策技术。

复习思考题

1. 教育领导的概念及特征是什么？
2. 有效教育领导的特征是什么？
3. 教育领导者需要具备哪些专业素养？
4. 如何有效促进校长专业发展？
5. 什么叫作教育决策，有什么特征？

第十五章　教育规划与教育计划

第一节　教育规划

一、国家教育发展规划

从国家层次来讲,教育规划一般指一个国家或一个地区在一定时期对教育事业的发展规模、规格要求和所采取的重要措施等拟定的计划或纲领,是国民经济和社会发展规划的重要组成部分。在社会主义国家,制定教育规划,是有计划按比例地办教育事业的一个重要标志。规划通常分长期规划（10 年及以上）、中期规划(5 年左右)和短期规划(1 年左右)。

教育规划是根据社会发展和教育进步的需要,在确立教育发展总目标的同时,还要对教育发展的子目标,相关因素进行必要的划分和分析,以此为基础提出实现规划目标的合理方法和途径。教育规划既为教育事业确定了行动的指南,又为教育提供了重要的理论依据。

教育规划的内容,包括说明规划期间教育工作与社会、政治、经济的各种关系,指出教育要为什么目的服务,要培养什么规格的人,采取什么途径和方法来达到预定的目的。此外,还包括各项工作指标、工作的程序和步骤,以及规划实施中可能会产生什么障碍和困难,如何协调工作的进展等。

制定教育规划必须有科学依据。在中国制定教育规划的主要依据:一是根据教育在建设社会主义精神文明、物质文明,发展科学技术,培养人才和可供社会咨询等方面的功能来制定教育规划,使教育在中国社会主义现代化建设中发挥应有的作用;二是依据教育必须与经济发展相适应,使社会的人才供需在数量上和规格上基本平衡。在制定教育规划时:要摸清各部门现有科技干部队伍的状况。这是确定新的人才需求量的出发点。要以国民经济发展规划为依据,做好人才预测。要对本国或本地区的教育培养能力做出客观估计。

要从实际需要出发，调整本国或本地区教育，实行多样化、多层次、多规格办学；实现专业比重协调化，使数量规格与要求一致，培养各级各类人才的比例合理化。

我国现行的国家层面的教育发展规划包括教育部 2010 年 7 月 29 日颁布的《国家中长期教育改革和发展规划纲要(2010—2020 年)》，内容包括总体战略、发展任务、体制改革、保障措施四个部分，内容共计二十二章，以及 2016 年 3 月 17 日颁布的《中华人民共和国国民经济和社会发展第十三个五年规划纲要》第五十九章关于推进教育现代化，对我国 2016 至 2020 年关于加快基本公共教育均衡发展、推进职业教育产教融合、提升大学创新人才培养能力、加快学习型社会建设、增强教育改革发展活力等五个方面进行了具体的规划部署。

二、区域教育发展规划

1. 区域教育发展规划的含义

区域教育发展规划是区域发展规划的重要组成部分，是为了实现区域教育发展的战略思想和目标，以规划区域教育发展的战略重点和战略措施为基本指向而进行的决策谋划。编制区域教育规划的目的是为了适应特定区域的发展需求，为该区域的社会经济发展和教育发展服务。

2. 区域教育发展规划的特点

区域教育发展规划的特点如下：

(1)战略性与战术性(操作性)相结合；

(2)宏观性与微观性(具体性)相结合；

(3)现实性与探索性相结合。

3. 制定区域教育发展规划的意义

制定区域教育发展规划的意义如下：

(1)提出区域教育发展的愿景与目标，促进区域教育均衡发展；

(2)分析区域教育发展状况，及时解决区域教育的实际问题；

(3)弘扬终身学习、终身教育理念，形成区域学习型社会。

4. 区域教育发展规划的类型

(1)政府推动型，由国家主导、政府推动制定的区域教育发展规划，首先是来自国家(或省级政府)教育管理部门的行政行为。

(2)区域间合作型,在某些跨省市(或者跨县市)区域内部,以合作互利的方式推动区域教育发展规划,这也是区域教育发展规划制定的一种形式。

5. 区域教育发展规划的主要内容

区域教育发展规划纲要大都包括总体战略、发展任务、体制改革和保障措施四部分内容,而且基本内容也几乎一致,只是在言语表达上稍有不同。

有些区域教育发展规划,除了上述四个部分之外,还增加了"重大项目"的内容。某些区域中长期教育发展规划,从表述形式上看,没有上述部分,但其具体内容,也大致涉及"总体战略、发展任务、体制改革和保障措施"四个方面的内容。

三、学校发展规划

1. 学校发展规划的基本含义

学校发展规划是指学校根据国家或地区教育发展战略计划的要求,结合自身条件,对学校未来三至五年内要达到的主要目标和发展途径,如学校发展目标、发展规模与速度、组织结构、人力资源、办学条件和实施策略等方面所做的安排。学校发展规划包括确定社区未来三至五年对学校的需求,寻找学校发展中存在的主要问题,展望学校发展的前景和目标,提出实现这些目标优先需要解决的问题、办法、行动计划和措施。

理解发展规划,需要注意以下几个方面。

(1)学校发展规划绝不是几位校长冥思苦想的结果,也不是请人捉刀代笔的文案,它应由校长、教师、投资方、学校管理者、学生家长、学校管理委员会、地方教育官员等共同参与,立足于学校实际制订的学校发展的行动计划。

(2)学校发展规划的制定,应立足过去,指向未来,既有对过去的诊断和分析,又有对未来的预测和憧憬。

(3)从时限上看,学校发展规划往往是学校三到五年的远景规划。

2. 制定学校发展规划的意义

(1)分析学校发展成绩与问题,明确发展方向

制定学校发展规划,最基础的工作就是研究学校的内部与外部环境,分析学校的传统和现状,了解学校已经取得的种种成绩和尚未解决的各种问题,对学校进行准确定位。在此基础上,确定学校在一定时期内活动的方向和所要达到的水平,即目标。经历了这个过

程，学校教职员工就可以在学校发展的愿景与目标的引导下，清楚明白学校的总体发展方向以及未来几年内的工作重点。

(2)提升全校教职员工的整体思维

所谓学校发展规划，就是在有关专家的帮助下，学校全体教职员工反复研究讨论、字斟句酌而达成的统一认识，是所有人的教育理想的凝结。此时，大家更为关注的是学校的整体发展而不是个人的蝇头小利，所以，学校发展规划制定的过程，也是全体教职员工团结奋进、众志成城，为了学校的发展、为了学生的发展而献计献策、同心协力的过程，这个过程无疑也提升了教职员工的全面而宏观的思维水平。

(3)促进全校教职员工的主动发展

学校发展规划的制定，帮助学校全体教职员工找到了努力的方向，也让每个人看到了自己存在的价值。学校发展规划构成了学校教职员工主动发展的诱因，促进了个体行动上的积极主动。

3. 学校发展规划的内容

根据以上对学校发展规划的分析，学校发展规划应包括以下几个方面的内容。

(1)学校的现状分析

一般包括学校历史和办学传统，学校发展中的特色和优势，学校发展中存在的问题，学校目前面临的挑战，社区及教职工对学校的期望等方面的分析。

(2)办学理念和办学指导思想

在不同学校的办学规划中，这一部分的表述存在差异，但以办学理念、办学思想、办学指导思想三种表述居多。

(3)学校发展目标定位

学校发展目标主要由学校的办学目标和培养目标两方面构成。办学目标是指学校准备在将来多久的时间内发展成为一所什么样的学校，其中的重要内容是学校的办学特色；培养目标则是学校希望将本校学生培养成为什么样的人，其中很多内容是由党和国家的教育方针和法律规定的。

(4)学校发展规划的实施系统

本部分主要是针对学校选择的优先发展项目，分别确定具体目标、具体任务、实施步骤等。

(5)学校发展规划的保障系统

主要有以下内容:组织保障(学校的组织体制和运行机制方面的保障)、队伍保障(师资队伍、科研队伍和管理队伍的保障)、学校条件的保障(学校的硬件建设的保障)、制度保障(管理制度、评价制度等方面的保障)。

4. 学校发展规划的设计步骤

(1)学校现状的调查分析

这一步主要是在对学校的原有基础、办学传统及教育需求进行分析的基础上,明确学校发展的优势和劣势,寻找学校进一步发展所面临的问题和亟待解决的问题,从而为确定学校的办学方向和学校发展目标提供依据。

(2)对学校发展的目标进行定位

学校发展的目标一般包括三个维度,即方向(办学特色)、程度和时间。学校发展目标的三个维度中,最重要的是方向,而方向往往又是和学校特色的定位相联系的。

(3)制订各部门行动计划

行动计划,是学校发展目标实现的重要保障,是学校发展规划中可操作的一环。行动计划一般包括两个系统:一是支持保障系统,包括达成目标所需的思想保障系统、组织保障系统、队伍保障系统、制度保障系统、经费和条件等保障系统;二是反馈调控系统,建立反馈网络、反馈渠道,并建立有效的调控系统。

(4)建立监控和评价机制

学校规划从本质上讲是一种过程,实施监控和评价有助于学校在这一过程中进一步完善和修订计划。

第二节　教育计划及其编制过程

一、教育计划及其作用

计划是将覆盖了一定时间跨度的目标以书面的形式表达出来为组织成员所共享,同时为达成这一目标而对全过程进行系统、全面、合理的分析,并进一步提出实现这一目标的具体行动方案,即组织管理者明确规定了通过什么途径促使组织和组织成员实现其希望达到的目的。

计划解决的是“做什么”“谁来做”“怎么做”“什么时候做”“在什么地方做”等问题。

计划、规划同属于计划性文体,但是同中有异,它们之间的主要差异是:第一,范围大小不同。规划是从宏观的角度,全面地展望前景,对全国或某一地区、一项事业或较大工作的原则的谋划。规划的规模宏大,涉及面广,概括性强。计划的规模没有规划大,涉及面没有规划广,综合概括的程度没规划高。第二,时限长短不同。规划是比较长远的发展计划,时间可以是3年、5年,也可以是10年、20年。规划的适用期较长,但时间性要求不严格。计划比规划的时间性强一些,期限短,限期完成某一任务。第三,内容具体程度不同。规划的内容庞杂概括,对某个事业、某一任务、某项工程往往是原则性地展示出发展蓝图。规划不作具体安排,主要是定目标、定规模、定前景,富有理想性和感召力。计划比规划在内容上要单一些、具体一些,有强烈的约束性。计划主要是定任务、定指标、定时间。

在国家教育方针与政策的指导下,教育组织将一定时期内预定的目标及任务以书面的形式表达出来,并对之进行系统、全面而合理的分析,同时提出实现这一目标的具体行动方案,使组织所有成员共享并为之努力。这种书面形式的目标设定与行动方案就是教育计划。

计划在管理的几个阶段中处于首位,这不仅因为从管理过程的角度来看,计划工作先于其他管理职能,还在于计划工作影响着并贯穿于组织、实施与控制中。计划对组织的影响是计划的实施可能需要在局部或整体上改变一个组织的结构,设立新的职能部门或改变原有的职权关系。在实施过程中,计划既是组织成员努力的方向,更是他们行为的标准。计划和控制尤其是分不开的:控制就是纠正脱离计划的偏差,计划为控制工作提出标准。此外,控制职能的有效行使,往往需要根据情况的变化拟定新的计划或修订原有计划,而新的计划或修改过的计划又是连续进行控制的基础。计划对于组织或者个体都具有重要作用。

首先,计划给出了组织的管理者和非管理者共同的奋斗目标和努力方向。计划是以书面的形式表达出来为组织成员所共享的目标,这就是组织成员需要为之奋斗的共同愿景。

其次,计划可以通过迫使管理者具有前瞻性来降低不确定性。计划包括确定使命和目标以及完成使命和目标的行动,这就需要进行决策,需要从各种可供选择的方案中确定行动方案。因此,计划为实现预定目标提供了一种理性方法。

最后，计划预先设定了目标和标准，这些目标和标准可以用于过程的控制以及结果的评价与反馈。

二、教育计划的编制过程

按照传统的计划方法，计划是由位于组织最高层的管理者们在正式的计划部门的辅助下制订的。在计划过程中，一些专职的计划专家负责制定各种各样的计划。现在，更加提倡的是吸收更多的组织成员参与计划过程。

不论是自上而下的计划过程，还是自下而上的计划过程，大体上都包括下面八个步骤：始于识别问题和确定影响因素；然后进入到开发、分析和选择备择方案；接下来是实施备择方案，以及最终评价结果。

步骤1：识别问题。计划的制订过程开始于一个存在的问题，或者更具体地说，开始于现状与希望状态之间的差异。管理者必须保持谨慎，必须理解问题的三个特征——意识到问题、迫于压力采取行动、拥有行动所需的资源，以避免混淆问题和问题的征兆。

步骤2：确认影响因素。在这一步中，管理者必须决定什么与计划有关。

步骤3：为影响因素分配权重。在第2步中确认的各种因素并不是同等重要的，所以计划制订者必须为每一项因素分配权重，以便正确地规定它们的优先次序。

步骤4：开发备择方案。计划过程的第4步要求计划制订者列出可供选择的问题解决方案。在这一步中，希望计划制订者能创造性地提出一些备择方案，只需列出即可，无需对所列出的方案进行评估。

步骤5：分析备择方案。一旦确认了备择方案，计划制订者必须认真地分析每一种方案，将每一种方案与第2步和第3步中建立的问题产生原因进行比较。

步骤6：选择备择方案。这一步就是需要从所有的备择方案中作出选择，所选择的方案是在第5步中具有最高得分的方案。

步骤7：实施备择方案。计划制订者通过把计划结果传达给有关人员并获得他们的承诺而将计划付诸行动。在计划实施阶段，管理者还需要重新评估环境发生的所有变化，以便随时随刻对计划进行反馈与修正。

步骤8：评价计划结果。计划过程的最后一步是评价计划结果，看问题是不是得到了解决、所选择的方案和实施结果是否达到了预期的效果。

如果评价结果表明问题仍然存在，就需要管理者仔细地分析：哪里出了错误？问题是否被错误地定义？在评估各种备择方案时是否出现了偏差？方案的选择是否是正确的？方案的实施过程有没有问题？这也许要求管理者重新回到计划过程。

第三节　教育计划制订的技术与工具

一、教育预测

计划过程大体上都包括八个步骤，其中一个步骤就是识别问题和确定影响因素。而教育预测是评估环境、确定影响因素的技术之一，是教育计划工作的一个重要组成部分。教育管理者需要教育预测，教育预测使得教育管理者们能够有效地预测未来的教育事件。

1. 教育预测的含义

预测是指预先或事先对事物进行推想和估计。教育预测是指人类在教育领域中从事的预测活动，也就是以教育现象为预测对象，对其发展趋势或倾向作出科学的估计。

教育预测的基本特征包括前提性、时间性和描述性。前提性是指教育预测是在一定前提条件下作出来的。时间性是指教育预测具有一定的时间概念，这种时间概念有时笼统地表示为将来、今后、在未来的几十年中，也可以确切地给定，如1990年和2000年。描述性是指教育预测必须描述预测对象的特征，教育预测通过描述事物的特性，如状况、数量、质量等的变化，进行预报或预言。

2. 教育预测在教育计划中的作用

没有对教育发展未来状况的预测和预计，就没有制定教育计划的基础；教育计划必须以教育预测为基础、为条件。教育预测在教育计划中的作用表现如下：

(1) 为教育计划目标的设定提供科学依据；

(2) 为教育计划中可行方案的选择提供服务；

(3) 为教育计划实施中的修改、补充提供服务。

3. 教育预测的技术

预测技术可以分为定量预测与定性预测两种类型。定量预测是运用一组数学规则，根据过去的一系列数据来预测未来。定性预测是运用判断和根据熟悉情况的人员的意见来预测结果。定性预测技术通常用于只能收集到有限数据的情况(见表15-1)。

表15-1 教育预测的技术

技术	描述
定量预测技术	
时间序列分析	用数学方程拟合某个趋势曲线,然后根据此方程预测未来
回归模型	根据已知的或假设的变量预测另一个变量
经济计量模型	采用一组回归模型模拟经济的某个部分
经济指标	采用一个或多个经济指标预测经济的未来状态
替代效应	采用数学公式预测一种新产品或新技术怎样、何时以及在什么情况下将替代原有的产品或技术
定性预测技术	
评价小组意见	综合考虑教育专家的意见
教育者与管理者的意见构成	综合教育者和管理者的看法,以确定学生及其家长的教育期望
学生及其家长的评价	依据现有的学生及其家长的意见和建议所做的估计

二、项目管理

今天的世界是纷繁复杂的,管理者们必须在时刻变化而且日益复杂的环境中进行计划,这是一项挑战。项目管理作为一种计划技术,非常适合于这种环境。项目管理强调柔性,在组织所处的上述环境中,它对制定更有效的计划来说是非常重要的。

1. 项目管理的含义

项目管理是使项目活动按时间进行、不突破预算和符合规范的一种管理活动。

项目管理的适用条件是:项目具有独特性;项目拥有具体的截止日期;项目任务之间包含着复杂的相互关系;项目要求组织成员拥有特殊的技能;项目具有临时性。

2. 项目管理系统

成功的项目管理离不开一个良好的项目管理系统。一个项目管理系统通常包括七个部分,即人、文化、方法、组织、计划、信息和控制。其中,人是整个系统的核心,构成了项目管理系统架构的基石。文化和组织是指项目所处的环境、社会认同及人们的世界观与价值观,这是实施项目时需要特别注意的外部环境。方法是指用来管理项目的方法,如工作分解结构、网络进度图和挣得值法等。控制是指当该项目现有状态偏离目标时而提供建议、采取措施;计划和信息是实施控制的基础,没有计划就没有控制的依据和参考目标,而没有信息也将无法判断项目当前所处的情况。

3. 项目管理过程

在典型的项目管理中,工作是由项目团队实施的,团队成员来自各自的工作领域,他们向项目经理报告,项目经理协调各个部门参与项目的活动。当项目团队完成了项目目标以后,团队就解散,团队成员又转移到其他项目上,或者返回他们原来的工作领域。

项目计划过程的基本特征如图 15－1 所示。

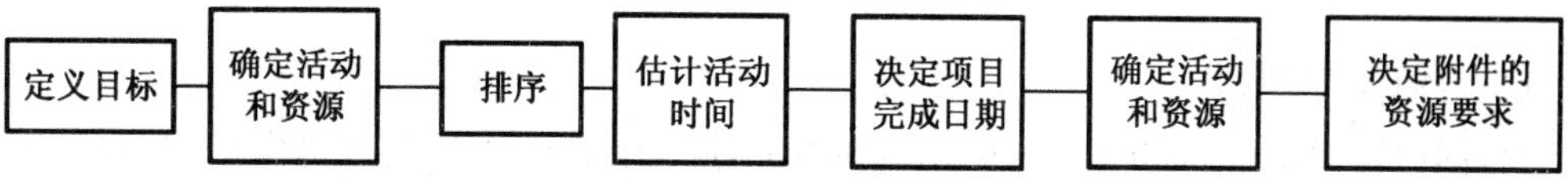

图 15－1　项目计划过程

一个项目的全过程或项目阶段都需要有一个相对应的项目管理过程。这种项目管理过程一般由五个不同的管理具体工作过程构成。

(1)起始过程

它包含有:定义一个项目阶段的工作与活动,决策一个项目或项目阶段的起始与否,以及决定是否将一个项目或项目阶段继续进行下去等工作。

(2)计划过程

它包含有:拟定、编制和修订一个项目或项目阶段的工作目标、工作计划方案、资源供应计划、成本预算、计划应急措施等方面的工作。

(3)实施过程

它包含有:组织和协调人力资源和其他资源,组织和协调各项任务与工作,激励项目团队完成既定的工作计划,生成项目产出物等方面的工作。

(4)控制过程

它包括:制定标准、监督和测量项目工作的实际情况、分析差异和问题、采取纠偏措施等管理工作和活动。这些都是保障项目目标得以实现,防止偏差积累而造成项目失败的管理工作与活动。

(5)结束过程

它包括:制定一个项目或项目阶段的移交与接受条件,项目或项目阶段成果的移交,从而使项目顺利结束的管理工作和活动。

三、目标管理

目标管理是20世纪50年代以后发展起来的一种管理方法,它以组织的总目标为中心,运用系统方法建立分层的目标体系,通过分权调动被管理者的能动性,从而有效地完成组织任务。

1. 目标管理的概念

目标管理(Management By Objectives,MBO)是一个组织成员共同确定组织目标并依据这些目标的达成与否来评估员工绩效的过程。目标管理的方法不是将目标仅仅作为一种控制方法,而是要确保团队成员做他们应该做的事情,同时将目标能否达成作为激励团队成员的方法。

目标管理包括四个要素:确定目标、参与决策、明确期限、绩效反馈。其中最为重要的一个要素就是目标。

设计良好的目标具有以下特征:是以结果而不是以行为表述的;是可度量和定量化的;具有清楚的时间框架;具有挑战性但却是可达到的;书面的;是与组织的有关成员沟通的。

2. 目标管理的特点

(1)面向未来

目标具有未来指向性,目标管理是具有发展性、创新性的管理,不是保守的管理。

(2)系统性的管理

在这一管理方式中,目标是全部组织活动的中心。同时,目标动员所有组织成员参加管理。

(3)重视成果的管理

重视成果是指一个组织设定的目标水平的高低以及这些目标实现的程度,其水平越高、实现程度越大,目标成果就越大。

(4)重视人的管理

目标管理方式强调人是管理的核心和动力,规定必须引导所有组织成员都参加管理。目标管理的特点之一是使管理原则操作化,在制定目标、执行目标和检查目标执行情况等各个环节都规定了一般组织成员参与管理的具体办法,非常有利于调动人们的积极性。

3. 目标管理的过程

目标管理过程指目标管理实行的活动程序。它与一般管理模式一样,也包含了计划、执行、检查和总结等几个基本环节。

计划阶段包括确定目标和分解目标两个环节及论证决策、目标分解和定责授权三项活动。

论证决策是指选择目标,即设计目标并说明其必要性和可行性的过程,这是目标管理的关键一步。制定学校的总目标时应包括总方针、定量目标和保证措施几部分。

目标分解就是将总体目标在纵向、横向或时序上分解到各层次、各部门以至具体人,形成目标体系的过程。目标分解是明确目标责任的前提,是使总体目标得以实现的基础。

定责授权,是在分解目标的基础上,明确各个部门及个人的权利与责任。

执行阶段的具体工作包括咨询指导、检查控制和调节平衡三项。咨询指导是目标管理活动中有特色的管理行为,因为目标管理强调给下属较多的自主权,所以上级对下属的工作较少直接命令,而是更多地通过出主意、提供信息供参考等办法实施间接引导。

检查不仅指对下属工作进行检查,还要检查管理者向下级所授之权和所应提供的资源是否到位。

控制是通过反馈纠正偏差的管理行为。目标管理的控制应注重每个团队成员的自我控制,管理者仅对关键方面实施控制而不要事无巨细都加以干涉。

检查和总结阶段包括三项工作,即考评结果、实施奖惩和总结经验。

本章小结

本章首先从国家、区域、学校三个层面对教育规划进行了论述。接着对教育计划的作用及编制过程作了介绍，最后介绍了三种教育计划制定的技术与工具，分别是教育预测、教育管理、目标管理。

复习思考题

1. 教育计划的编制过程是怎样的？
2. 区域教育发展规划具有什么样的特点？
3. 学校发展规划的制定步骤是什么？
4. 项目管理的过程是怎样的？
5. 目标管理的过程是怎样的？

第十六章　教育督导

第一节　教育督导概述

一、教育督导的含义

教育督导是根据本国的有关教育方针、政策、法规和制度对教育工作(包括教育行政工作和学校的组织领导、教育、教学、总务、人事工作)进行视察、监督、指导、建议的活动,旨在加强国家对教育事业发展的全面管理,以保障教育方针和政策的贯彻执行,提高教育质量,促进教育事业的健康发展。具体讲,教育督导机关和人员依据党和国家的教育方针、政策,按照督导的原则和标准,使用科学的方法,对教育行政工作和学校工作通过精密的观察、调查和考核,进而作出审慎的分析和评价,指出成绩和缺点,并提出积极改进意见,使教育工作质量不断得到提高的活动。

从教育行政是国家行政的组成部分的观点出发,教育行政系统中的督导活动,是随着教育行政的产生而出现的,是在现代教育行政发展中制度化的。它是教育行政的一个职能,是教育行政中的一个重要组成部分。由于它对教育行政效率及教育的发展具有保障作用,因此,教育督导制度的改革和完善已成为当今各国教育管理机制中的一个课题。

在 2012 修订年公布的《国家教育督导条例》中,教育督导包括以下内容:一是县级以上人民政府对下级人民政府落实教育法律、法规、规章和国家教育方针、政策的督导;二是县级以上地方人民政府对本行政区域内的学校和其他教育机构(以下统称学校)教育教学工作的督导。条例把教育督导分为综合督导和专项督导,在基层督导工作中,有时会对辖区内的教育机构(学校、幼儿园)开展随机性的督查活动,被称为随访督导。

综合督导与专项督导是按督导原则和标准,使用科学方法,对教育行政工作和学校工作通过观察、调查和考核,作出分析和评价,指出成绩和缺点,并提出积极的修改意见,使教育工作质量不断得到提高的活动。

二、教育督导的性质

1. 教育督导的实质是行政监督

原国家教育委员会颁发的《教育督导暂行规定》第一条就明确指出:“为建立教育督导制度,加强对教育工作的行政监督,制定本规定。”这里所说的“对教育工作的行政监督”,就已指明了教育督导的性质就是行政监督。从实质上讲,教育督导就是行政监督。所谓行政监督,就是指国家行政机关内部,如行政领导机关或专门监督机关对行政管理对象实施监督,其价值取向主要是秩序和效率。

2. 指令性、执法性和权威性

(1)教育督导工作所具有的指令性是有限的行政指令性

教育督导活动是教育督导机构或督学,运用同级政府或教育行政部门授予的行政权,对下级政府、教育行政部门及学校的教育工作进行的检查、监督和指导等。

(2)教育督导工作具有执法性

作为行政监督的教育督导工作的内容主要是对下级政府、教育行政部门、学校及人员对有关法规、政策和方针的实施进行监督、检查与指导。因此,它具有明确的执法性。

(3)教育督导工作的权威性

作为行政监督的教育督导的权威性,与行政监督一样来自其凭借的职权和法纪。由于教育督导是对掌握和运用着一定权力的下级政府或下级教育行政部门以及学校的教育工作进行督导,所以,教育督导机构或督学拥有着比被督导者更高的权威。

三、教育督导的原则

1. 方向性原则

方向性原则是指各级督导机构在行使职权和开展督导活动的全过程中,必须坚定地贯彻执行党和国家的教育目标和教育方针,严格遵循教育规律,促进教育改革,提高教育质量。

(1)方向原则的依据

首先,教育工作本身是有着明确的目的和方向性的。我们的教育是社会主义性质的教育,教育的目的是为了培养德、智、体等方面全面发展的社会主义建设者和接班人。使其担负起现代化建设的重任。因此,对教育工作的督导必须坚持社会主义方向性原则,必须为社会主义现代化建设服务。这就是说,教育督导工作应该永远把坚定正确的政治方向放在首位,无论哪个国家,也无论哪个时代。

其次,对教育工作的督导,首先是对各级政府、教育行政部门和学校的教育思想的督导。正如苏霍姆林斯基所说:"对学校的领导,首先是教育思想的领导,其次才是行政的领导。"其实,这一思想不仅适合学校,也适合于政府部门和教育行政部门。而教育思想的核心便是培养什么人的问题,即办学的方向问题。党的十三届七中全会决定明确指出:"发展教育事业,提高全民族素质,是建设社会主义的根本大计。"并要求继续贯彻教育必须为社会主义现代化服务。

(2)贯彻方向性原则的基本要求

以马列主义、毛泽东思想指导督导工作全过程。教育督导工作首先应对被督导对象关于党的路线、方针,政策的贯彻落实情况进行监督和指导。督导人员在实际工作中,调查情况,研究问题,评价工作绩效以及发表改进意见或建议时,在监督、评价、指导、帮助等各个环节上,都必须以马克思主义的基本理论为指导。体现党和国家关于教育方针、政策的要求,努力把地方政府部门的教育方向和各级各类学校的办学方向引导到党和国家所要求的轨道,以保证党和国家的方针政策的贯彻落实,使我国的教育事业沿着社会主义的方向、合乎教育规律地向前发展。要旗帜鲜明地反对形形色色的资产阶级自由化的思想倾向,并对由此产生的种种错误做法,实行严格监督和检查,配合有关部门采取措施,限期改正。

要端正办教育的指导思想,遵循教育规律,促进教育事业与社会主义建设的协调发展,提高教育的质量和效益。党和国家关于"教育必须为社会主义建设服务,社会主义建设必须依靠教育"的指导方针,揭示了教育与社会主义现代化建设的本质关系,是办好社会主义教育的指导思想和客观规律。

要明确督导工作的服务方向。督导工作一方面是为教育行政部门提供反馈信息,给教育行政领导以及时、有效的"参谋咨询",帮助实现决策的科学化和民主化,以利于党和国家的教育方针,政策、法规和计划的贯彻落实,这是对上服务;另一方面,也是为学校提供指导性服务,就是从理论和实践的结合上,帮助学校自觉地、创造性地按照党和国家的方针、政策、法规和计划办事,遵循教育规律办学,这是对下服务。

2. 全面性原则

全面性原则,是指教育督导评估要从教育系统的整体出发,把握矛盾的各个方面,力求完整地反映督导评估对象的全貌,切忌在没有充分收集有关信息的情况下就进行判断。

(1)全面性原则的依据

全面性原则是由党的教育方针决定的。我们要培养的是德、智、体全面发展的建设者和接班人,是既有坚实的基础知识,又有过硬的政治思想的学生。在评价时,就要从又红又专这两方面来评价,不能忽略任何一方面。如果片面追求"红"或"专",都是违背教育方针的。现在有的教育行政部门评价其所属学校只看升学率,这是违背教育评价全面性原则的表现。

(2)贯彻全面性原则的基本要求

必须抓住督导评估标准的全面性,全面反映教育目标和管理目标,不能遗漏任何一项重要指标。这就要求我们在制定教育督导评估体系时,应充分考虑督导评估对象的整体状态,使每一具体指标能够反映督导评估对象内在的层次与联系,使全部督导评估指标能够反映督导评估对象整体的状况和本质。否则,部分的遗漏就意味着这一部分范围内的工作失去了被督导评估的机会,就会导致在实际工作中忽视这项工作。

必须抓住督导评估过程收集信息的全面性。每项教育活动都是由许多因素构成的,各项因素之间的联系甚为密切,只有全面收集信息,才能保证所获信息具有广泛性、真实性、典型性,才能确保了解督导评估对象上下左右各方面的情况,使督导评估建立在足够的信息量基础之上,做出可靠、公正的评估结论。必须处理好共性与个性、典型与一般等各种矛盾关系,运用对立统一法则,揭示督导评估对象的本质特征。

3. 客观性原则

客观性原则,是指在确定教育督导评估内容、方案和方法时,要从实际出发,分析需要和可能、有利和不利等条件,全面衡量,周密审定,防止主观臆断。严格地说,客观性是科学性所需要的,教育评估的客观性集中表现在"可比、可测、简易"六个字上。

(1)考察和分析社会环境和客观条件

在对某地区教育工作进行宏观督导时,首先要对该地区的自然环境、社会经济、科技发展、财政收支、人口增长、教育基础等方面进行调查研究,了解该地区教育工作所处的背景,从这一特定的社会背景出发,进而考察当地的教育体制与结构,各级各类学校的布局,学校规模及其发展速度，师资力量，当地投入的教育经费和有关教育政策，办学条件的改善等，还要了解当地的教育现状、教育质量与效益。这样做，有利于对该地区教育工作水平的全面考察与客观评价。有利于从该地区的实际出发，对其贯彻执行党和国家的教育方针政策的情况进行正确有效的监督和指导。同样，在对一所学校进行督导时，也要看到它所在的地区的特点、社会经济条件、民族习惯、文化传统等物质文明和精神文明的发展水平，这样做，不仅有利于对学校工作的全面考察和客观评价，而且有助于指导学校为当地经济发展与社会进步服务，并因地制宜地利用所在地区的优势，在全面贯彻教育方针的基础上，把学校办出有一定的特色。

(2)发展的观念分析被督导对象

督导活动要求督导人员用历史的、全面的、发展的观念分析看待被督导单位或部门工作中的成绩或缺点，经验或问题，要看事物的发展趋势，既要看到已经达到的水平和成效，又要看其工作的条件和基础，看到在原有基础上的上升幅度和速度。在这样的分析基础上，指导学校总结经验，发扬成绩和优势。针对尚存在的问题查找原因，制定措施，加以改进。

(3)讲求客观，尊重实际

面对被督导单位的特殊情况和特别问题，尤其是在出现了不能直接适用上级文件的某些规定的问题时，要不"唯书"，不"唯上"，从实际出发、实事求是地分析并选择符合当地实际的有利于当地事业发展的方法。实践中，一些督导机构对督导对象实行分类指导，分层要求的督导工作方式，就是从实际出发，实事求是地适应地区差别的有效方式。

4. 民主性原则

民主性原则指在教育督导过程中教育督导部门和教育督导人员是以协商的、对话的、指导的方式对教育行政工作进行督导。

(1)确立民主性原则的依据

确立教育督导的民主性原则很有必要，这是社会主义教育督导不同于旧时督导的根本区别之一。督导的过程同时也应该是协调合作的过程，如何处理好督导者与被督导单位各类人员的关系，是有关督导工作成败的一个关键问题。被督导单位的干部和群众，既是督导的对象，更是办学的主体，他们长期工作在第一线，对情况最了解，也最有发言权，督导工作只有发动他们积极参与，鼓励他们提出自己的意见和建议，才能保证教育督导工作的客观性和结论的科学性、全面性，才能最大限度地避免主观随意性。因此，教育督导一定要遵循民主性原则，充分尊重、相信和依靠群众。

(2)贯彻民主性原则的基本要求

①更新思想，转变观念

贯彻民主性原则，督导人员必须改变传统的教育督导观念、摒弃钦差大臣式的指手画脚的作法。现代教育督导不是把督导对象置于被指责、控制的地位，不是用文件、指示、指标等对他们的工作进行简单的干预和限制，不是把督导对象作为检查、评价、调节、纠偏的主体，而是以合作意识、内行的辅导或指导对他们进行帮助和导向，以推动他们执行《义务教育法》和国家的教育方针、政策，改善管理。这样“督”与“被督”之间目标一致，情感相通，“督”的导向作用和“被督”的主体作用就能达到最优结合。协调发挥，义务教育督导评估才最为有效。在督导过程中，督导人员切忌浮光掠影，发号施令，搞一言堂、乱表态、瞎指挥，更不能从个人恩怨出发，感情用事。

②深入实际，依靠群众

督导工作并非少数人闭门造车，而是接触广大干部和师生员工，面向群众的工作。督导工作不能神秘化，要相信群众、依靠群众，走群众路线，要充分发扬民主，增强透明度。

③尊重领导，讲究实效

要尊重当地党政领导，切实帮助被督导单位解决问题。教育督导不能走过场，一定要切实解决问题，特别是和当地党政领导汇报、请示、建议，共同协商解决人民群众关心的热点问题。只有上下结合，充分调动各方面的积极性，发扬民主，督导工作才能真正发挥作用。

5. 教育性原则

教育性原则，是指教育评估的结果能够使被评估者受到启发，增强其动力，激励其为实现教育目标和管理目标而不懈地努力。

(1)制定的评估指标要高低适度

世界上任何事物都有自己的度，教育评估也不例外。在制定教育评估指标时，一定要把教育方针、政策、法规要求的绝对性与评估对象的实际结合起来，规定一个客观、现实可能的达成度，并使之有一个从低到高的层次，构成一个可行的适中的评估系列。这样，既可以避免由于标准太高，评估对象倾尽最大努力也难以达到，使其失去信心，也可以避免标准过低,评比对象无须努力就能达到,使其失去兴趣。制定的评估指标应是评估对象经过努力可以实现的,进而调动其工作的积极性和主动性,充分发挥素质教育评估的激励作用。

(2)对评估对象要慎下结论

由于教育工作的复杂性,加之教育评估有较强的抽象性,因而在评估中容易出现技术上的失误,也容易掺杂个人感情因素,使评估结果出现误差。正是基于上述原因,在教育评估中对评估对象下结论时,一定要慎重。要明辨是非,看其是否符教育方针,是否符合教育规律,是否符合实际,是否有利于提高教学效益。要晓以功过,充分肯定评估对象的成绩,实事求是地指出存在的问题。要向评估对象指出方向,提出今后改进工作和学习的具体建议、措施和奋斗目标,特别是善于发现和捕捉评估对象身上的“闪光点”,变压力为继续努力的内在动力。

第二节　教育督导的基本职能与意义

一、教育督导的基本职能

教育督导的职能与任务主要包括监督、指导、评估和反馈四个职能。

1. 监督职能

监督是指上级对下级的监察和督促。监督职能是教育督导机构最核心和最能体现这一机构本质属性的职能。其目的在于使下级部门能迅速有效、准确、积极主动地贯彻执行教育方针及各级政策,完成教育、教学和教育管理等方面的工作任务。

2. 指导职能

指导是指上级对下级工作方面、工作内容和程序以及工作方式方法给以具体的指教和引导。对于提高管理效能来说,更重要的是通过对下属的积极热情的态度和有针对性的具体帮助指导,如指导学校的教职工队伍的建设,指导教育政策、方针的实施,指导如何努力改善办学条件,指导贯彻其他国家、地区的先进教育、教学经验等各方面,使这一职能积极付诸行动之中,使教育督导工作得以完善。

3. 评估职能

教育评估也称教育评价,从现代教育行政管理的观点和发展趋势来看,积极开展教育评价，对于提高教育管理质量、贯彻教育方针政策和推动教育事业的发展有着巨大的作用。教育督导评估乃是教育评价系统中的一重要组成部分。科学的教育评估对于正确导向，端正教育思想，促进教育改革，加强科学管理，实现教育整体优化，提高教育质量和办学效益，充分调动广大教育管理干部和广大群众的积极性，都具有重要意义。

4. 反馈功能

反馈是指一个系统输出的信息作用于被控对象后所产生的反应，再把这种反应作为信息收回，并对控制系统的信息的再输出发生影响的过程。反馈是检查决策（包括方针、政策、指令、任务等）是否正确、执行是否有效的依据，与此相联系的一个头号问题是教育督导机构及人员在分析反馈信息的基础上，通过向教育行政部门、学校领导及教师提出意见和建议，实现其参谋职能。

以上的四种教育督导机构的主要职能，是一个统一的整体，要督导结合，既要督，也要导，并以正面指导为主，"监督、检查、评估"都是为了做指导工作，是"指导"的前提和基础，"指导"是"监督、检查、评估"的深化和集中体现，督导的最终目的就是指导被督导的单位把工作做好，把学校办好。由此，在教育督导过程中，只有充分发挥其整体功能，才能最好地发挥教育督导机构的效能，这四方面缺一不可，不能断节，否则就会产生工作中的严重失误。

二、教育督导的意义

教育督导是教育行政过程的主要部分，也是教育行政的重要功能，它关系到整个教育行政系统（体制）的效能。显而易见，教育督导的重要性和意义就在于能加强与提高教育行政的领导与管理，以保证教育方针政策的有效贯彻，推动教育工作的改进，提高教育工作的质量，促进教育的健康发展。

1. 建立教育督导制度是加强政府对教育宏观调控的重要途径

所谓宏观调控，从过程上讲，就是依据教育发展的基本规律，运用间接调控手段或方式，把地方、学校及个人的微观教育活动纳入宏观教育目标，使整个教育事业健康、高效地发展。而健全的教育督导制度和教育评价系统是国家教育行政与地方教育行政、学校保持沟通、联系的有效形式。由于教育管理体制的改革涉及面广、十分复杂，加上目前管理干部的素质、经验及管理水平还不能适应新体制的要求。还有，改革放权之后，缺乏中央必要的宏观管理，也就是说，政府按照职能转换的原则干预教育的行为不到位，致使教育事业发展出现了一些混乱。这说明政府下放管理权力的同时，必须注意加强宏观调控。

2. 建立教育督导制度，是实现依法治教的需要

健全的教育法规是现代教育的标志，是对教育系统进行控制、约束的手段。

3. 建立教育督导制度，是实现教育管理科学化的需要

从现代管理体制上讲，对教育事业实行科学管理的保障是形成“三位一体”的教育行政管理系统。“三位一体”的教育行政管理系统是指教育决策系统、执行系统和监督系统三位一体。这里，教育督导系统是构成健全的教育行政管理系统的重要部分。

第三节　教育督导机构与人员

一、教育督导机构

我国目前基本上形成了国家、省、市、县四级教育督导机构组成的教育督导网络。

国务院教育督导机构承担全国的教育督导实施工作，制定教育督导的基本准则，指导地方教育督导工作。县级以上地方人民政府负责教育督导的机构承担本行政区域的教育督导实施工作。国务院教育督导机构和县级以上地方人民政府负责教育督导的机构在本级人民政府领导下独立行使督导职能。

1. 教育督导机构实施教育督导的事项

教育督导机构实施教育督导的事项如下：

(1)学校实施素质教育的情况，教育教学水平、教育教学管理等教育教学工作情况；

(2)校长队伍建设情况，教师资格、职务、聘任等管理制度建设和执行情况，招生、学籍等管理情况和教育质量，学校的安全、卫生制度建设和执行情况，校舍的安全情况，教学和生活设施、设备的配备和使用等教育条件的保障情况，教育投入的管理和使用情况；

(3)义务教育普及水平和均衡发展情况，各级各类教育的规划布局、协调发展等情况；

(4)法律、法规、规章和国家教育政策规定的其他事项。

2. 教育督导机构实施教育督导行使的职权

教育督导机构实施教育督导行使的职权如下：

(1)查阅、复制财务账目和与督导事项有关的其他文件、资料；

(2)要求被督导单位就督导事项有关问题作出说明；

(3)就督导事项有关问题开展调查；

(4)向有关人民政府或者主管部门提出对被督导单位或者其相关负责人给予奖惩的建议。

3. 我国的国家级督导机构

我国国家级教育督导机构为教育督导局(加挂国务院教育督导委员会办公室牌子)，承担国务院教育督导委员会办公室日常工作，对外可使用国务院教育督导委员会办公室名义开展工作，主要负责督学、督政、教育质量监测评估职能，督导检查党的教育方针、教育法律法规和国家重大教育决策部署的贯彻执行情况。具体如下：

(1)负责制定学校工作督导的标准和规程，组织开展对学校工作的督导评估，检查指导学校规范办学行为，提高教育教学质量，承担国务院教育督导委员会办公室日常联络工作；

(2)负责制定政府教育工作督导的标准和规程，组织开展对国家有关部门和地方政府履行教育职责情况的督导检查及重大教育专项督导等；

(3)负责制定教育质量监测和评价标准，组织开展对各级各类教育发展水平和质量的监测评价并发布报告。

4. 我国省级及以下级督导机构

我国省、市县各级政府设立教育督导团(室)，对下级人民政府的教育工作、下级教育行政部门和学校的工作进行监督、检查、评估、指导，保证国家有关教育的方针、政策、法规的贯彻执行和教育目标的实现。目前，全国31个省(自治区、直辖市)全部成立了人民政府教育督导团(室)；98.5%的地(市)建立了教育督导机构，其中91.1%是人民政府教育督导机构；全国共有2 716个县建立督导室，其中人民政府建立的占82.7%。省级教育督导机构——人民政府教育督导室主要负责对本省各市人民政府、下级教育行政部门和学校的教育工作进行监督、评估检查和指导，以保证国家有关教育方针、政策法规的贯彻执行和教育目标的实现；市县级教育督导机构是设立在其人民政府及教育局的督导室，主要负责市县教育督导工作计划，组织开展教育督导工作，负责对有关教育行政部门或学校进行行政或教学监督、检查、指导和评估。

二、教育督导人员

我国把教育督导人员称为督学。

1. 督学应当符合的条件

(1)坚持党的基本路线,热爱社会主义教育事业,督学必须具备较高的政治素质,这是我国社会主义性质所决定的,是督学在其职务活动中坚持和维护教育的社会主义性质所必需的。

(2)熟悉教育法律、法规、规章和国家教育方针、政策,具有相应的专业知识和业务能力。督学必须具有较高的政策水平,这是我国教育督导的任务所决定的。依法督导,督促各级人民政府及其有关部门贯彻国家有关教育的法律、法规、方针、政策,促进教育改革的深化,是督学的重要职务活动。

(3)坚持原则,办事公道,品行端正,廉洁自律。督学是代表上级政府及教育行政部门进行检查、指导工作的。因此,督学应成为被督导对象的楷模,要遵纪守法,坚持原则,办事公正,待人热情,平易近人,品行端正,廉洁自律。

(4)具有大学本科以上学历,从事教育管理、教学或者教育研究工作10年以上,工作实绩突出。教育督导工作不仅是政策性强的工作也是专业性很强的工作,特别是现代教育督导重视其专业性的指导、建议、咨询等职能的发挥,要求督学必须具有较广博的知识,熟悉教育特别是中等及中等以下的教育,有一定的教育工作经历,要具有教育督导、教育管理、教育评价、教育教学,甚至某一学科教学的专业知识与技能,最好是某一方面的专家。

(5)具有较强的组织协调能力和表达能力。督导工作的顺利地开展,以及实现良好的效果,都对督学的组织协调与表达能力都提出了更高的要求。

(6)身体健康,能胜任教育督导工作。督导工作需要经常深入基层,到学校去,需要督学有健康的身体,以保证工作的顺利进行。

2. 教育督导人员的配备

教育督导人员的配备主要解决的是督导人员的结构合理问题,具体是专职督学与兼职督学的构成、官员型督学与专家型督学构成、督学的年龄构成。

(1)专职督学与兼职督学

教育督导工作不仅政策性、专业性强,而且涉及面广、工作量大。教育督导人员的职务应以专职督导为主,并根据需要聘用一定数量的兼职督导。专职督学的数量取决于各级教育行政部门的管理范围的大小、学校数量布局及本机关人员编制等情况。兼职督学主要由各级教育行政部门中的业务部门的干部、教学教育研究室的教研员、经验丰富的老校长、老教育局长、民主党派成员和无党派人士兼任。兼职督学按聘用的时间长短可分为相对稳定的兼职督学和临时抽调的兼职督学。

不管是专职还是兼职督学(临时兼职的人除外)都应给予相应的职务名称,并通过相应的干部任免程序按审批权限给予任免。督学的职级,在中央分为总督学、副总督学和督学三级。在地方分为主任督学、副主任督学和助理督学。专职督学的任免按有关人事管理权限和程序办理,由本级人民政府或教育行政部门颁发督学证书。兼职督学具有专职督学同等的职权,一般由各级教育督导机构聘用。

(2)行政干部型督学与专家型督学

我国的督学队伍是以教育行政干部为主体的。现代多数有督学制度的国家,一般在督导人员的配备上都是行政干部型(官员型)督学与专家型督学并设。由于教育督导内容的广泛,指导建议职能的扩大,以及教育改革及提高教育督导水平的需要,出现了对督学人员资格要求更高、更严格的趋势,才产生了督学人员专业化的现象。

(3)督学的年龄构成

督导人员的整体应该是年富力强的。专职督学必须以中年为主,实行老、中、青结合。兼职督学的年龄可以适当放宽,但必须身体健康,能完成督导任务。

第四节　教育督导过程

一、教育督导的一般过程

教育督导过程一般分为三个阶段,即督导前的准备阶段、督导组织实施阶段和督导结果处理阶段。三个阶段密切相连,相互作用,又各有相对独立的职能,形成一个连续运行的活动过程。

1. 督导的准备阶段

这一阶段主要解决由谁为督和督什么的问题。具体的工作如下。

（1）督导机构与人员的准备，包括成立督导工作的领导机构、创建专兼结合的督导小组，合理地选拔和安排人员，明确各自的任务和分工，把责任落实到人。

（2）督导方案和具体实施计划的准备，这是最核心的准备工作，决定着整个教育督导工作的方向、目的和内容、方法，必须精心设计。其包括撰写教育督导方案、设计必要的表格、作好日程安排、下达督导通知等。

（3）督导思想、理论的准备，包括举办督学培训班，组织督学学习有关文件，统一认识，把握方向；熟悉实施方案，掌握督导的标准、程序和方法；阅读被督导单位的有关材料，初步了解和分析被督导单位的基本情况；召开被督导单位负责人会议，使被督导单位明确督导目的、意义、内容和要求，端正态度，消除顾虑，积极参与和配合督导工作。被督导单位要做好准备工作和接待安排，提供开展督导工作的必要条件。

2. 督导的实施阶段

实施阶段主要解决怎样督导的问题，具体的工作有：

（1）督导组与被督导单位正式见面，一方说明来意，另一方全力配合，落实督导活动的各项安排；

（2）听取被督导单位的自查报告；

（3）根据督导内容，按督学各自的分工，采取查、看、听、谈、访等方式和手段，进行调查，收集督导资料；

（4）分析督导信息，恰当处理督导信息；

（5）科学评估，正确指导，写好督导评估意见书。

3. 督导结果的处理阶段

处理阶段主要解决怎样发挥督导作用的问题。具体的工作有：

（1）写出督导报告，正式印发，向上反映，使督导结果成为奖评学校和考核校长的重要依据，发挥督导评估的导向功能和激励功能，并可在此基础上进行复核督导；

（2）写出督导工作总结，对督导工作进行分析，认真审核本次督导工作的质量，使教育督导评估制度不断臻于完善；

（3）建立督导档案。

二、教育督导评估

1. 教育督导评估及特征

教育督导评估是教育督导过程中的一个不可或缺的环节。

教育督导评估是教育督导部门进行的教育行政评估,它是代表政府和教育行政部门按照国家教育法律、法规和方针、政策,对有关部门、学校的教育管理工作、教育质量、效益,以及发展水平进行价值判断的过程。督导评估也可以称之为评估性督导,是督导与评估的有机结合,评估既是教育督导的重要手段,又是教育督导的一项重要的职能。其特征表现为以下几个方面:

(1)从评估主体上讲,它是以教育督导机构为评估主体的,代表同级政府对下级政府及教育行政部门和学校的教育工作进行评估活动;

(2)从其存在的状态讲,它是作为教育督导工作的任务、内容、环节、手段而存在和进行的;

(3)从其目的、运作的程序与方法手段讲,它是评估活动,是从评估主体进行区分的一种评估活动。

因此,开展督导评估工作应该遵循评估活动的规律,采用科学的评估方法,才能确保督导评估的效能。

2. 提高教育督导评估活动的科学性

教育督导评估活动具有很强的科学性,在组织实施督导评估活动中充分实现其科学性,是使督导评估产生积极效应的基础。那么,如何保证督导评估组织实施的科学性呢?

(1)要确立正确的督导评估目的

选择确立督导评估的目的一般从两个角度入手。一是督导评估功能的内容。当今,组织实施教育督导评估活动,在其功能的选择上主要考虑检查、鉴定、评比及指导、改进、发展两个重要功能的处理问题。即以哪一个为主导或根本功能的选择确定的问题。二是督导评估功能作用领域。教育督导评估的理论研究成果显示,就教育的整体而言,教育督导评估是为了端正教育思想,提高教育质量。到目前为止,教育督导评估研究把教育诸领域的督导评估的具体目的概括为以下四个方面:为指导教育、教学活动服务;为学生学习服务;为教育调查、研究服务;为教育管理活动服务。教育督导评估目的决定着所进行的督导评估采用什么样的评估标准，决定着评估工具、手段的选择，影响着督导评估实施的一些具体做法，因此十分重要。

（2）编制有效的督导评估指标体系

教育督导评估指标体系是督导评估的纲领和准则。它从质和量两个方面规定着督导评估的内容和标准。

（3）全面而有重点地收集督导评估资料

收集督导评估各项指标内容所必需的资料，是督导评估过程中的一项具有基础性的工作，信息资料越全面越有利于作出科学的督导评估结论，因此信息资料的收集要力求全面。

（4）迅速而又比较准确地整理、分析、解释督导评估资料

比较准确而迅速地汇集、分析资料是督导评估活动中的一项带有全局性意义的工作，它直接影响到评估资料的解释。一般，主要通过定量与定性两种方法去整理分析资料，具体多用打分、计算等统计方法和归类、描述、建档等方法。最后，要写好督导评估报告，督导评估报告是以文书形式表现出来的对督导评估资料的解释。由于它是督导评估结果得以利用的媒体，对督导评估工作的效益具有重要影响。所以必须给予充分的重视。

（5）充分利用督导评估结果

首先要重视教育督导评估结果的利用，充分发挥其效能。其次是坚持在督导评估活动结束后，督导机构向被督导单位和有关部门反馈督导评估情况。定期发布教育督导公报。努力使督导评估结果成为被督导单位维持、改革、发展工作的依据，成为政府和教育行政部门决策和考察被督导单位的依据，成为教育科学研究的信息资料。

（6）积极开展“元评价”

所谓“元评价”，是对评价活动的评价，也就是在一次评价活动实施之后，对评价活动的再评价。作用是向原评价者提出他们工作中的问题，即查明评价工作中的出现的偏向，目的是推动评价工作的改进、完善，以提高评价工作的质量。特别是在评价体制不够完善，评价人员素质不够整齐的情况下，进行一点“元评价”是非常有意义的，教育督导评估也应如此。

本章小结

教育督导是根据本国的有关教育方针、政策、法规和制度对教育工作(包括教育行政工作和学校的组织领导、教育、教学、总务、人事工作)进行视察、监督、指导、建议的活动,旨在加强国家对教育事业发展的全面管理,以保障教育方针和政策的贯彻执行,提高教育质量,促进教育事业的健康发展。教育督导对于加强政府对教育宏观调控,实现依法治教,实现教育管理科学化具有重要的意义。

本章主要内容包括教育督导的含义、性质、原则;教育督导的基本职能、意义;教育督导机构与人员;教育督导的一般过程以及教育督导的评估。

复习思考题

1. 如何认识教育督导在教育行政活动中的意义?
2. 怎样认识教育督导的性质?
3. 教育督导的基本职能是什么?
4. 教育督导评估的含义是什么?

第十七章　教 育 评 价

第一节　教育评价概述

一、教育评价含义

评价是评定价值的意思。从本质上来讲,评价是一种价值判断的活动,是主体按照一定的标准对客体的价值进行判断的过程。主体可以是个人或社会组织;客体是指主体以外以及在一定条件下包括主体在内的一切客观事物;价值反映的是客体及其属性与主体需要之间的满足关系。对这种特定关系的不同认识,形成了人们不同的价值观;标准则是主体根据自己的价值观以及事物发展的规律形成的对客体发展变化的一种期望,是判断客体的属性及发展变化达到主体期望的尺度,是主体对客体进行价值判断的依据。

教育评价是对教育管理活动满足社会与个体需要的程度作出判断的活动,是对教育管理活动的价值作出判断以达到其价值增值的过程。根据教育管理的类别,我们把教育评价分为广义和狭义两种。广义的教育评价是从宏观上对国家和各级各类教育行政机构对教育事业的管理活动作出价值判断的活动,评价的主体是教育质量监控机构。狭义的教育评价从微观的角度专门研究学校教育管理活动的价值判断问题。

二、教育评价的目的

由于教育管理对象的多样化,评价的目的也呈现多元化的趋势。对不同对象的评价是为了达到不同的目的,但总的来说都是通过客观反映评价对象的实际状况来提高教育管理的效率和水平。

1. 为后续教育管理决策提供重要的参考依据

评价活动在制定教育管理决策和提高教育管理水平方面起到了重要的推动作用。

2. 为学校发展提供重要支持

教育评价既能为管理决策提供依据，又能反映决策执行情况和效果，是提高学校教育管理水平的重要手段，也是学校发展的重要推动力。

3. 为教育管理成员提供一面有益的“镜子”

教育评价具有一系列的评价标准，人们在评价过程中，对照评价标准可以确定自己当前所处的位置，找到与评价目标之间的差距，进一步明确自己的努力方向，并采取相应的补救措施。

三、评价的功能

评价的功能，指的是评价体系所能发挥的特殊的功效或积极的作用。教育评价的功能主要有鉴定功能、导向功能、激励功能和监督控制功能。

1. 鉴定功能

教育评价的鉴定作用是指教育评价认定、判断评价对象合格与否、优劣程度、水平高低等实际价值的功效和能力，它是与教育评价活动同时出现并始终伴随着教育评价存在的。由于教育评价是依据一定的标准进行的，这就决定了教育评价具有对评价对象具有鉴定优劣、区分等级、排列名次、评选先进、资格审查等鉴定功能。鉴定功能是教育评价的基本功能，其他功能是在科学鉴定的基础上实现的，只有认识对象才能改变对象。

2. 导向功能

教育评价的导向功能是指教育评价本身所具有的引导评价对象朝着理想目标前进的功效和能力，这是由评价标准的方向性决定的。评价的目标、标准、指标及其权重，对被评价对象来说，起着“指挥棒”的作用，为他们的努力指定方向。被评价对象必须按目标努力才能达到合格的标准，否则就达不到合格标准，得不到好的评价。其中的评价目标是由目标制定者根据社会需要而制定的，是评判者对被评价对象应达到的社会价值的反映，也是社会需要的体现。总体来说评价教育办得好与不好，关键就是看它是否符合社会当前与长远发展的需要，客观评价上和微观评价上都是如此。所以，评价的导向作用是一种社会导向作用。

3. 激励功能

教育评价的激励功能是指合理有效运用教育评价，能够激发和维持评价对象的内在动力，调动被评价者的内部潜力，提高其工作的积极性和创造性，从而达到教育管理的目的。评价的激励作用是分等鉴定的必然结果，它也包括对后进单位与个人的督促作用。这是因为在被评价对象比较多的情况下，这种不同的等级会使个人与个人、单位与单位之间进行不自觉的比较。这对被评价对象来说，是一个积极的刺激和有力的推动。因为在一般情况下，被评价对象无论是个人还是单位，都有获得较高评价和实现自身价值的愿望，这是人类普遍存在的一种心理趋向。恰如其分的评价结果能给人以心理上的满足感，从而激励人们不断进取。对于先进的单位和个人来说，评价的结果是对自己过去成绩的肯定与表扬，会对成功的经验起强化作用，使被评价者更加努力更加主动，以保持或取得更大的成绩；对于落后者则是一种有力的鞭策，如果仍不努力就会被拉得更远。

4. 诊断功能

教育评价的诊断作用是指教育评价对教育的成效、矛盾和问题作出判断的功效和能力。科学的教育评价的过程是评价者利用观察、问卷、测验等手段，搜集被评价者的有关资料并进行严格的分析，它能够根据评价标准作出价值判断，分析出或者说出、诊断出教育活动中哪些部分或环节做得好，应加以保持和提高，同时也能指出哪些地方存在着问题，找出原因，再针对这些原因提供改进途径和措施的过程。教育评价过程与如同看病就医一样，只有经过科学的诊断才能“对症下药”。教育评价的这一作用使其在提高教育工作质量上具有特殊重要的作用。

教育评价通过了解教育管理活动的实际状态、影响教育管理活动发展方向的各种因素以及教育管理活动对参与者的影响，发现教育活动的有利之处以及不利之处，发挥对教育管理活动改进什么、如何改进提供意见的作用。通过对收集到的信息资料进行整理分析，管理者可以发现问题、修正计划、改进教育管理工作；教师通过评价反馈能了解学生已经达到了什么样的水平，可以帮助完善教学策略提高教学水平；学生在评价的作用下能更好地形成正确的自我认识。

5. 调节功能

教育评价的调节功能是指教育评价对评价对象的教育教学或学习等活动进行调节的功效和能力。这种功能表现在两个方面：一是评价者为被评价者调节目标及进程。例如，通过评价，评价者认为被评价者已达到目标并能达到更高目标时，就会将目标调高，将进程相对调快；认为被评价者几乎没有可能达到目标时，就会将目标调低，将进程相对调慢，使之符合被评价者的实际。总之,要让他们在不同水平上朝目标前进,避免发生达到目标者停滞不前、达不到目标者沮丧气馁的情况。二是被评价者通过评价了解自己的功过,明确努力方向及改进措施,以实现自我调节。

6. 监督作用

教育评价的监督作用是指教育评价有对被评价对象起检查、督促的功效和能力。它的检查作用主要表现在教育评价总是将被评价对象与评价目标相比较,以确定其是否达到目标,以及达到目标的程度;它的督促作用主要体现在教育评价总是找出被评价对象与目标的差距,使其明确以后努力的方向和途径,督促被评价对象朝着评价目标前进。各级教育主管部门就是通过教育评价来实现对下级教育行政部门及学校的宏观管理的。

7. 管理功能

管理功能指教育评价使评价对象顺利完成预定任务、达成预期目的的约束功效和能力。教育评价指标体系可以内在规范、影响评价对象教育教学或学习等活动计划的制订和组织实施。教育、教学或学习等活动按评价指标设定的任务,达到预期目标,其计划制订和行动方式的价值取向,一般要以评价指标体系的规范为依据。教育评价管理功能显示的效度和力度,一般取决于教育评价管理系统及其教育行政性权威的大小。

就管理功能之一的调控功能来说,是指依据预定目标而编制的教育评价指标体系,教育教学或学习等活动调整或控制的机制。教育评价过程中,对评价对象教育活动逐项全面检测,获得必要信息,掌握教育教学或学习等活动的结果及其需要。动机与行动方式的内在联系,作出目标达成度的判断,进行肯定、表扬、奖励或否定,批评、惩罚,可以强化评价对象的积极倾向,抑制评价对象的消极倾向,对评价对象未来的教育教学或学习等活动的价值取向。努力方向或目标定位具有内在的规范、指挥、强制等调整、节制或控制的功效和能力。教育教学或学习等活动的开展,一般能够自我意识到要达到教育评价指标体系所设定的目标或要求,必须依据评价指标体系,对即将进行或正在进行的教育教学或学习活动,以及活动的基本要素,合理组合,选择恰当的行为方式,才有可能达到评价指标体系设定的目标要求。为此,需要对照评价指标的要求,进行自我检测、自我调整、自我节制或自我控制。教育评价调控功能实现的程度,主要取决于评价指标体系的评价要素及其组合结构的合理性,同时受到评价人员自身素质和评价技术的影响。

8. 教育功能

教育功能教育评价本身所具有的影响评价对象的思想、品质、思维的功效和能力。教育评价的教育功能主要是通过评价目标体系，采用他评和自评结合的方式，在形成性评价过程中得以充分体现的。第一，评价目标系统体现着一定的教育思想、教育方针和价值取向，无论是何种评价都要以此为基准，评价对象在评价过程中必然受其熏陶和影响。第二，现代教育评价重视动态的形成性评价，静态评价与动态评价相结合，注重即时反馈和调整的过程发展。第三，现代教育评价重视发挥评价对象的主体作用，重视他评与自评相结合，注重自我调节的过程发展，评价对象在评价过程中，按照评价目标体系，使评价过程成为“学习—对照—调节—改进—完善”的过程，有利于评价对象及时看到成绩，受到激励和鼓舞，找到差距，及时改进和提高，有利于促进评价对象的自我认识、自我改进、自我提高、自我完善。

第二节　教育评价的种类与内容

一、教育评价的种类

教育评价项目多，且内容丰富，相互之间呈现出各种各样的关系，它们或因某一标准而成为同类，或因另一标准而分属不同类型。依据评价标准，可分为相对评价、绝对评价和个体内差异评价、常模参照评价与标准参照评价；依据评价的功能，可分为诊断性评价、形成性评价、终结性评价；依据评价对象的范畴，可分为整体评价和单项评价、群体评价和个体评价；依据评价学校的级次，可分为高等学校评价、中等学校评价、初等学校评价；依据评价学校的类别，可分为职业学校评价、专业学校评价、师范学校评价、特殊教育学校评价；依据评价主体的身份，可分为自我评价与他人评价；依据是否采用数学方法，可分为量化评价与非量化评价等。

1. 诊断性、形成性与总结性评价

诊断性评价指对评价对象的现实状况及存在的问题、产生的原因所进行的价值判断。在教学活动过程中进行的诊断性评价，其主要目的是分析原因，以便对症下药采取相应的改进手段。良好的诊断评价有助于教师把学生适当地分置在教学顺序中，正确找出妨碍学生学习的原因，从而保证教与学的成功。

形成性评价指对正在进行的教育活动作出的价值判断，也称过程性评价，其特点是通过及时揭示问题、及时反馈以促进工作的改进。形成性评价一般以反馈调控和改进完善为主要目的。如对教学过程开展形成性评价，往往是通过诊断教学方案、计划、过程、进展情况和存在问题，并及时反馈，及时改进、调控、校正，以达到提高教学质量的目的。我国将形成性评价运用扩展到整个学校教育领域，控制学习工作过程，及时或定期检查学校各项计划的执行情况，分析工作上的问题，及时加以改进。

总结性评价指对评价对象一定时期内的全面状况所进行的价值判断，也称终结性评价，总结性评价旨在对教育活动作出总结性的结论，甄别优劣，鉴定分等，为各级决策人员提供参考依据。这种评价注重对教育活动的结果作总体分析，提供描述性信息，关心对效率的陈述，并强调自身的效果。其特点是在学习或教学活动后，就学习或教学的效率，对学生、教师或课程编制者作出价值判断。评价者一般应独立于计划实施者及协助者，以保证对评价对象持客观态度，得出可靠的结论。

2. 常模参照评价与标准参照评价

在教育评价中，由于评价基准不同，解释也就不同，常将它们分为目标参照评价和常模参照评价，又称绝对评价和相对评价。

目标参照评价，又称绝对评价，它是指以预先设定的、期待的教育目标为评价基准，来衡量评价对象到达完满程度的一种评价。有人也称它为标准参照评价。在学校以学生为教育对象的测定中，关心的是每一个学生的发展，因此也叫作到达度评价，学校中教学评价多属于此类。

常模参照标准评价，又称相对评价，它是指在某一个集团（班级、学校、地区、国家），以这个集团的平均状况为基准，评价每个被评对象在这个集团中所处的相对位置的一种教育评价。它的客观性很强，并已经经过近百年的发展，有一套测量和统计方法，它适用于选拔性考试。它是以正态分布的理论为基础，所表示的是学生之间的比较，而与教育目标无很大直接的关系。一般大型的标准化考试、升学考试、心理测试，以及各种竞赛性考试等属于此类评价。

如果是用测验来进行上述两种评价，那么这两种评价方式又称为常模参照测验和标准参照测验。这两种测验的主要差异在于解释分数的方法不同。

常模参照测验，是指参照常模群体的水平解释分数的测验。常模群体可以是一个特别选定的团体，也可以是被测者所在群体本身。常模群体的平均分数(或百分数等)一般可以反映它的水平，称为常模。以常模为参照点，将被测个人的成绩与常模比较，并把比较的结果所反映出来的差异数量化，参照常模解释分数，便于个体间的比较和选拔工作的进行。

标准参照测验，它是指依据某种特定操作标准可以直接解释测量结果的测验。操作标准一般可以通过界定个体所应该完成的任务确定。对标准参照测验来说，它的分数解释是以界定良好的任务或行为领域为基础的，是与预先设计的特定标准相对照所确定的，有了这个条件，我们便可以从较少的有代表性的测验题目的反应情况，推断出被测试者的真实水平。用目标表示领域，并且题目是该领域中行为的有代表性样本，这时的目标参照测验就是标准参照测验。标准参照测验主要用于鉴定的目的。

3. 量化评价与质性评价

量化评价顾名思义主要是一种数量化的评价，它主要运用统计与测量的方法，对被评价的资料信息进行数字化处理；质性评价主要是在描述的基础上进行评判，通常表现为书面的“鉴定”或“评语”。一般来讲，书面的评语通常比简单的分数或等级更清晰地传达出被评价者的优点与缺点，但这种评价方法不够精确，且主观性较强。

二、教育评价的基本要求

1. 客观性

客观性要求在进行教育评价时，必须采取客观、实事求是的态度，不能主观臆断和掺杂个人感情。

2. 科学性

教育评价必须以科学的态度和方法进行评价。科学性要求在评价过程中运用科学的理论和技术去评价客观事实。

3. 发展性

教育要培养具有终身学习能力的人，教育要促进师生双方的共同发展。在教育评价中，要通过系统地搜集评价信息和进行分析，对评价者和评价对象双方的活动进行价值判断，实现评价者和评价对象共同商定发展目标的过程。发展性评价要求以评价者的素质全面发展为目标，着重对被评价者发展特征的描述和发展水平的认定，注重过程评价，关注个体差异，强调评价主体的多元化。

4. 教育性

教育性要求在评价工作中必须促进被评价者积极上进，从而发扬优点，改正缺点。要充分贯彻教育性原则，应充分尊重和信任评价对象，将自评与他评结合起来；在评价结果出来后，对评价对象取得的成绩应给予充分的肯定，对存在的问题认真进行分析，设身处地为评价对象想对策、出主意，并及时提出改进的建议，不应过多地斥责和批评。

第三节　教育评价的主体与程序方法

评价是一项技术性很强的复杂的工程，只有科学严格地按照一定的程序与要求操作实施，才能保证评价结果的准确性和有效性。评价主体要充分发挥评价的功能，就必须深入研究教育评价实施的程序与技术。

一、教育评价的主体

1. 主管部门评价

主管部门评价是学校上级管理部门和教育监控机构在主管教育行政部门授权之下，对学校教育教学管理工作进行整体评价和指导，并向政府及其教育行政部门回馈有关信息，为领导的科学决策提供依据，并督促学校加强和优化学校管理的评价方法。

2. 同行评价

同行评价是指教育评价的同类客体之间互为主体，根据评价指标体系对同行的工作业绩进行客观的价值判断，是他人评价的一种方式。同行评价集中在同一层面，评价者以主体的身份对客体从事的自己熟知的领域进行整体的评价和判断，和其他类型的评价结果一同为改进和提高评价对象的工作服务。

3. 自我评价

自我评价是学校自己组织力量，依照上级教育监控机构制定的评价方案，定期进行自我评价。自我评价标准与同行评价的标准不同，评价结果也不同。

4. 社会评价

社会评价，是指学校在自评和上级主管部门评价的过程中，广泛听取社会各界相关人士对于学校教育教学管理和评价本身的意见和建议，据此有针对性地改进教育评价指标体系和学校工作。

二、教育评价的程序

教育评价的程序就是将教育评价活动的各项内容，按照其相互联系、活动顺序，有机组合在一起，成为一个具有特定功能的整体，这个整体就是教育评价的程序。教育评价程序主要分为以下五个阶段：建立评价组织机构、分析评价背景、设计评价方案、收集整理评价信息和处理评价结果。

1. 建立评价组织机构

建立组织机构就是成立相关的评价组织，如建立教育评价领导小组或评价委员会。这是组织评价工作的权力机构，其主要任务是：聘请有关专家组成专家组、设计评价方案，解决评价实施过程中遇到的实际问题，公布评价结果，以及有效处理利用评价结果。

2. 分析评价背景

背景分析是评价工作的一项重要内容。它的主要任务是确定评价活动要解决的主要问题。明确教育评价需要解决的问题是加强评价活动的针对性，是评价能取得实效的关键。背景分析包括社会背景分析、教育发展阶段重要问题分析、评价委托人需要分析以及评价对象心理分析。

3. 设计评价方案

教育评价方案的内容主要包括：评价的对象和目的要求；评价的组织和领导；评价指标体系；评价方法、程序；评价的时间安排；评价的注意事项。

4. 收集整理评价信息

收集信息要求做到评价信息的全面性、准确性和充分性。整理评价信息，主要是指在全面、准确地收集到评价信息的基础上，认真对评价信息进行检查、分析和整理，以便用于处理得出评价结果。整理评价信息主要包括归类、审核和建档三个步骤。在整理分析评价信息的基础上，根据评价标准并充分听取、综合所有参与评价人员的分析与建议对整理后的信息作出判断，形成最终结论。

5. 处理评价结果

教育评价程序的最后一个阶段，就是对评价结果进行分析处理。这一阶段的工作质量,直接关系到教育评价作用的发挥,关系到教育评价的目的最终能否实现,也关系到教育评价工作能否不断深入发展和提高。处理评价结果主要包括五项工作:向评价对象回馈评价结论或建议;对评价活动本身的质量进行评价,为总结评价的经验教训、改进评价方案提供依据;撰写评价报告;向有关部门与人员回馈评价的结果;建立评价档案,将评价数据分类归档。在处理评价结果的过程中,最重要也是最容易被忽视的就是向评价对象回馈评价结论或建议。评价工作结束后,应第一时间将评价结果告知评价对象,并对其进行定期回访与跟踪调查,以将评价的最终目的落到实处。

由于人们思考问题的角度不同,对教育评价方法与技术的认识也不同。在实际的教育评价工作中,不同层次或同一层次的不同方法技术是交织在一起的。教育评价的基本方法包括:主管部门评价、同行评价、自我评价和社会评价。教育评价技术,就是在教育评价过程中确定评价指标权重和收集、整理、分析与解释评价资料的办法和手段。

三、教育评价的技术

教育评价的技术可以从五个方面来把握。

1. 多元聚焦法

多元聚焦是指在分析所要评价的事物或现象之评价特性的基础上,分解出主要的测评要素,依据测评要素的性质选取两种教育评价方法论中派生的多种评价方法和技术,从评价情境的不同成员(包括评价对象和其他的评价相关人员)中收集评价对象在某一测评要素上的相关信息,然后综合各种价值主体的评价结果,剖析各个测评要素的评价信息汇聚情况,最后作出整体的评价结论。

2. 确定评价指标权重的方法

权重是指标体系中各指标在完成、实现整体目标中的重要程度。只有确定了各指标的权重之后,才能合理地进行分析和判定。确定权重的方法主要有专家意见平均法、德尔菲法、层次分析法等。

3. 评价资料的收集方法

教育评价要获得对教育评价对象客观、公正的价值判断,最主要的是获得及时、可靠、全面、清晰的评价资料,评价资料的收集方法主要有测验法、问卷法、观察法、访谈法、个案研究法和文献研究法。

4. 评价资料的分析方法

教育评价资料的分析方法主要是统计分析法和模糊综合评判法。统计分析法就是通过数学的方法去分析和比较教育评价资料的方法;它通常用于对测量资料的分析。模糊综合评判法是把模糊数学应用于教育评价而形成的一种方法。近年来,模糊综合评判法在教育评价中越来越受到重视,这是由教育管理现象的模糊性、教育评价的任务和模糊综合评判的特点共同决定。

5. 价值判断的方法

教育评价是依据特定的教育管理目标和评价标准,通过系统地收集、整理和分析资料,对评价对象作出价值判断的过程。所以评价的关键是价值判断。教育管理现象的价值判断是以一定的价值标准作为准绳,将评价对象的表现与价值标准进行比较,从而获得评价结论。根据选取的价值标准不同,价值判断的方法可分为绝对评价、相对评价和个体内差异评价三种。

本 章 小 结

教育评价是对教育管理活动满足社会与个体需要的程度作出判断的活动,是对教育管理活动的价值作出判断以达到其价值增值的过程。本章的内容包括教育评价的目的与功能;教育评价的种类及特点、教育评价的内容;教育评价的程序与基本要求;教育评价的方法与技术。

复习思考题

1. 教育评价的概念是什么?
2. 教育评价具体包括哪些内容?
3. 教育评价的程序是什么?
4. 开展教育评价的方法技术有哪些?

第十八章　教育经费与教育财政

第一节　教育经费与教育财政概述

一、教育经费

教育经费是指中央和地方政府部门的财政预算中实际用于教育事业的经费及社会各种力量用于教育的经费,是发展教育事业的物质保证。教育经费是教育事业发展的物质基础,同时也是影响我国教育规模和质量的重要因素,教育投入是支撑国家长远发展的基础性、战略性投资,是教育事业的物质基础,是公共财政的重要职能。

二、教育财政的政策目标

1. 公平

公平是所有公共服务共同的价值目标,当然也是教育财政的政策目标之一。公共教育支出只是政府众多支出中的一项,与其他支出之间存在竞争,所以充分性也是教育财政政策的一个重要目标。公共事业由于多方面的原因,与私人企业相比效率相对要低。但这并不意味着效率不是教育财政政策的目标。教育财政既要保障教育服务的高质量和高水平,同时也要确保用最小的成本达成教育目标。所以公平、充分性和效率是教育财政的政策目标。

公平有机会公平、条件公平和结果公平等很多方面。一般而言,结果公平并不是政策追求的目标。确保机会公平和防止结果的过度不公平才是政策追求的目标。横向公平和纵向公平是相对公平的两个重要维度。在教育中,所谓横向公平是指能力相同的学生受到同等对待;纵向公平是指能力不同的学生受到差别对待。

横向公平可以借助于统计指标进行度量。最常用的指标有极差、限制极差、变异系数、基尼系数、McLoone 指数和 Verstegen 指数(中位数以下或以上观察值的总数与所有观察值的总数之比)等。借助以上指标可以判断同一辖区内生均支出的差异。纵向公平在教育财政中的含义主要是指对额外需求从经费上给予倾斜。在具体操作中,满足纵向公平的原则主要表现为对有特殊需要的学生、学区和项目确定相应的权重。如把残疾学生和低收入家庭学生的额外需求权重分别定为 1.3 和 0.2 或其他数值等。

教育财政的公平性不仅体现在辖区内的学校和学生之间,而且还体现在辖区间。由于不同辖区的财力状况不同,处在不同辖区的学生所能得到的教育服务的数量和质量也会有差距。为了平衡辖区间的教育财政状况,学者们提出了财政中立原则。所谓财政中立是指教育投入独立于财力状况。为了实现财政中立原则,需要有合适的描述地方财政能力和税基的指标。这样才能判断生均教育支出是否独立于财政状况。

在美国,地方政府的收入主要来源于财产税,也就是说教育经费的税基相对固定。这样就可以计算生均财产值和生均支出的相关系数和弹性系数。根据经验如果相关系数小于 0.5,弹性系数小于 1,就可以说明大体满足财政中性的标准。在国内教育没有固定对应的税基,衡量财政能力一般用可用财力。可用财力是指在某一预算年度内,政府可以通过其职能部门直接分配和使用或间接加以调度支配的财政资金。因此,在目前情况下,可以使用生均公用经费和生均可用财力两个指标计算它们之间的相关系数和弹性系数来分析我国地方政府的财政中立状况。之所以使用公用经费而不使用事业费与可用财力进行比较是因为人员经费是事业费中的大头儿,在当前体制下,同一地区人员经费之间的差异相对较小。

2. 充分性

教育财政的充分性主要是对地方政府提出的要求。因为教育主要还是地方政府的责任。根据美国学者 Odden 和 Picus 的研究,确定一个学区和学校教育投入充分性有三种方法。

第一种是只考虑实际投入不直接考虑产出的投入确定法。采用这种方法首先要确定日常教育教学活动和有特殊需求的教育活动所需的基本的人力和物力资源配备及其标准;然后再根据各投入要素的平均价格;最后计算出满足充分性标准所需的教育投入。这种预算模式和工程预算十分类似。20 世纪我国湖北省曾经利用这种方法,估算过该省所需的教育投入。英国和美国也采用这种方式进行过教育投入估算。该方法的优点是相对比较准确,缺点是对办学质量的考虑不够直接。办学质量不同的教育需要的投入也不同,采用这种方法对不同质量的教育所需投入的估计来源于专家，而非直接来源于对学生成绩的考察。

第二种是业绩—投入类比法。采用这种方法首先要确定学业成绩的预期水平，找到学业成绩符合预算水平的地区，在这些地区中找出与本地区可比较的地区，然后再计算这些地区的生均支出，最后根据生均支出和本地区的学生数计算出所需的教育投入。在该方法中，费用不是根据实际耗费而是根据成本函数确定。学生的特殊需求、规模、价格因素、效率等都可以在成本函数中被考虑。

第三种是业绩—投入标杆法。这种方法就是把学业成绩最好的地区或学校作为参照标准的投入确定法。这种投入确定方法的理念基础是让每个学生都成功，因此是高支出水平的投入确定方法。

实际上，这三种方法由确定投入和产出的不同方法组合而来。第一种方法确定成本采用的是会计方法。第二种和第三种方法采用的是成本函数法来确定投入。第一种方法对办学质量的确定采用专家估计。在第二种和第三种方法中则采用直接的学业成绩测试。根据确定办学成本和办学质量的不同方法，还可以组合出其他确定教育投入充分性的方法。

3. 效率

效率是指产出与投入之间的比率，通俗地说就是用最少的投入获得最大产出。在经济学中衡量经济效率的一般准则为帕累托准则。所谓帕累托效率是指社会资源的配置达到了这样一种状态，即在不使任何人境况变坏的情况下，不可能再使某些人的处境变好。确立效率准则的目的是为了通过各种改进措施提高效率。帕累托改进是指这样一种变化，即在没有使任何人境况变坏的前提下，至少使一个人变得更好。帕累托改进是最优改进，但现实生活的很多改进并不最优，往往只是次优。卡尔多希克斯准则是次优改进的标准之一，即改进在使一部分人处境变好的同时，也会使另一部分人的处境变坏，但总体上利大于弊。

帕累托效率包括交换效率、生产效率和配置效率。所谓达到交换效率的状态是指通过交易不能再从中得到更大的利益。此时任意两个消费者，任意两种商品的边际替代率相同，且两个消费者的效用同时达到最大化。生产效率是指经济体在生产可能性边界上。此时任意两个生产不同产品的生产者，需要投入的生产要素的边际技术替代率相同，且两个消费者的产量同时得到最大化。配置效率是指经济体产出产品的组合能够完全反映消费者的偏好。此时任意两种商品之间的边际替代率与任何生产者在这两种商品之间的边际产品转换率相同。

教育生产具有特殊性，产出不容易被测量。通过未来在劳动力市场上的收入度量教育产出难以剥离个人禀赋和家庭等因素的影响。通过学习成绩的增值来测量教育产出需要有统一考试。即使有统一测试成绩为基础，证实经费投入和学习成绩之间的关系也并不容易。Hanuwshek（1997）通过对90多个不同刊物中377个基于学校和班级层面的数据建立的生产函数进行分析后得出结论，在学校资源和学生业绩之间没有紧密联系。但换作州层面的数据来分析，生均经费和学业成绩之间还是有一定的相关性。而其他一些学者如Greenwald，Hedges和Lamne（1996）等人的研究则表明，生均支出和学业成绩存在相关性。由此可见，对于经费投入与教育产出之间的关系还需要作进一步探索。近年来的一些研究表明，尽管经费投入对学校质量有一定影响，但对学生成绩影响最大的因素是同辈群体。

教育是典型的劳动密集型产业，人员成本在总成本中占有很高比例。对于私人企业而言，不断增高的人员成本可以通过产品销售转嫁给消费者。但对于公立学校而言，经费来源于财政拨款，而拨款是一个政治过程，转嫁不断提高的办学成本并不容易。而且，教育作为公共事业，支出监督往往并不十分有力。所以，教育成本居高不下，缺乏效率的事实广为诟病。特别是那些有权决定拨款的部门经常以此为借口来挤压教育投入。尽管，教育有成本不断扩展的趋势，度量教育产出有一定困难，但控制成本提高效率仍然是教育经费分配和使用过程必须考虑的重要问题。总之，公平、充分性和效率是教育财政政策的重要目标，教育财政政策应紧扣以上目标。

第二节　教育经费的筹措、分配和管理

一、教育经费的筹措

1. 国家财政预算内拨款为主

国家对教育经费投入的数量反映国家对教育投资的规模，教育经费投入在国家财政性支出或国民生产总值中支出的比例反映了教育投入与国民经济的关系以及教育投入的水

平。国家教育经费的数量和比例受该国历史文化传统、政治、经济、人口等多方面因素的制约。我国教育经费投入来源是多渠道的，主要包括国家财政拨款、社会投资和受教育者家庭或个人投资，其中国家财政拨款是教育经费投入的主要来源。

财政预算内拨款，是指中央、地方各级财政或上级主管部门在本年度内划拨到教育部门和各级各类学校、教育事业单位，并列入国家预算支出科目的教育经费。主要包括教育事业费、教育基本建设费和科研经费拨款及其他经费拨款。

(1)教育事业费

教育事业费是指国家从中央财政预算中直接划拨给教育部门的用以维持和发展教育事业的经费，是教育经费的重要组成部分。

(2)教育基本建设费

教育基本建设费包括教育基建和部门基建中用于学校和教育事业单位的经费。

(3)科研经费

科研经费是指高等学校从中央和地方取得的科学研究经费，一般包括教育部(地方教育行政部门)、国家(地方)发改委、科技部(地方科技部门)和各行业主管部门(如纺织集团公司、省农业厅等)下达的科学事业费和科技三项费用等。属于财政教育事业费安排的科研经费拨款，应在教育事业费拨款中填列。

(4)其他教育经费

它是指除教育经费拨款、科研经费拨款、城市教育费附加以外的其他属于财政性的经费拨款，包括专项拨款和非专项拨款，如公费医疗经费、住房改革经费等。

2. 征收用于教育的税费为辅

(1)社会税收

用于教育的税收，主要包括两部分：第一，社会开征的各种直接用于教育的税收，如个人收入调节税所征的税款，全部或部分用于教育；社会计征鞭炮税、筵席税、印花税等税款，全部或部分用于教育。第二，国家和社会对教育单位的各种减免税。这是教育投资的社会间接来源，如依据国家规定对学校办的企业实行减税和免税；依据国家规定减免学校的城市建设费；能源、交通重点建设基金；国家预算内调节基金等各种税收。

(2)教育经费附加

教育费附加是对缴纳增值税、消费税、营业税的单位和个人征收的一种附加费，其主要作用是发展地方性教育事业、扩大地方教育经费的资金来源。

(3)企业拨款

即中央和地方所属企业在企业营业外资金列支或企业自有资金列支,而拨给所属各级各类学校的经费投入。

(4)其他投入

其主要是指校办产业、勤工俭学和社会服务收入用于教育的经费投入。

3. 多渠道筹措并举

(1)社会捐资、集资办学

社会捐资、集资办学是指城镇、农村、厂矿、企事业单位和个人在自愿原则下,量力为教育捐、集资助学,以及海外侨胞、港澳台胞、外籍团体、友好人士等对教育的资助和捐赠。

(2)社会团体和公民个人办学

社会团体和公民个人办学指单位或公民个人拨给社会团体和公民个人的办学经费,主要指民办教育。民办学校的教育经费由举办者筹集,除学费以外,主要来自非政府的企事业单位、社会团体和个人的投入。

(3)事业收入

事业收入是指学校和教育事业单位开展教学、科研及其辅助活动依法取得的,经财政部门核准不需上缴财政专户管理的预算外资金,以及经财政专户核拨回的预算外资金。

(4)其他收入

其他收入是指除上述各项收入以外的其他各项收入,即附属单位缴款和其他收入中扣除对校办产业投资收益之和。

二、我国公共教育投入拨款方式

教育的公共产品属性决定了政府公共教育投入拨款的必要性。教育拨款方式是政府对教育资源投入的具体财政手段,可分为投入拨款和产出拨款两大类别。投入拨款不考虑学校使用资源的效率和产出,拨款依据主要是学生人数;产出拨款是以学校数量、教育质量和办学效益的综合指标为拨款依据。当前我国采用的教育拨款方式主要是投入性拨款。

教育投入拨款方式一般可以分为直接拨款与间接拨款两种方式。直接拨款是指政府直接将教育经费(或通过一个缓冲机构)拨付给学校;间接拨款是指政府将经费以学生资助的形式支付给学生，然后学生缴费上学。

1. 基础教育拨款方式

我国中小学教育事业经费拨款基本上采用的是定员定额方法。所谓定员定额，就是按事业机构规模的大小或事业的需要，合理地确定其各种编制、房屋和设备标准，行政和业务费用开支额度、器材的储备量。其公式为

$$某校应得经费总额 = \sum 各项定额标准 \times 学校相应定员数目$$

定额标准的制定按人员经费和公用经费分类核算。人员经费包括教职工经费和学生经费，分别用教职工经费标准定额乘以教职工人数，学生经费标准定额乘以学生数再加总求得人员经费；公用经费则用公用经费各项开支标准定额乘以在校生数总数再加总。

中小学基建经费拨款采取的是基建预算加基建补助的方式。基建预算的方法：首先，根据学生人数和每生应占有的校舍面积定额，计算应有的校舍规模；其次，从应有校舍规模减去现有校舍面积，计算出校舍面积缺口，即需新建的校舍面积；最后，计算新建校舍所需各种建筑材料和设备费以及购置配套教学仪器、设备的费用，构成新建校舍预算，再加上危房翻建费和设备费，三项合计就构成了地方中小学基建预算。基建预算额再加上国家每年安排的一定数量的基建补助拨款，就是该校所得基建资金。

中小学教育经费拨款主要是以学生人数为依据，因此各学校经费拨款的差异也主要是由学校的规模所致。

2. 高等教育拨款方式

1949 年至 1985 年，高等教育财政拨款的依据是“基数加发展”。自 1985 年以来，拨款机制由“基数加发展”改为“综合定额加专项补助”。“综合定额”是指政府有关部门制定的每生教育经费的定额标准，不同层次、不同种类的学生其定额不同，内容包括：教职工人员经费、学生奖贷学金、行政公务费、教学业务费、小型设备费和其他费用等各个项目。

“综合定额”是指政府有关部门制订的每生教育经费的定额标准，不同层次、不同种类的学生其定额不同，内容包括：教职工人员经费、学生奖贷学金、行政公务费、教学业务费、小型设备费和其他费用等各个项目。

“综合定额”是根据上年度生均成本费和本年度在校生规模核定的，其计算公式为

$$某类学生的年度综合定额 = 某类学生年度平均在校生数 \times 每生定额标准$$

“专项补助”则依据各高校发展的特殊需要，经学校申请，教育主管部门批准后拨给，是

对综合定额的补充，它是由政府部门在考虑了学校的各种特殊需要后单独拨付的。“专项补助”部分的计算方法为

离休人员经费 = 离休人员工资 + 生活补贴 + 特需经费

退休人员经费 = 退休金 + 退休人员生活补助等

长期在校外籍专家经费 = 计划批准的长期外籍专家人数 × 专家经费补助标准

教师国内外长期培训经费 = 计划批准的国内(外)培训人数 × 国内(外)培训经费标准

专项事业补助费，该部分经费通常采用定额管理和定项管理两种办法。定额管理指由政府有关部门根据历史资料和实际情况每年核定一定数额的专项经费，拨付给学校自行管理。定项管理则由政府有关部门根据情况确定投资重点，按项目下达专项经费。

对比我国和国外的公共教育投入拨款方式，不难看出，我国当前主要采用的投入拨款方式很难适应社会发展对教育质量的要求。因此，应适当借鉴国外的产出拨款方式，采用投入和产出相结合的教育拨款方式，才能促使学校追求办学效率和质量的统一。

三、教育支出

1. 教育支出的项目结构

办教育要遵循教育自身的行业特点。教育经费支出也要反映教育的行业特点。国际上通用的公共教育支出可分为经常性支出和资本性支出两大类。经常性支出是指本年度用于商品和劳务生产所经常需要的支出。资本性支出是指在两个或两个以上会计年度的各项支出，包括固定资产、无形资产、递延资产的支出。教育中的资本性支出包括用于校舍、体育场、图书馆以及大型设备购买的支出。

从 2002 年开始，财政部对中央部门的预算核定方式改为基本支出加项目支出。基本支出是解决学校正常运转、完成日常工作任务所需的经费；项目支出预算主要是解决学校大型修缮和某些专项业务活动而发生的支出。按照北京市财政局的规定，基本支出的内容包括人员经费和公用经费两部分。人员经费包括人员支出和对个人和家庭的补助支出。公用经费包括公用支出和专项业务费两部分。

2002 年之前，我国教育支出分为教育事业费和教育基建费。其中教育事业费分为个人部分和公用部分。教育事业费和教育基建费与经常性支出和资本性支出大体对应。教育事业费中的个人支出与经常性支出中的教师工资支出相对应，公用支出与教学用品支出相

对应。我国教育事业费中的教师工资支出中包括基本工资、补助工资、其他工资、职工福利费、社会保障费、奖、贷、助学金等。公用支出包括公务费、业务费、设备购置费、修缮费和其他费用(招待费和培训费等)。

穷国办大教育是我国的基本国情。计划经济时代我国的财政是建设财政,改革开放后,相当长的一段时期甚至直到现在,则带有很强的吃饭财政的痕迹。保工资、保运转、保安全是我国教育财政最重要的任务。从我国教育支出的项目结构可以明显地看到人员经费占到了预算内教育事业费将近80%的比重。在一些财政贫困县,教育公用经费零拨付的情况时有发生。由此可见,我国教育经费的总量仍然需要提高,使用结构需要进一步合理完善。

2. 国家财政性教育经费支出情况

教育事业的发展表现在规模、质量、结构和效益等方面。但教育不论如何发展都离不开数量充足、分配合理的经费。教育只是政府举办的一类社会事业。教育经费与其他社会事业和其他财政支出项目之间具有竞争关系。人力资本理论面世以来,人们越来越接受办教育不仅是消费,同时也是投资。作为后发国家把教育放在优先发展的地位,对国家发展具有战略意义。

1993 年,《中国教育改革和发展纲要》明确提出逐步提高国家财政性教育经费占国民生产总值的比例到2000 年达到4% 的目标。但 2005 年,我国财政性教育经费占国民生产总值的比例仅为 2.86% 。2006 年中共十六届六中全会上通过了《中共中央关于构建社会主义和谐社会若干重大问题的决定》,决定中指出要保证财政性教育经费增长幅度明显高于财政经常性收入增长幅度,逐步使财政性教育经费占国内生产总值的比例达到4% 。

公共教育支出占国民生产总值的比重和财政支出中教育支出的比重是衡量公共教育支出的重要指标。世界各国教育支出占财政支出的比重大体都在 1/6 左右,因此公共教育支出占国内生产总值的比重与财政支出占国内生产总值的比重有关。发达国家财政支出占国内生产总值的比重较高,一般在 35% 以上,所以发达国家的教育支出占国民生产总值的比重平均约为 6% 。发展中国家财政收入占国内生产总值比重约为 25% ,财政支出占国内生产总值的比重约为 4% 。

2015 年 01 月 23 日, 教育部、国家统计局、财政部日前联合发布的 2013 年全国教育经费执行情况统计公告显示,去年国家财政性教育经费为 24 488. 22 亿元,占国内生产总值比例为4.30%,比上年的4.28%增加了0.02个百分点。

公告显示,2013年,全国教育经费总投入为30 364.72亿元,比上年的27 695.97亿元增长9.64%,其中,国家财政性教育经费为24 488.22亿元,比上年的22 236.23亿元增长10.13%。全国公共财政教育支出为21 405.67亿元,比上年的20 314.17亿元增长5.37%,其中,中央财政教育支出3 883.92亿元,比上年增长2.7%。

3.教育经费在三级教育间的分配

教育支出除了总量外,还有结构性问题。教育支出结构主要包括教育经费在各级各类教育间的分配,还有各级各类教育中教育经费支出项目之间的结构。教育经费的支出结构在一定程度上反映了教育经费的使用效率。三级教育是指小学教育、中学教育和高等教育三个阶段的教育。

我国教育支出的实际状况是不但教育总量长期没有达到既定目标,而且教育经费在三级教育间的分配也不是很合理。高等教育经费在教育经费总量所占比重偏高。2000~2004年间,我国普通教育经费占教育经费总量的80%以上。在普通教育中,高等学校、中学和小学所占经费的比重分别为32.02%,36.25%和31.74%。而同期普通高校、普通中学和普通小学在校生数的比例平均为1:8.8:13.1。国际上发达国家公共高等教育支出占公共教育支出的比重约为20%。总之,我国公共教育支出在三级教育间的分配不是很合理。高等教育支出所占比例过大。

第三节　教育财政体制改革

一、教育预算管理体制

教育是公共支出中一项非常重要的内容。教育财政体制是国家财政体制的一部分。教育投入中的诸多问题与财政管理体制和教育财政体制直接相关。讨论教育预算制度首先应了解国家预算管理体制和教育管理体制。财政管理体制是规定各级政府之间划分财政收支范围和财政管理权限的根本制度。财政管理体制有广义和狭义之分。广义的财政体制主要包括国家预算管理体制、国家税收管理体制、国有企业财务管理体制、行政事业单位财务管理体制、财政投融资管理体制和国有资产管理体制等。狭义的财政体制是指国家预算管理体制。

教育预算是国家各级政府和各级各类教育机构的年度收支计划，是国家及地方财政预算的重要组成部分。国家各级各类教育经费的来源、分配、使用等都要通过教育预算来实现。教育预算制度受国家预算体制和教育管理体制的影响。随着我国财政管理体制和教育管理体制的改革，国家先后通过了一系列法律和法规对预算和教育预算进行规范。《中华人民共和国预算法》《中华人民共和国预算法实施条例》《国务院关于加强预算外资金管理的决定》《事业单位财务会计准则》《高等学校财务制度》《高等学校会计制度》《中小学校财务制度》和《中小学校会计制度》《中华人民共和国教育法》《中华人民共和国义务教育法》《中华人民共和国高等教育法》等。这些法律、法规确定了我国教育预算制度和管理体制的大致框架以及教育预算的基本程序和内容。

教育预算管理体制中存在的问题主要来源于财政管理体制。所以，教育预算制度改革受制于国家财政体制改革的整体进程。

二、政府间教育财政责任划分

中央政府与地方政府如何划分财权财力的问题是财政体制的核心。财权服从于事权，财权和财力的划分应以事权划分为基础。2004 年，我国地方财政性教育经费为 419.02 亿元，中央财政性教育经费为 4 046.84 亿元。中央教育支出占中央财政支出的比重为 5.3%，地方教育支出占地方财政支出的比重为 19.65%。我国中央政府除了要承担上述任务之外，还要承担部属院校的经费。问题的关键是我国地方政府所负担的教育经费相对较少。

针对这种情况，国家采取了一系列举措。2001 年确立了“以县为主”的农村义务教育管理体制，把财政责任的重心上移到县。2006 年实行农村义务教育经费保障新机制，采用“分项目，按比例”的方式重新划分了中央与地方在农村义务教育阶段免除学杂费、寄宿生生活补贴、免费教科书、公用经费、校舍维修改造基金等方面的责任。这些举措的实质就是重新划分政府间教育财政责任。

合理划分基础教育的政府间财政责任需要与行政管理体制改革相结合。

三、教育经费拨款制度

实践中，人们关注的教育拨款制度主要是指政府如何把教育经费拨付给学校。其中讨论较多的是高等教育拨款。从国际上来看，高校拨款模式主要有增量拨款（协商拨款）、公式拨款、合同拨款和绩效拨款等。这些拨款模式的适用范围和追求的政策目标有所不同。增量拨款和公式拨款主要适用教育经常费，合同拨款主要适用专项拨款。绩效拨款的政策目标主要是强调效率和效益。

四、学费和学生资助制度

1. 学费

我国实行九年制义务教育。高中教育和高等教育都要收取一定数额的学费作为教育成本的补偿。在我国学费标准的确定实行属地管辖原则，由学校所属地区的物价局根据当地物价水平确定。所以，全国各地的学费标准的确定方式也不尽相同。有些地区实行统一限价标准，即不同类型和不同学科采用统一学费标准。有些地区则采用分科制与分等制相结合并辅之以热门专业适当提价的确定方式。

2. 学生资助

学生资助体系是与成本分担机制匹配的制度。正是因为居民分担了部分教育成本，才导致了收入成为受教育的一个必要条件。而收入成为入学机会分配的条件，不符合公平正义的社会理想。因此，作为配合学费制度而存在的学生资助制度便应运而生。

我国目前已经建立了较为全面的家庭经济困难学生资助政策体系。高等教育形成国家奖学金、国家励志奖学金、国家助学金、国家助学贷款和勤工助学等多种方式并举的资助政策体系。其中，解决家庭经济困难学生学费、住宿费问题，将以国家助学贷款为主，以国家励志奖学金等为辅；解决生活费问题，以国家助学金为主，以勤工助学等为辅。中等职业教育已形成以国家助学金为主，以工学结合、顶岗实习、学校减免学费等为辅的资助政策体系。

助学贷款既有银行提供的，也有学校提供的（学校贷款）。其中银行提供的助学贷款可分为国家助学贷款和一般助学贷款。国家助学贷款是国有独资商业银行对全日制高校中经济困难的学生发放的财政予以贴息的信用贷款。一般助学贷款是金融机构根据自身业务特点对高校学生、学生家长发放的商业性贷款。

五、教育财政管理制度的完善

1. 完善教育财政投入体制

根据2013年11月中国共产党第十八届中央委员会第三次全体会议通过的《中共中央关于全面深化改革若干重大问题的决定》(以下简称《决定》),提出了全面深化改革的指导思想、目标任务和重大原则,其中深化财政体制改革部分提出,“改进预算管理制度”“完善税收制度”和“建立事权和支出责任相适应的制度”。作为财政制度重要组成部分的教育财政制度,也应进行相应改革。

《决定》在关于预算制度改革部分提出:“清理规范重点支出同财政收支增幅或生产总值挂钩事项,一般不采取挂钩方式。”我国现行的教育财政支出的相关法规,既同财政挂钩,又同生产总值挂钩。

财政性教育经费占国内生产总值比例不应继续固定挂钩。第一,4%比例的确定有其特殊的历史背景;第二,政府教育支出占国内生产总值的比例,是联合国教科文组织早年提出的用于评价和监测各国政府教育努力程度或政府教育投入水平的指标,而并非政府教育财政决策指标;第三,国内生产总值并不能直接在各项公共支出间进行分配,可分配的是国民收入中的财政收入。

为使公共教育支出持续稳定增长,不应继续采取与财政和生产总值挂钩的方式,而应转向以教育财政制度保障政府教育支出。

科教兴国、教育优先发展已是我国国策,提供公共教育服务是政府和财政的基本职能,教育服务是成本递增的服务,为使公共教育支出持续稳定增长,不应继续采取与财政和生产总值挂钩的方式,而应转向以教育财政制度保障政府教育支出。第一,尽快制定国家和省级各级各类教育的生均拨款标准,标准的制定既要考虑教育需求,也要兼顾财政供给可能,应由教育和财政等各部门共同制定,标准应是动态的,其内容应包括基本支出和项目支出。第二,将此标准按层级政府间各级各类教育事权与支出责任的明确划分,分别纳入各级财政预算,最终由同级人大通过后执行。

2. 建立与事权、支出责任、支出能力相应的教育财政制度

《决定》第19条提出,“建立事权和支出责任相适应的制度”,对中央和地方的事权和支出责任做了原则性大致划分,并提出,“适度加强中央事权和支出责任”“进一步理顺中央和

地方收入划分”。

从我国现行制度规范和执行来说，中央事权和支出责任相对较小，地方尤其是县级事权和支出责任较大，中央财力相对较大，地方尤其是县级财力较小。改革的思路可适当提高中央的事权、支出责任，或提高地方尤其是县级财力。也可以二者结合，双管齐下。

深化教育财政体制改革，首先，应以法律明确规定各级各类教育中央和各级地方政府的事权与支出责任，将模糊的原则性规定，改为明确的可操作的具体规定。其次，加强中央政府的教育事权和支出责任。在人口城镇化和人口跨区域大规模流动背景下，包括基础教育在内的各级各类教育区域外部性逐步增强。无论从招生和就业来说，地方高校早已成为跨区域的公共服务，中央政府应承担更大的事权与支出责任。最后，通过税制改革，使县级政府拥有更多财力，以支撑其事权和支出责任。

3. 清理、整合、规范教育财政专项转移支付

《决定》在改进预算管理制度中提出，“完善一般性转移支付增长机制”“清理、整合、规范专项转移支付项目”。对于前者提出“中央出台增支政策形成的地方财力缺口，原则上通过一般性转移支付调节”，对于后者提出“逐步取消竞争性领域专项和地方资金配套，严格控制引导类、救济类、应急类专项，对保留专项进行甄别，属地方事务的划入一般性转移支付”。

教育类转移支付属于专项转移支付。现存的问题是项目繁多，项目几乎涵盖了各级各类教育及其人力、财力、物力各种投入要素，同级同类教育同一投入要素项目交叉、重叠。如对贫困地区改善义务教育办学条件的项目，高等教育中用于支持学科建设的项目，中央和地方不同部门各种支持人才引进和培养的项目，名目繁多、交叉、重叠。在现行预算体制下，部门预算由基本支出和项目支出构成，基本支出水平难以增加，于是专项支出成了争取财政资金的手段。专项转移支出项目，在制度设计执行和监管上都存在不规范现象，“跑部钱进”，弄虚作假、挪用、消费十分严重。

为此，凡应该且可行的教育专项转移支付要纳入一般性转移支付，对应纳入专项转移支付的项目应进行整合，避免交叉、重叠。教育专项转移支付项目要完善制度规范。

本章小结

教育经费是指中央和地方政府部门的财政预算中实际用于教育事业的经费及社会各种力量用于教育的经费,是发展教育事业的物质保证。教育经费是教育事业发展的物质基础,同时也是影响我国教育规模和质量的重要因素,教育投入是支撑国家长远发展的基础性、战略性投资,是教育事业的物质基础,是公共财政的重要职能。

本章内容主要有教育财政的政策目标,教育经费的筹措、分配和管理,教育财政体制改革。

复习思考题

1. 教育经费的筹措一般包括哪几个方式?
2. 我国公共教育投入拨款方式有哪些?
3. 试论我国教育财政管理制度的完善。

第十九章　教育人事管理

第一节　教育行政机关工作人员

一、教育行政机关工作人员的概念

教育行政机关工作人员是指依法在教育行政机构中担任执行各类教育行政管理工作的人员，包括各级各类教育行政组织中的领导者、专门业务人员及一般工作人员（除工勤人员）。教育行政机关工作人员是我国行政机关工作人员的组成部分，属于国家的公务员（也可称他们为国家教育公务员）。

教育行政机关工作的人员是构成教育行政组织的最基本的要素，他们与教育行政机构相结合，就构成了教育行政主体。我们说，没有教育行政主体，教育行政职能就无从实现。教育行政机关工作人员是教育行政管理工作的承担者，各项教育行政管理任务就是由他们具体执行的。各级各类教育行政机关工作人员既有共同的教育行政管理任务，又因其工作类别及岗位的不同，具有不同的专门职责。

二、教育行政机关工作人员的条件

教育行政机关工作人员在国家教育行政机关中担任公职，代表国家运用行政权力，从事教育管理活动。他们工作的质量、作风、效果直接关系着我国教育事业的发展。因此对担任教育行政职务的人员，要有一定的条件要求。而作为教育行政机关工作人员的基本条件，就是依据党的选拔任用干部的“德才兼备”的原则，在新的历史时期，社会主义现代化建设对行政机关工作人员所提出的“四化”即革命化、年轻化、知识化和专业化的要求及教育行政机关工作的性质、任务等方面确定的。具体可以概括为以下几个方面。

（1）具有一定的马列主义毛泽东思想和邓小平理论的水平，坚持四项基本原则，贯彻执行党的方针、政策，在政治上与党中央保持一致。能坚持实事求是的思想路线。

(2)忠诚社会主义教育事业,有强烈的事业心和政治责任感,努力为全面贯彻党的教育方针和实现学校教育目标服务。

(3)要有尊重群众、密切联系群众、善于团结同志的民主作风。

(4)要有胜任工作的广泛的文化科学知识和专业知识,特别是教育学、心理学和教育管理学方面的知识。

(5)要具有一定的管理才能,即计划、组织、指导、控制、协调等方面的管理能力。

(6)身体健康。

以上是对各级各类教育行政机关工作人员的基本条件要求。但由于教育行政组织的领导者、专门业务人员与一般工作人员的任务、职责的不同,因此在条件要求上也有要求程度的不同。

三、教育行政机关人员的选拔任用方式

其选拔任用方式主要有委任及考试录用两种。委任是由有任免权的机关或领导者依据法律规定提名委任行政机关工作人员的方式。主要适用于各级各类教育行政组织的领导人员。这种方式是我国现行任用制度中最大量、最经常使用的方法。

考试录用是以公开考试的方法,择优录用教育行政工作人员。这是我国各级各类行政部门录用非领导职务公务员的一种主要方式。使用这种方式要有较严格的程序:规定招考条件、要求和时间;进行公开统一考试;按规定择优录用。这种方式是为了适应我国教育管理现代化的需求,提高教育行政机关工作人员素质的需要而提出来的。但目前尚未普遍实行,更未形成制度,有待于逐步实施与完善。

除此之外,还有选举的方式。总之,教育行政机关工作人员的选拔任用方式直接关系到教育行政机关工作人员的素质,它需要结合我国具体情况,进行深入的研讨。

第二节　教师的招聘

一、教师招聘的方式

教师招聘是学校人力资源的重要“入口”,能否招聘到优秀的教师直接关系到学校教学

质量的好坏。由于教师退休、离职、调动等原因,加上学校内外环境的变化,学校人力资源的供需可能处于失衡状态,教师招聘是学校维持人力资源平衡的一项经常性活动,也是学校拥有优质人力资源的最基本和重要途径。本节阐述了教师招聘的作用、程序、教师招聘工作的评估等问题。

招聘是以公告的方式聘请、招募、募集等。教师招聘指的是教育组织为了实现生存和发展的需要,根据其人力资源规划和工作分析提出的人员需求数量与素质要求,以及相关资格标准,按照一定的规则和程序,寻找和吸引符合胜任岗位要求的教育教学工作者的活动。作为学校人力资源管理的"入口",教师招聘与学校其他人力资源管理工作之间存在密切关系。严格、合理、规范的教师招聘过程有利于降低学校的管理成本,提高正确任用的成功率。

二、教师招聘的作用

教师招聘具有如下几方面的作用:

1. 教师招聘能够满足学校师资队伍的数量要求并提高其质量

招聘优秀教师,建设多元化的教师队伍是教师人力资源管理的核心目标与任务。

2. 教师招聘是宣传和推广学校形象的一种公关活动

教师招聘,特别是外部招聘,是学校进行自我宣传和推广的一个重要机会。

3. 成功的教师招聘能优化教师人力资源结构配置

一次成功的教师招聘不仅仅为学校补充了"新鲜血液",更重要的是通过教师招聘重新审视了学校中的人才结构,对人才结构进行调整和优化,为教师质量的提高和学校的可持续发展奠定基础。

三、教师招聘流程

教师招聘应该遵循的工作流程,其中主要包括:教师工作分析;招聘计划的制订与审批;招聘信息的公布;教师的选拔;最终录用。具体说来,教师招聘的程序主要分为招募、测评与选拔、录用和评估四个环节。

第三节 教师培训

一、教师培训的内涵

教师培训是教育人力资源管理的一个重要内容。从教师个人来看,培训可以帮助教师充分发挥和利用其人力资源潜能,更好地实现其自身价值,提高工作满意度,增强对学校的归属感和责任感。对政府和学校来说,教师的培训和发展是政府和学校应尽的职责之一,高效的教师培训能提高教师的素质,从而提高育人质量。本节在阐明教师培训的内涵的基础上,重点讨论了教师培训的模式和方法。

教师的培训是指国家或学校通过培训和开发项目改进教师能力水平和组织业绩的一种有计划的、连续性的工作。教师培训的目的是提高教师的基本素质和专业水平,使其获得目前工作及未来工作所需的知识和能力。在任何一个培训计划中都包含三个基本步骤,那就是估计组织的培训需求,实施培训和对培训计划的效果进行评价。

二、教师培训的意义

1. 职前教育的继续延长

师范教育是培养教师的专业教育,它同其他一切职业教育一样,是就职前的教育,是准备性的教育,是获取教师资格的教育。以往我们所说的教师教育就是这种职前教育,职前教育主要是进行基础教育(即教育专业和普通文化专业方面的基础教育),不能进行实际训练,虽然在教育过程中设有教育实习,但由于时间短,要掌握学校教育实际工作中所需要的知识、技能、态度等是不可能的,有必要在就职后进行具体的特殊的专门教育,这就是教师的在职培训。在这个意义上讲,健全的教师教育应该包括职前教育和在职培训,二者缺一不可。因为,在职培训可以弥补职前教育的不足,能针对教育工作的问题谋求改进的方法,激发教师进行教育科学研究,提高学术水平。

2. 适应社会和教育的发展,提高教师执教能力的重要途径

从20世纪50年代开始,进行着一系列的新技术革命,引起知识总量的激增,经济和社会生活的突变,产业结构的大幅度调整,劳动就业市场的急剧波动,等等。这一切不仅对个

人的生存和发展提出了挑战，造成了威胁，而且更强烈地对教育提出了包括教育目标、课程内容、教育教学方法手段等全方位进行改革的要求。而在一定意义上讲教育改革就等于教师教育的改革，正如琼·托马斯在他的《世界性的教育问题：简明分析调查》一书中所说："在每一次教育革新过程中，教师的合作是最基本的，但这一点也是特别难以做到的。一方面，教育改革经常成为一种对有关教师的权威的挑战；另一方面，也使重新培训成为必要。所以教师必须改变自己的习惯和常规，必须建立新的师生关系。除了这些不利因素外，教师本身还必须经历新的进修过程。所以持续地对教师进行培训是教育制度发展和不断更新的前提。"

二、教师培训的基本方法

教师培训可分为校外培训和校内培训。校外培训是指学校组织和选派教师到其他学校和地方接受一定时间的培训，时间短则几天，长则可能达几年。不管是校外培训，还是校内培训，教师培训的方法多种多样，实施过程中要根据实际需要进行选择和优化组合。下面介绍一些具体的培训方法。

1. 专家指导法

专家指导法是请专家到培训现场进行指导的方法。具体来说有下列形式。

（1）专题讲座

即根据需要选择某一专题，聘请专家或其他人员举办专题讲座，使教师对这一专题有比较清晰的理解。

（2）临床诊断

专家、科研人员、培训者与任课教师合作，有目的地对课堂教学过程进行严谨的、理性的观察，课后面对面地进行分析讨论，向教师提出改进教学的策略和方法。

（3）案例分析

把教育教学中某一有意义的问题情境作为案例进行分析，找出其中的得与失并分析其原因，提出改进与发展的对策，从而达到提高教师素质的目的。

（4）视听法

即利用录音、录像、幻灯、VCD、电脑等多媒体技术对教师进行培训。

2. 同伴互助法

同伴互助是一种机动灵活而又非常有效的培训形式。有下列具体形式。

(1)师徒结对

师徒结对又称"青蓝工程",是指采用师傅带徒弟、一帮一的方法来培训师资的方法。

(2)榜样示范

通过发挥先进模范人物的榜样示范作用带动教师队伍整体素质的提高。

(3)课题研究

从学校和教师的实际需要出发,通过组织教师参与教研教改活动,来提高教师的教育科研能力。

(4)教学竞赛

通过举行各种竞赛,开展各种评优活动来促进教师综合素质的提高。

(5)校际资源共享

学校与其他学校之间互相开放,互通有无,实现学校间师资、设备、经验、信息等各方面资源的交流与共享。

3. 自我提升法

自我提升是指教师对自己的教学工作实践进行多视角、多层次的回顾分析和反思,对自己的教育教学效果进行理性思考,从而在经验中学习,在反思中成长,促进自己教学能力的提高。

第四节　教师考核与薪酬

一、教师考核的意义

教师考核是指学校和其他教育机构根据国家制定的教师职务任职条件和职责,运用定性和定量结合的方法,对教师工作进行定期与不定期的考察与评价。《中华人民共和国教师法》确立了我国实施教师考核制度。教师考核制度与教师资格制度、任用制度、职务制度、培训制度、奖励制度等共同构成教师管理制度的基本内容。它标志着教师管理科学化、规范化的程度。教师考核是教师管理中一项经常性、基础性的工作。其目的与作用在于:

为教师的使用、培训、晋升、提级提薪、奖惩提供依据。引导教师按教育规律办事，以提高教育质量。现在世界上许多国家都建立起了正常的教师考核制度。

二、教师考核机构与考核的内容

1. 教师考核机构

《教师法》第 22 条第 1 款规定“学校或者其他教育机构应当对教师的政治思想、业务水平、工作态度和工作成绩进行考核”，根据这一条的规定，负责教师考核的机构是聘任教师的学校或其他教育机构，而非教育行政部门，教育行政部门对教师考核工作的职责是指导、监督。《教师法》第 22 条第 2 款就是对此的专门规定。我国教师考核机构的确定和职权的划分，首先是与我国教育管理体制改革精神相一致的。改革开放以来，我国努力通过教育管理权限的重新分配，调整政府与学校的关系，转变政府职能，使学校拥有更多的自主管理权，教师的聘任、考核就是自主管理的重要内容。而教师考核权赋予学校之后，作为学校上级的教育行政部门的职责就是对学校教师考核工作的行政监督和专业指导。其次，教师的考核权留给聘任教师的学校和其他教育机构，较好地体现了用人与管人相一致的原则。学校是直接选用教师的机构，对教师最了解，这有利于考核工作的有效开展，有利于发挥考核结果对聘任教师的积极作用，使聘任教师工作科学化。

2. 教师考核的内容

根据《教师法》的规定，教师考核内容包括政治思想、业务水平、工作态度和工作实绩四个方面。这是教师考核内容的国家标准。

政治思想方面：主要考核教师对社会主义制度的态度，对党和国家的路线、方针、政策的态度，以及遵纪守法，思想品德，师德等。

业务水平方面：主要考核教师的文化科学知识和专业知识，包括一般文化科学知识、教育科学知识和专业知识、技能，业务能力包括教育、教学能力，自学能力，创新能力等。

工作态度方面：主要考核教师的责任感，工作积极性，组织纪律性，团结协作精神等。

工作实绩方面：主要考核教师所完成的工作数量、工作质量和工作成果。工作数量一般包括教学工作量(备课量、上课量、课外辅导量、批改作业量、指导学生课外活动量)、思想教育工作量、其他工作量(科研、社会工作等)。工作质量一般包括教学工作质量、教育工作质量和其他工作的质量。这是从质量上考核教师所担负的各项工作完成得如何，工作质量是反映教师业务水平的主要内容,因此在一定意义上讲工作质量的考核也是对教师业务水平的一种考核。工作成果是对教师工作效果及工作效益的评价,主要通过学生在德、智、体、美、劳方面的发展水平,学习成绩,学习能力及家长评价、社会评价来考核。

三、教师考核的方法与原则

1. 教师考核的方法

教师考核的方法,按形式分有教师自评法、学生评价法、教师相互评价法。按内容分有单项考核法和综合评价法。按时态分有平时检查考核法和阶段性集中考核法。按考核性质分有定性考核法和定量考核法。

考核方法的选择和运用要依据考核的内容与要求,灵活掌握,通常是几种方法并用。而任何一种考核方法的运用都需要有明确的考核标准,这是进行考核的依据和尺度,也是教师工作的指挥棒。因此,要努力制定出科学可行的考核标准,这是进行有效教师考核的关键。科学可行的考核标准就是反映了教育教学工作的本质特征及基本规律,符合教学计划和教学大纲的有关规定,体现教师工作的质与量的基本要求,顺应教育改革的需要,考虑到教师职业的特点的指标。

2. 教师考核的原则

教师劳动是一种复杂性劳动,教师劳动的水平、成效不仅取决于教师个体的努力,及思想、知识、业务水平,还取决于教育对象的特点、水准,学校教育教学设备条件,教师集体的沟通协作,家长与社会的配合、教育行政部门及学校赋予的进修提高机会的多寡等因素。因此,考核教师特别是考核教师的工作实绩是一件非常复杂和费力的事情,就这一点讲,有人认为对教师个体的考核仅仅是一种近似性的评价。为此,努力提高教师考核的科学性和有效性,就成为了教师考核实践上迫切性高的课题。

为了解决这一问题,我国《教师法》在总结我国的教师考核实践经验基础上,借鉴国外有益的理论与尝试,提出了实施教师考核的两项原则,即公正、客观、准确的原则和充分听取意见的民主性原则。公正、客观就是实事求是,按照实际情况进行考核,不带任何偏见、私见,不凭主观意志作出判断。准确就是要求考核结果与教师实际表现相符。贯彻这条原则,要求考核主体克服传统的习惯的凭印象、凭经验的主观臆断,而是注重调查,尊重事实,坚持以评价标准为尺度的考察鉴定。要求考核主体要充分注意和结合自己学校的工作环境,学生特点等具体情况和实际水平对学校内教师个体进行综合评价。民主性原则,就是要求在考核教师活动中尊重教师和学生的意见,创造机会让教师参与考核工作,发挥教师在考核活动中的主体作用。这不仅是现代教师考核评价活动的主体多元化,进程民主化特征表现,更是实现教师考核目的的要求。贯彻这条原则,首先,要求评价主体要改变传统的教师是被动的考核对象的认识,树立教师与学生也是考核活动的主体,即合作者、参与者的观念。其次,要让教师学生参与考核活动的每一个进程,即从考核标准的制定、考核资料事实的收集,到分析判断。最后,在方法的选择上要重视自我评价,发挥好教师在考核活动中的主体作用。这与学校在教师考核工作中的主体地位是不矛盾的。

四、教师薪酬

1. 教师薪酬的内涵及形式

薪酬是一个综合的范畴。从狭义上说,教师薪酬通常由三部分构成:工资、福利和社会保险;从广义上说,教师薪酬是学校对教师的贡献包括教师的工作态度、行为和业绩所作出的各种回报,包括工资、奖金、津贴、保险、福利以及参与决策、承担更大的责任等外在薪酬和内在薪酬。外在薪酬主要是指物质激励,包括工资、奖金、补贴、福利以及各类社会保险的激励等;内在薪酬是教师对工作本身在心理上的一种感受,学校一般无需耗费经济资源。教师薪酬有不同的表现形式:精神的与物质的;有形的与无形的;货币的与非货币的;内在的与外在的等。

2. 教师薪酬的影响因素

教师的薪酬水平受到内外多种因素的影响,例如绩效、努力、资历、技能和工作要求。一般来说,影响教师薪酬水平的主要因素有三类:教师个人因素、学校内部因素和社会外部因素,每类因素又包含了多个影响要素。

教师薪酬的来源主要依靠教育经费,而学校的教育经费主要来源于国家财政拨款以及学费收入、社会捐赠等,不同类型的学校,国家投资的额度有所不同。大学的经费来源是多渠道的,除了国家和地方的投入外,还有学生的学费、社会的捐赠、学校的创收等,但国家的拨款则是最重要的来源。公立中小学校的经费基本上来源于国家财政和地方财政。民办学校的经费主要来源于学生所交的学费。

本章小结

本章的内容包括四个部分，第一部分为教育行政机关工作人员，具体内容有，教育行政机关工作人员的概念，教育行政机关工作人员的条件，教育行政机关人员的选拔任用方式。第二部分为教师的招聘，介绍了教师招聘的概念，作用。第三部分为教师培训，介绍了教师培训的内涵、意义、基本方法。第四部分是教师考核与薪酬。

复习思考题

1. 教育行政机关工作人员的概念是什么？
2. 教师招聘的概念与作用是什么？
3. 教师培训的意义是什么？
4. 教师培训的基本方法有哪些？
5. 教师考核的内容有哪些？
6. 教师薪酬的内涵及影响因素有哪些？

第二十章　学校质量管理

第一节　学校工作质量管理概述

一、学校工作质量的内涵

学校质量管理就是对学校各项工作质量的管理,从而有效地实现学校工作目标。学校工作质量就是学校工作过程和结果满足使用的要求时所具有的特性。任何工作的好坏,都不是由哪一个人任意评定的,而是由实践的结果来评断的,也就是说,要由接受该工作结果影响的人们作出结论。

从内容角度看,学校工作质量大致可分为业务工作质量和管理工作质量两部分。业务工作质量包含教学工作质量、德育工作质量、体育卫生工作质量、后勤工作质量,这里边前三项内容统称为教育质量。管理工作质量是指对各项工作进行管理的活动的质量,它是对教育质量的保障。

从过程角度分,可以将学校工作质量分为标准质量、过程质量和结果质量,其中过程质量和结果质量又可以总称为符合性质量,即符合标准要求的程度。

标准质量又叫设计质量,它是对工作过程和结果质量标准进行构想的质量。制定工作质量标准是对学校工作质量进行监控的起点,有了标准各项工作行为才有准则,评定成果才有尺度。那么质量管理中就产生了一个基本问题:质量标准设计得怎么样?在学校质量管理中,人们采用的标准多数为两个来源:其一,上级下达的,一门课程的质量标准就是国家下达的教学大纲;其二,多数学校共同认可的,这类标准是在经验的交流中形成的,比如,不少教师和管理者都认为学生管理得好与不好标志之一就是要看是不是把学生管得有规矩,学生是否循规蹈矩。

过程质量是将标准转化为成果的行为的质量,具体表现为各项工作的各个活动环节符合要求的程度,在工作科学化、规范化的前提下,高质量的活动是高质量成果的保障,同时它也为提高工作效率、降低成本提供了条件。

成果质量是各项工作产品的质量，它是对标准和过程质量进行管理的目的所在，离开它质量管理就失去根本意义。

在学校管理工作中，三种质量是互相制约、互为依托的整体，其中标准质量是前提，过程质量是保障，结果质量是目的与验证。

二、学校质量管理的意义

1. 质量管理是实现学校基本任务和满足社会需要的保证

合格的教育是全部社会产品“质量大堤”的基础，因为社会产品的质量是要以人的质量为前提的，离开符合社会要求的人就无法生产出合格的物质产品和精神产品，人的质量这个基础一旦动摇，全部社会生活就会发生停滞乃至危机。20 世纪 50 年代以来，全球以科技和经济为导火线而引发的一系列教育改革与教育争论，其直接目标大多指向教育质量，原因也正在于此。

2. 抓好学校质量管理才能保证教育投入的有效性

要保证教育投入有较高的效益，就必须加强对各项工作的质量管理。学校质量管理是一整套的科学程序，它不仅能够监督教育工作的每一步进展和最终结果，还能预警可能出现的问题，防患于未然，从而减少资源和劳动的浪费。

3. 质量管理提供了客观评价学校工作的标准与手段

质量管理本质上是一个控制过程，其核心是信息反馈，也就是说，在及时、准确地获得信息并正确判断的基础上，采取措施保证工作达到标准要求。现代教育质量管理的控制行为是建立在科学基础之上的，从而为人们客观严谨地认识学校工作的优劣提供了依据和方法。

三、学校质量管理的特点

1. 学校质量管理必须坚持正确价值观的导向

学校质量管理的根本任务是为未来培养人才，学校工作任务的主体是传递知识、培育人才，作为一种精神活动，它首先面临的是价值选择问题。学校管理者的责任是要正确、全面地判断社会当前的需要及未来发展趋势，整体地、辩证地把握价值体系，树立先进、可行的育人指导思想。

2. 学校质量管理以人的质量为中心

学校的根本任务是育人,它所追求的是培养出高水平的、全面发展的学生,它的成果也要以所培养的学生是否符合社会要求为衡量标准。

3. 学校质量管理目标具有一点多面的特点

学校育人的质量目标归根结底是学校公众的利益要求的反映,而学校面对的公众是多种多样的,所以学校实际操作中的学生质量标准不是点、面,而是立体结构。

4. 学生素质特性决定学校质量管理具有创造性

学校教育面对的是一个个成长中的人,他们在与社会的相互作用中不断发展。他们的特点以及上述相互作用,构成了质量管理的复杂性,而这种复杂性就对学校教师和管理者的创造能力提出了挑战。

5. 管理活动对象的多样化

学生质量是在一种开放的环境中形成的,在这个过程中,许多校内、校外因素都自觉或不自觉地介入进来,直接或间接地影响着学生质量。在这些因素中,除学校教师有意识地施加影响外,国家各项方针政策、传媒的形形色色信息、学生所在地区的经济与文化状况、学生家庭的文化及道德背景、学生校内外伙伴的价值观和行为表现等。

6. 管理方法以定性方法为主

定性为主,定性与定量相结合。

第二节　学校的全面质量管理

一、全面质量管理的基本观点与特征

传统的学校工作质量管理有以下几个特点:第一,是自上而下的管理,由学校管理者对教师工作进行检查来实现;第二,以对最终成果的评定和考核为主;第三,考核的内容分散,缺少全面性。这种质量管理方式仍局限于管理者个人的经验之上,没有系统性,计划性也不够,全凭管理者的个人自觉性行事。这种情况必然造成学校内工作质量的不平衡,各个部门或个人间工作质量互相掣肘,管理工作缺乏连续性的倾向。为克服上述问题,可以借

鉴工业上推行的全面质量管理的经验。

1. 顾客为中心为用户服务的观点

在企业内部，凡接收上道工序的产品进行再生产的下道工序，就是上道工序的用户，“为用户服务”和“下道工序就是用户”是全面质量管理的一个基本观点。通过每道工序的质量控制，达到提高最终产品质量的目的。

2. 全面管理的观点

所谓全面管理，就是进行全过程的管理、全企业的管理和全员的管理。全过程的管理就是全面质量管理，要求对产品生产过程进行全面控制；全企业管理的一个重要特点，是强调质量管理工作不局限于质量管理部门，要求企业所属各单位、各部门都要参与质量管理工作，共同对产品质量负责；全员管理是说，全面质量管理要求把质量控制工作落实到每一名员工，让每一名员工都关心产品质量。

3. 以预防为主的观点

以预防为主，就是对产品质量进行事前控制，把事故消灭在发生之前，使每一道工序都处于控制状态。

4. 质量管理必须科学化

必须按照专业化生产的客观规律进行管理，运用科学的方法对质量加以保障，包括尽量使管理指标数量化、具体化，采用数学工具和其他科学手段进行质量监控。科学的质量管理，必须依据正确的数据资料进行加工、分析和处理找出规律，再结合专业技术和实际情况，对存在问题作出正确判断并采取正确措施。

5. 通过组织落实实现质量保障

只有落实才是保障。

二、学校全面质量管理的基础工作

构建学校全面质量管理体系必须遵从以下三个途径。

从指导思想上，必须不断改进教育服务质量，满足所有“顾客”的需要。“顾客”所指的不仅仅是学生，学校全体教职员工、社会用人单位和与学校密切相关的企业等都属于“顾客”的范畴。根据特定的培养目标要求以及相关人员的实际情况对所有人、财、物、时间、空间、信息等要素的支配和使用进行合理配置。以提供教育服务的角度说，最重要的服务对象是学生,衡量学校教育质量高低的重要标准应该是是否满足学生的需求,是否能够实现学校培养高级应用型人才的目标。同时,学校还应当依据跟踪调查毕业生的就业情况及用人单位的信息反馈,持续地开展教育服务的质量改进。

从运行机制上,必须建立健全校内教育质量保证体系。学校提高教育质量的当务之急就是建立健全能体现学校特点的、较为完备的校内教育质量保证体系。先根据学校自身特点和特定的培养目标要求进行调研,明确质量的概念和内涵,制定相关的质量政策,再对学校人员实行全面质量观的培训,然后建立负责质量咨询、评价等各项质量管理工作的专门机构。教育质量保证体系包括实现全面质量管理所需要的质量政策、机构、程序以及其他资源,它的建立应激发学校人员树立提升质量为个人内在需要的意识,促使学校全体人员共同为提升质量而努力,从而保证最终成功实施全面质量管理。

从实施策略上,必须重视过程管理。根据全面质量管理的重要原则乃倡导以小组形式全员参与,学校的质量管理必须转变传统的层级管理模式,由过去领导进行决策而员工依照方案实施,转变为调动一切相关人员主动参与到质量管理活动的每个环节,从现状的调研(发现问题)、制定质量改进方案到实施及评价质量改进方案。学校在质量管理中,应倡导各部门和各学科人员以小组形式协同解决质量管理活动中出现的各种问题,以解决诸多跨部门性、跨学科性的问题。

开展学校全面质量管理工作是一项深远、持久的系统工程,必须扎扎实实地做好一系列基础工作,才可能真正获得实效。这些基础工作包括:标准化工作、质量信息提取、质量信息加工处理、建立质量责任制、质量教育。

1. 标准化工作

标准化工作是对学校各项工作的过程、结果和学生发展质量所进行的设计,它是依据国家提出的要求,在科学研究及实践经验的基础上,制定标准和贯彻标准的活动过程。

学校质量标准包括管理工作标准、教职工工作标准和学生发展质量标准三部分。

理想的学校质量指标要符合以下几个方面的要求。

(1)标准要符合国家的教育方针和相关政策,并应随着社会发展而不断改进。

(2)标准应系列化。这里有两个方面要注意:一是各项工作及一项工作的各个环节应制定配套的标准,避免由于存在标准缺口而影响整体质量;二是在确定标准时,要考虑对象群体中存在差异,标准在基础水平之上应分出不同层次要求,使管理对象既有努力方向,又感到切实可行。

(3)标准要明确、具体,不可模棱两可。

(4)要有群众基础,制定标准既要考虑上级要求,又要总结教师和学生的经验,引导被管理者参与到标准制定的过程中来。

2. 质量信息提取

质量信息提取是通过调查、测量等方式来获取关于学校质量状况的数据及描述性资料的管理活动。

3. 质量信息加工整理

这一工作是对与学校各项工作质量有关的信息进行整理、分析和保存的活动。原始的质量信息资料给管理者所提供的质量水平信号常常是杂乱无章的、表面化的甚至是互相矛盾的,需要进行剔抉耙梳,去粗取精、去伪存真,还需要将众多的信息条理化,从而使其易于理解和分析。

4. 建立质量责任制

质量责任制是学校岗位责任制的重要组成部分,它明确规定每个教职工所负有的质量任务、责任和应享有的权利。只有实行明确的质量责任制,才能做到事事有人管,人人有专责,办事有标准,工作有检查,才能建立起稳定而严格的质量工作秩序。

5. 质量教育工作

质量教育是培养和强化教职员工质量意识,提高其业务素质的活动。任何工作质量的根本保障在于人,人的业务能力和工作态度是决定质量的两个基本变量,提高这两个变量的品质,是质量教育的核心目标。

第三节　学校工作的质量评价

一、学校工作的质量评价意义

学校工作质量评价是教育评价的一个组成部分,它是从微观层次上,对学校内部的教育活动包括思想教育、教学、体育卫生、后勤、领导、办学条件的改善与发展等方面工作进行的检查和督励。它以一定的价值观念和具体的标准体系为准则,对学校各方面工作质量状况进行科学的调查和判断，确定所考察的对象达到什么水平，是否符合人们对它所提出的要求，并提出改进的意见。评价不同于测量，后者侧重于对教育现象的描述，前者却要对后者所描述的情况进行价值分析并对分析结果提出改进意见。

科学的教育评价对促进学校各个方面工作有十分重要的意义，它为学校各个方面的工作提出标准，发挥指导的作用；它是管理者监督工作运行的工具，诊断工作中出现的问题和失误；它作为一种管理机制，不断提高工作人员规范治校的自觉性，激发广大干部和教职工的工作干劲。

教育评价是一项真理性和价值性都很强的工作，它在运行中既要符合评价对象的发生发展规律，也要考虑被评价对象（人）的利益要求并进行恰当的方向引导。评价所得出的结论对实际工作有很大的导向作用，对处于第一线的领导、教职工和学生都有较大影响。因此评价中必须遵循一系列科学的原则，使评价真实可信，既能客观揭示问题，又能激励被评价者上进，促进各项工作开展。具体原则包括：客观性原则、全面性原则、一致性与差别性相结合的原则、定量分析和定性分析相结合的原则、他人评价与自我评价相结合的原则。

二、教育评价的过程

1. 制定评价指标体系

指标体系是系统的、操作化、可测量的评价标准，是目标的具体化。目标是对行动结果的笼统指向，为了使目标可操作性得到落实，就必须依据目标要求，遵循评价对象的运动规律，制定出具体的要求。它是开展评价工作的主要依据，也是评价成功的关键。在这个体系中，蕴涵着教育的价值观，也明确规定了对被评价者及其职责的详细要求，因而它发挥着导向和规范作用。

2. 选择恰当手段获得信息

在教育评价中，一般常用的获得评价信息的手段有考试（标准化考试、论文式考试）、问卷调查法、谈话法、行动观察法、问题情景法、个案研究法等。这些方法的运用要严格遵循科学程序进行。

3. 质量信息的分析

在对各项工作的质量和学生的质量进行考核或调查而获得必要的信息之后，就要对所得资料进行科学的统计分析和评价，寻找出某些带规律性的结论，作为实施质量控制的依据。

学校质量分析大致可以分为前后相联系的两种类型:状态分析和因果分析。前者是对质量现有状态的初步分析和判断,带有描述的性质;后者是对影响质量的原因进行分析,带有推断的性质。

4. 提出质量改进意见和建议

质量改进建议应该在坚持基本要求的前提下,因人因地制宜地提出实事求是的改进期望,所提要求应尽可能与被评价者或部门直接交换意见。

第四节　学校工作的质量控制

质量控制是对影响学校质量的因素施加干预,使质量向理想的方向发展。

一、对不同性质的质量原因采取不同对策

造成学校质量问题的原因,按其产生的形式和作用时间的长短,可区分为偶然因素(又称急性故障)和系统因素(又称长期性故障)二种。

偶然因素是一种随机产生的影响质量的因素,没有确定的出现时间,也不够稳定。系统性因素是长期影响学校质量状况的那些因素,它们相对来说比较稳定。比如,管理制度是否健全,教师业务水平高低,师生个性特点,等等。重要的系统性因素品质不佳,会使学校质量长期得不到提高。对这类因素所造成的质量问题,不宜用“头痛医头”“脚痛医脚”的办法,而应采用质量突破的办法来解决。

所谓质量突破是指采用革新性的措施打破原有条件的桎梏而使质量获得根本性的改进。这种方法具有创新性、需要群体协作和周期长等特点。质量突破需要经过以下几个步骤:

(1)确定问题,论证质量突破的必要性和可行性;

(2)选择突破目标,确定在这一目标下所要解决问题的先后顺序;

(3)做好教职工的沟通工作,使他们理解采取措施的目的、意义及过程,特别要注意做好有影响人物及处于关键岗位上的教职工的工作;

(4)强化组织指导力量,明确责任,加强指导和协调;

(5)针对具体问题,明确对策,并组织好实施,务求取得进展;

(6)成功之后,及时总结经验,逐步把成果标准化,在新的水平上控制质量。

由于对系统因素的变革进行指导难度较大,领导者在这一过程中既要解放思想,敢于改革,又要稳妥持重,选择好时机,因势利导。应该从小处、易处着手,取得成功后再扩大战果,这样整体上成功的可能性就更大些。

二、确定与把握质量警戒线

学校质量警戒线是对学校工作质量和学生质量所规定的最低标准。如果质量统计和分析表明低于这个标准,说明学校某一方面或整体质量水平发生危机,应花大力气采取坚决措施予以扭转。

由于各学校教师、学生和领导者的水平不一样,各校的成就水平也不一致,因此质量警戒线不能整齐划一。在确定警戒线时,一般要考虑三方面要求:国家的基本要求;本校历史上的平均水平;同类学校的一般水平。

三、工作控制

为确保学校工作质量,就必须抓好工作控制。工作控制是从工作过程的标准化、规范化抓起,对质量实行预先控制。工作控制要抓好计划、实施、总结、改进等几个环节,同时要根据各项工作的具体内容和特点,抓好细致的环节。

四、组织控制

组织控制是质量管理的基础建设,它通过人和组织的建设来对质量工作的开展实施保障,一般要抓好下面几件事。

(1)做到校、年级和班级质量管理组织健全,制度完整、规范。

(2)抓好教研组建设和教职工骨干的培养,使质量工作有带头人、排头兵。

(3)保证学校与下属组织、教师之间及教师与学生之间的信息沟通,使各方面对质量现状及存在的问题心中有数。同时学校还要与社会有关方面、学生家长和兄弟学校之间加强联络,取得各方支持,及时获得有关信息,不断提高工作质量。

本章小结

学校质量管理就是对学校各项工作质量的管理,从而有效地实现学校工作目标。学校工作质量就是学校工作过程和结果满足使用的要求时所具有的特性。任何工作的好坏,都不是由哪一个人任意评定的,而是由实践的结果来评断的,也就是说,要由接受该工作结果影响的人们作出结论。

本章的主要内容有学校工作质量的内涵、意义和特点,全面质量管理的基本观点与特征,学校全面质量管理的基础工作,学校工作的质量评价意义,教育评价的过程,学校工作的质量控制。

复习思考题

1. 什么是学校工作质量?
2. 什么是全面质量管理,其指导思想和特点有哪些?
3. 教育评价的原则有哪些?
4. 试述教育评价的各个环节及其要求。

第二十一章　学校公共关系管理

第一节　学校公共关系及其管理

一、学校公共关系

在如何界定公共关系问题上,国内外有三种比较流行的观点:公共关系是一种管理职能,属管理学范畴;公共关系是一种社会关系,是社会学和组织行为学的分支学科;公共关系是一种传播活动,属应用传播学的范畴。这里的公共关系指社会组织与其公众之间的社会关系,由社会组织、公众和媒介三要素组成。

学校公共关系是指学校组织与其目标公众结成的社会关系,包括学校与教职员工的关系、与学生的关系、与家长的关系、与社区的关系、与特殊公众的关系、与媒体的关系、与政府的关系、与国际的关系等。它是公共关系的一种特殊形式,其三要素是:学校组织、目标公众和媒介。其目的是建立学校在公众中的声誉和信誉,培育公众对学校教育的信心和信任。

学校公共关系分类有不同维度。根据学校公共关系工作对象与组织距离的远近,把公共关系分成内部公共关系和外部公共关系两大类。根据组织不同发展阶段把公共关系划分为五种类型:建设性公共关系、维系性公共关系、防御性公共关系、矫正性公共关系、进攻性公共关系。无论以何标准划分公共关系类别,它们都是有所交叉的。

二、学校公共关系特点

学校属于第三部门的社会组织。与其他组织相比,学校公共关系有自己的特点。从组织特性来说,学校属于非营利组织。和营利组织相比,包括学校在内的非营利组织的公共关系的特点如下。

1. 追求社会效益

组织开展公共关系活动的根本目的是追求在某个特定领域内，实现社会效益和经济效益的统一。营利组织与非营利组织开展公共关系的根本目的的侧重点不同。前者主要通过市场营销追求经济效益，后者公共关系工作的最终成果主要体现在社会效益上。如提高组织的认知度、美誉度、和谐度，得到公众的接受、认同和支持。这里有两种特殊现象不能回避。一是，国内外都有一些非营利组织借鉴市场营销的方法经营组织，进行企业化管理，如我国高校后勤社会化改革就是引入了市场和竞争管理机制。目前，学校也从事一些带有营利色彩的活动，如高校中的自费现象，中小学中的"议价生"现象等。要说明的是，非营利组织部分开展营利活动和引进企业化管理方式的目的并不是谋求利润，而是改善经济条件，与营利组织的目的还是不同的。二是，一些很有规模的企业经常主动捐资和赞助社会公共事务，以增加社会效益的方式树立热心社会公益事业的形象。

2. 成本低，难度大

营利组织开展公共关系活动拥有相对充足和稳定的经费来源，实力雄厚，耗资较多，规模较大。非营利组织依靠政府拨款、社会及个人赞助，经费有限，所以开展公共关系的原则是少花钱多办事，积少成多。在大多数情况下，选择成本比较低的手段，如标语、传单等。美国许多学区公开规定，不允许学校利用公共教育经费开展公共关系活动，所以学校在开展公共关系活动之前的预备活动是筹款问题，这是和营利组织的重大区别之一。

由于成本低、经营目的和方式的不同，学校不太可能像营利组织那样和专业的公共关系公司合作，聘请专职的公共关系顾问。一般来说，营利组织的公共关系是高成本的活动，公共关系人员配备齐整，专业水平高；而非营利组织人员配备相对较少，经常是临时组班，多是兼职，专业水平相对低些。无论在国内还是国外，非营利组织开展公共关系活动的难度相对很大。

3. 与公众联系松散

营利组织的利益动机纯粹而明确，因此对目标公众的针对性和指向性较强、相关性迫切。非营利组织与公众之间相对缺乏固定和指向性较强的利益关系，针对性和相关性相对弱些，所以面对的情境更复杂。这也是学校公共关系活动声势和规模相对弱小的原因，它不像营利组织那样必须纯粹依靠市场和顾客才能有效益、有活力。开展公共关系活动能够支持非营利组织的许多活动：

基金募集——通过展示业绩和对募集到的资金的可靠使用情况,说明组织的事业和服务有足够的价值,以此获得支持;

社区意识——为社区提供的服务:培训、医疗保健、为青年举办活动、为饥饿者提供食物等,通过这些获得支持;

吸收和留住成员——与潜在的和现有的成员沟通其可获得的利益;

游说和倡议活动——鼓励新闻媒体报道组织的立场和发表支持性的文章,影响法规和公共政策;

危机管理——危机期间,协调沟通,帮助那些受伤害的人,在困难环境中把组织塑造成负责任的、反应迅速的形象;

特殊活动——主持集中讨论发生的问题,激发对组织或事业的兴趣等。

三、学校公共关系管理

公共关系管理是指对组织公众关系及其相关传播沟通事务的管理。学校公共关系管理就是对学校内部公众关系和外部公众关系及其相关传播沟通事务的管理。主要包括公众关系管理、相关传播沟通事务管理(如学校专题管理、危机管理等)和学校形象管理等内容。

学校公共关系管理是学校战略管理的一部分,但公共关系管理不是万能的,它不能覆盖学校管理的全部意义。从工作内容和范围看,人、财、物、形象是学校最主要的资源和管理对象。其中,对人和形象的管理是公共关系职能。公共关系管理目标不是直接地提高产量、促进销售、获得利润,而是塑造和宣传组织的社会形象。

第二节　学校公共关系管理过程

任何一项公共关系实务活动都是由调查研究、目标制定、实施传播和结果评估四步程序组成的,简称 ROPE 管理流程。图 21 - 1 为公共关系管理 ROPE 模型。

一、调查研究

调查研究是一种把系统的倾听架构成传播过程的一种方法。对于学校来说,公共关系调查研究是指学校组织通过运用科学方法,搜集公众对学校的评价资料,分析学校公共关系状态的实务活动。

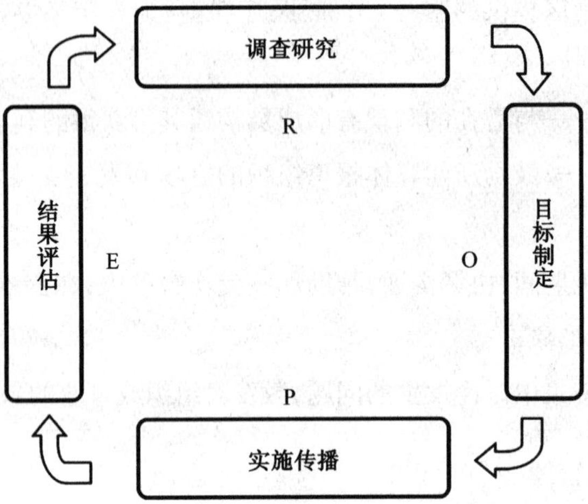

图 21－1　公共关系管理 ROPE 模型

二、制定目标

制定目标要做的是把第一步的调查结果作为因素纳入该组织政策和方案之中，回答“我们依据什么基础了解形势，我们应该改变什么，或者做些什么，说些什么”的问题。

三、实施传播

公共关系的实施传播是指通过一定的传播模式，借助于一定的传播媒介执行已经制定好的方案，实现预期目标的过程。这一过程包含四个要素，即主题和信息、活动或特殊事件、可控与不可控媒体、有效的交流。

四、结果评估

结果评估是公共关系管理流程的最后一步，是对项目有效性的评估。通过结果评估可以衡量公共关系对组织实现使命和目标的贡献，提高组织的竞争力，从而证明公共关系项目及其管理的效力和影响力。

第三节　学校公共关系管理对象

一、学校内部公众关系管理

内部公众关系的管理也可以称作雇员管理或员工管理。

校长的特质、领导方式和领导风格决定着学校公共关系和人际关系的基调，管理者必须是人际关系的专家，没有什么人能代替他在人际关系中的作用。同时，学校组织有自己的特点——学校不同于政府组织，也不同于营利组织，学术权力和行政权力并行的二元权力特征突出，专家和行政人员的矛盾、教师和教辅人员的矛盾必须很好地考虑和合理地解决。

1. 学校行政管理者与教师

学校行政管理者包括高级管理者如校长、书记、副校长和副书记，中级管理者如各科室、系主任，初级管理者如办事员和干事等。他们组成一个鲜明的管理阶层和队伍，具有行政特征。校长要依靠初级和中级管理者实现校内良好的人际关系。

（1）沟通内容

学校目标和使命、学校在竞争中的排序和位置、教学改革情况、先进人物及其贡献、教职员工新闻、教职员工生活和福利情况等。最常用的媒介是出版物、公告牌、小组会议、人员手册和备忘录等。最主要、最有效的媒介是面对面的传播与沟通。

（2）沟通形式

包括会议沟通形式、合理化建议制度、内部出版物形式、公告形式、信件形式。

2. 学校与学生的正式沟通

学生对于学校来说存在双重身份，既是重要的内部公众，又是重要的消费者，同时也是连接学校与社区的重要纽带之一。学校与学生的关系直接形成家长、社区和社会对学校的直觉印象。

学校与学生之间良好关系的建立和相互关系的改善，意味着学校必须改造目前的单向信息传播方式，完善与学生的双向沟通机制。这就要求学校管理者以组织和制度形式确立学生与学校对话、与教师交谈的合理权利，给予学生参与学校管理并贡献自己想法和建议的机会。如果学生能够被倾听，能够参与学校事务，那么他们的受挫感、不满、对抗意识和行为就能够降低。

3. 教师与学生的沟通

(1)语言的使用技巧

教师是靠语言维持的职业。不同的语言形式，尤其是口头语言的表达，会产生不同的交际效果。

(2)非语言的沟通技巧

非语言的沟通包括肢体语言、空间语言和类语言的使用技巧。非语言的沟通也是十分重要的，学生能够读懂老师的表情、目光、姿势、手势、距离等中的准确含义。

二、学校外部公众关系管理

学校外部公众主要是指关乎学校生存发展的那些目标公众，包括学生家长、社区、特殊公众、政府、媒体等。学校日常对外的人际交往总是蕴涵着提升人际关系质量、提升学校形象、累积信誉和声誉的机会。它同样是通过人际交往的过程实现的。

1. 学校与学生家长

学生家长是学校的首要公众和重要公众。学校必须利用任何一次与外部公众打交道的机会，必须管理好自己和学生家长的关系，获得他们的理解、信任与支持，从而提升学校的公众形象和社会声誉。教师在其中至关重要。

2. 学校与社区

社区关系是学校组织所在地的区域公众关系，主要包括地方政府机构、地方社团组织、社区内其他组织和社区居民。社区是学校的最重要的公众，因为它集结了政府、家长、媒体、特殊公众等关系于一身。创造一个稳固的社区关系，以相互尊重、了解的氛围为基础。社区关系产生危机，学校就会受到伤害。

3. 学校与特殊公众

学校生存于社会大系统之中。作为承担文化传递和传播重任的非营利组织，它的发展需要很多人的关注和支持。其中，一些特殊公众的支持也是必不可少的。如非学生家长、老年人、校友、社会名流、学校的批评者和少数族裔学生等。

4. 学校与政府

学校和政府的关系涉及教育办学体制、教育行政体制、教育的法制环境、教育投资体制和学校内部管理体制等权力和资源分配的大问题。从公共关系意义上说，公立学校需要得到政府的政策支持、经费支持和行政权力的支持。学校开展政府公共关系的目的在于：争取政府的政策支持、财力支持和权力支持。政府公众包括各级各类政府、各级各类教育行政部门及其成员。

5. 学校与媒体的合作

新闻媒体是学校的重要公众之一，也是重要的社会资源之一。以学校为本位，建设好与媒体的关系是学校公共关系成就的重要标志。对于学校而言，学校与媒体的合作包括两个方面：

媒体本位的合作——以新闻记者的需要为中心，学校为媒体着想，获得好感，累积信任。

学校本位的合作——以学校公共关系需要为中心，在获得好感的基础上，考虑如何利用媒体提升学校形象，获得更多媒体公众的好感。

三、学校公共关系专题管理

学校公共关系专题活动是指学校在一定的时间段中，围绕集中、明确的主题，针对特定公众对象开展的特殊公共关系活动。

1. 学校专题活动及其管理的特点

(1) 日常性

专题管理是学校常规管理工作的一部分，有连续性和重复性。这些内部专题活动也是学校常规工作的一部分，也是持续的和可有一定重复的。

(2) 特殊性

学校公共关系专题活动指公共关系的特殊事件，又有别于日常的公共关系活动。日常工作有弥散性特点，而专题活动及其管理有集中性特征。

(3) 事务管理

专题管理是事务性管理，其管理核心是“事务”，但事情的管理是为了终极目的——使人更好和使学校更好。

(4)项目管理

项目是指为创造特定的产品和服务而进行的一项有时限的任务。它有目标——产生一个结果或产品;有周期——必须在具体的时间计划内完成任务,是要一次性完成任务。

2. 学校专题活动类型

根据学校内部和外部公众两类对象,我们把学校公共关系专题活动分为校内专题活动和校外专题活动两大类。

校内专题活动的目标公众主要是学校内部教职员工和学生。专题管理的目的在于增强与教职员工和学生的沟通,形成学校高昂的士气和凝聚力,建设有力量的学校文化。如新生入学管理、开学与毕业(结业)典礼、成人仪式、主题班会的设计与管理等。

校外专题活动的对象主要涉及的是外部公众,如学生家长、社区、媒体、政府等重要公众,当然也少不了内部公众的参与。这时候的内部公众已经成为学校公共关系活动的承担主体。校外专题管理的目的在于与外部公众之间增进理解、累积信任,赢得良好的公共关系形象和声誉。如家长会、学校开放日、对外会议管理、校庆策划与管理等。

四、学校危机管理

1. 学校危机与起因

学校危机事件是指发生在学校教育教学过程中,对学校师生员工的生命、财产安全有重大威胁、对学校组织的利益和形象有较大危害的突发事件。具有不可预测性、威胁性、紧迫性的特点。一方面,学校危机的起因包括内部环境的改变,如与管理、教学或学习方面有关的意外事故,包括学童自杀、行政人员的突然更替、管理模式急变等会直接影响学校运作;另一方面,外在政治、经济、社会变迁等因素也会直接或间接威胁到学校的发展成败。面对这些来自外界环境及内在环境的因素,学校组织的领导人及成员若能对危机的原因加以分类并探究,应有助于对危机的控制及管理。综合各方面文献,我们可将学校危机的来源分作以下五类。

(1)物理起因

学校设施装备或附近环境的物理性质、情况和状态而引致的危机。例如煤气管老化、通风设施失灵、校舍墙壁崩裂、观众台或篮球场架倒塌,都会引致意外或人命损伤。又例如学校建筑在危险斜坡下,有山泥倾泻、造成人命及财物损失的威胁。物理环境的危险因素,不论是由于自然灾害或人为的疏忽，部分是可加控制，亦有部分是可以避免的。

(2)身心起因

学校里一些成员身体或精神有潜伏的病因，例如先天性心脏病、艾滋病、精神病或其他情绪困扰等，一旦在学校病发，可能引起个人或集体伤亡，甚至招来外界误解、指责，造成学校整体的损害。

(3)情境起因

现实境况因素所带来的危机。例如学校所属学区人口老化，适龄儿童日渐减少，若不预早筹划准备，学校会因为入学率偏低而缩班，最终可能导致学校结束经营。又例如学校位于吸毒者和罪犯经常聚集的地区，学生和教师较易受滋扰和威胁，甚至伤亡；学生也较易受影响而犯法生事，影响学校声誉。

(4)道德起因

学校成员的行为涉及有违操守的事件，导致所属学校蒙受损害。一般来说，社会人士会认为教育工作任重道远，是神圣的工作，会要求教师有较高的道德操守。教师若有违职守、缺乏道义、涉嫌欺诈或损人利己等行为，会造成学校成员感情上或心理上的损害，进而对学校失去尊重及信任，甚或导致信誉或信心危机。事件若涉及法律责任，学校及个别成员更须付上民事或刑事的法律代价。

(5)失序起因

教师对学校纪律/规则的意识松懈，又或士气低落，呈现疏忽、拖延及紊乱等行为倾向，这情况会容易诱发学校的各种意外事故。例如教师在带领学生活动时，只顾彼此交谈，忘记照顾学童安全，引致学童意外受伤。

学校危机管理是指当危机事件发生后，学校对危机事件做出的所有反应和采取的一系列措施和对策(包括危机预警系统与方案的事先制定)，以消除危机对学校的各种不利影响。一旦危机发生立即行动，让损失最小，让形象尽快恢复，让学校化险为夷。它包括了危机预警机制、危机处理机制(报告系统、公共关系处理系统、信息管理系统)、危机善后机制三个部分。危机管理相对而言更多的是事后投入，而日常管理和问题管理相对的主要是事前投入。

2. 学校危机事件的处置与对策

(1)校内对策

一要建立和健全危机时间的处理制度，二要及时处置危机事件。作为学校管理者，应对学校常见的危机事件的类型和性质有清醒的认识。面对学校危机事件，应迅速成立负责处理危机事件的临时机构，并任命全权责任人，确定学校负责发布信息的专职人员和渠道，完善危机事件的处置程序、制度。危机事件的及时处置包括客观、及时的向全校师生员工通报危机事件的真相，以免引发不必要的猜疑和误传；对事件的发展趋势做出准确的判断，并控制事态的进一步恶化；对事件的性质和责任做出初步的判断；请求当事人及见证人提供合作，以便于调查取证；必要情况下，还需保护好场面；涉及学校代办的团体保险，学校要提醒家长及时索赔，以免超过索赔期限。

（2）"被害者"对策

"被害者"是学校危机事件中与学校存在利益和责任纠纷的另一方当事人，"被害者"对策包括：如有必要，学校应及时向当事人及其家属表示同情和歉意，即使是在事件中学校是无责任的一方，学校仍有必要表现出足够的同情和人道；学校要认真倾听当事人的主张、意见和要求，不要因处理方式不当而引发双方在情绪和情感上的对立与冲突：学校应充分考虑当事人的心理感受并表现出足够的耐心；在双方认可的前提下，学校最好采取和解的方式解决问题，如果双方对问题的认识和主张差距太大，寻求通过法律途径解决问题也许是不得已的办法。

（3）新闻媒介对策

在处置学校危机事件过程中，学校有必要与新闻媒介进行良好的合作，在学校危机事件的处置过程中，学校采取的新闻媒介对策主要有：在新闻媒介已经介入的情况下，学校有责任也有义务如实地向他们提供准确、可靠的相关信息，并以书面形式、经学校确认无误后分发给媒体从业人员；如有必要，学校也可主动邀请新闻媒介参与学校危机事件的报道，以利他们向社会提供真实可靠的信息；在学校危机事件的处置过程中应由专人负责接待媒体从业人员，以免出现混乱；如有失实报道，学校必须立即采取相应的补救措施。总之，在学校危机事件的处置过程中，面对新闻媒介的介入，学校不应出现护短、推诿、搪塞甚至有辱媒体从业人员尊严的行为，而应开诚布公地配合新闻媒介的工作。

（4）主管部门的对策

学校危机事件虽然发生在学校，但更多的情况下，学校有义务也有必要及时的向学校主管部门汇报相关的情况，这样可使学校和主管部门在危机事件处置的过程中处于主动的地位。这是因为主管部门掌握着政策的制定权和解释权；有些事件会在主管部门的积极协调下得以圆满地解决;学校危机事件的发生,有可能影响到政府在社会公众心目中的形象。需要指出的是:在学校危机事件处置的过程中,学校对主管机关究竟采取请示、通报还是汇报中的哪些方式进行沟通,学校管理者应根据自己的权限、事件的性质及当时的具体情况做出准确的判断。

学校危机事件的处置,是检验学校管理者在学校公关活动中的态度、能力和智慧的时机,处理不好,有损学校的形象和声誉,带来不必要的负面连锁反应,处理好了,不仅化被动为主动,而且也有助于展现学校形象,提高学校声誉,变成一次有益的公关活动。

五、学校形象管理

1. 学校形象

学校形象也叫学校的公众形象,是指社会公众(主要是外部公众)对学校的总体认识和评价。学校形象的基本构成要素包括:学校名称、地理位置、规模档次、发展历史、学校业绩、交换物、学校领导、个性概念和深层文化等。其表现形式主要是人的形象(领导形象、员工形象、学生形象)、管理(制度)形象、服务形象(含物质载体)等。

2. 学校形象的形成过程

学校形象的形成总结为三个步骤。

(1)公众印象

印象形成的过程是一个心理过程。印象的形成过程,包括感觉、知觉、记忆、想象、判断和推理等心理活动过程。心理学认为,公关是一种人与人之间的关系,人包括个体的人、群体的人和有组织的人。公关活动必须顺应公众心理定势的指向并因势利导,才能收到良好效果。

(2)公众态度

公众态度是人们对事物所持的主观上的内在意向,是一种认识的反映、情感的反映和行为习惯的反映。它直接影响着人们的判断和行为。在积极态度的支持下,公众就可能成为学校品牌的传播者和故事的讲述者,反之,就可能成为学校的逆意公众。

(3)公众舆论

公众舆论是公众的意见与看法,是公众中大多数人的共同信念,是公众态度的一种反映方式,也是信息沟通后产生的一种共鸣。

3. 学校形象的评价指标

(1)学校知名度

知名度即是认知度。认知度即是一个社会组织被社会

公众所认识、知晓的程度,包括被认识的深度、被知晓的广度两个方面。

(2)学校美誉度

学校美誉度是指公众对某所学校及其相关因素的赞许、肯定评价的程度。知名度反映的是组织形象的“量”,而美誉度反映的是其“质”。

(3)学校定位度

学校定位度就是指公众所认定的某所学校个性化和特色化的发展程度,它是以学校组织独特的文化个性和行为风格表现出来的,表达了一所学校在目标公众心目中的位置。

4. 学校形象管理

随着我国社会主义市场经济体制的建立,在市场运作和企业管理过程中,无形资产的概念逐步为人们所接受。所谓无形资产,一般是指由特定主体控制的,不具有独立实体,能对生产经营和服务持续发挥作用并能带来经济利益的一切经济资源。在激烈的市场竞争中,企业所依托的除了机器、厂房、资金等固有资产之外,无形资产对于企业运行的作用越来越明显,它在企业资产中所占的比重也越来越大,成为关系到企业生存和发展的重要资源。

企业管理的成功经验对于学校管理无疑具有借鉴作用。但是,长期以来,在我国学校管理的实践和研究中,人们往往关注学校的人事、财务、教学、学生等行政事务的管理,而对学校的声誉、社会影响等却重视不够,认为它们不属于学校管理的范畴。如果借用企业无形资产的观念来分析学校的运行过程,可以发现学校办学过程中的许多东西都与无形资产有关。如学校的名称、专用标志、特许招生权、特殊的教学方法和教学技术的创立、编写的书籍和数据的知识产权、大师和名生的社会影响力等,这些都是学校经过长期的历史积淀而形成的,都是学校宝贵的无形资产。从学校与社会的关系来看,学校无形资产构成特定的学校形象,因此,加强对学校形象的研究和管理,理应成为现代学校经营的重要内容之一。

5. 学校形象管理过程

学校形象的管理过程是指学校形象系统化传播(内部传播与外部传播)管理的过程,即

学校在社会公众中建立、塑造和传播良好形象,获得良好名声的过程——扩大知名度、提升美誉度和强化定位度的过程。这一过程包括形象的树立、塑造、维持、提升、矫正和传播等方面的内容。学校发展的不同阶段,形象管理的重点和内容不尽相同。在学校初创阶段或变革阶段,形象管理的重点是树立新形象或者重新塑造学校形象,我们称之为学校形象的定位管理。在学校发展势头良好和平稳阶段,形象管理的重点是维持并传播良好形象且致力于提升学校形象。在学校出现危机的时候,重点需要进行形象的挽救和矫正工作。

学校形象的定位管理是指在学校初创阶段需要树立形象,或者在学校变革阶段需要重新塑造形象的时候,对学校进行理念、行为、识别系统、传播方式等方面的定位的系统领导、设计和传播(内部传播)。

6. 学校形象的定位设计

学校形象定位要综合考虑很多因素,如学校长期战略规划、发展环境分析、营销策略和学校个性以及形象定位实现的传播活动和管理职能的开展等。在形象定位的设计和管理过程中,战略性原则和差别性原则是设计中要重点考虑的。学校形象定位设计是学校形象策划的核心,是学校形象管理的出发点和基础所在。形象定位必须坚持与众不同的策略,包括学校理念系统定位设计、学校行为系统定位设计、视觉识别系统的定位设计。这是学校形象的定位框架。

(1)学校理念系统定位设计

学校理念系统定位设计是确定学校生存和发展的文化个性内涵,如办学理念、学校文化等关键要素和灵魂。学校理念设计主要指学校远景发展规划、办学理念等的设计。

(2)学校行为系统定位设计

行为系统定位是指以学校办学理念为基准,保证学校使命和目标得以实现的行为规范等的设计。

(3)学校视觉识别系统定位设计

学校视觉识别系统是指向外界传达的、反映学校理念与行为规范要求的学校全部视觉形象的总和,对于学校定位度的形成起着重要作用。它包括基础要素和应用要素两部分。基础要素如校名、校徽、学校标准字体、学校标准色、学校宣传语、口号等;应用要素包括办公用具(名片、信封、信纸、文件夹、工作证、学生证)、教室与办公室的布置、校车、校服、校园建筑外貌、校园环境、学校宣传系统(贺年卡、手提袋、请柬、邀请函、形象广告路牌、内部报刊刊头设计等)。

本章小结

学校公共关系是学校组织与其目标公众结成的社会关系,包括学校与教职员工关系、与学生的关系,与家长的关系,与社区的关系,与特殊公众的关系,与媒体的关系,与政府的关系,与国际的关系,等等。它是公共关系的一种特殊形式,其三要素是:学校组织、目标公众和媒介。其目的是建立学校在公众中的声誉和信誉,培育公众对学校教育的信心和信任。

本章主要内容包括学校公共关系与学校公共关系管理的含义,学校公共关系管理过程,学校公共关系管理对象。学校公共关系管理对象主要具体包括学校内部与外部公众关系管理,学校公共关系专题管理,学校危机管理以及学校形象管理。

复习思考题

1. 什么是学校公共关系管理?
2. 学校公共关系管理的流程是什么?
4. 学校危机管理中的公共关系活动包括哪些内容?
5. 什么是学校形象,如何塑造良好的学校形象?

参 考 文 献

[1] 黄意武. 我国文化事业内涵、特征及发展方向探究[J]. 中国出版,2014(10):37 – 40.

[2] 孔昭林. 我国文化事业管理体制创新探析[J]. 中国行政管理,2007,8:45 – 47.

[3] 建立. 健全文化法律制度的意义是什么? [J]. 新长征,2014,12:26.

[4] 胡慧林. 文化政策学[M]. 上海:上海文艺出版社,2003.

[5] 宁骚. 公共政策学[M]. 北京:高等教育出版社,2003.

[6] 孙萍. 文化管理学 [M]. 3 版. 北京:中国人民大学出版社,2015.

[7] 胡筝. 文化事业管理概论[M]. 北京:中国统计出版社出版,2010.

[8] 陈孝彬,高洪源. 教育管理学[M]. 3 版. 北京:北京师范大学出版社,2008.

[9] 褚宏启,张新平. 教育管理学教程[M]. 北京:北京师范大学出版社,2013.

[10] 王玉德. 文化学[M]. 昆明:云南大学出版社,2006.

[11] 孙萍. 文化管理学[M]. 北京:中国人民大学出版社,2006.

[12] 朱希祥. 文化产业发展与文化市场管理[M]. 上海:华东师范大学出版,2003.

[13] 谢晶仁. 社区文化建设新论[M]. 北京:中央文献出版社,2007.

[14] 王佐书. 中国文化战略与安全研究[M]. 北京:人民出版社,2007.

[15] 邓小平. 在全体人民中树立法制观念[M]. 1 版. 北京:人民出版社,1993.

[16] 湖北省地方志编纂委员会. 湖北省志·文艺(上)[M]. 武汉:湖北人民出版社,1997.

[17] 文化部计划财务司. 中国文化文物统计年鉴[M]. 北京:国家图书馆出版社,2002.

[18] 北京大学社会学系. 社会学教程[M]. 北京:北京大学出版社,1987.

[19] 陈立旭. 都市文化与都市精神——中外城市文化比较[M]. 南京:东南大学出版社,2002.

[20] 黄飚. 文化行政学[M]. 上海:上海文艺出版社,2003.

[21] 芒福德. 城市发展史[M]. 北京:中国建筑工业出版社,1989.

[22] 韩美群. 关于农村文化研究的几点思考[J]. 安徽农业,2004 (6):48 – 49.

[23] 邵勇,阮仪三. 关于历史文化遗产保护的法制建设——法国历史文化遗产保护制,2002

(03) :57 – 59.
[24] 陶彦霓. 文化体制改革与文化创新[J]. 云南社会科学,2004 (4):118 – 123.
[25] 周刚志. 论中国文化法律体系之基本构成[J]. 浙江社会科学,2015,2:28 – 32.
[26] 张娜. 浅析文化教育事业面临的新任务[J]. 智富时代,2016(2):256.
[27] 张秉福. 论文化事业与文化产业的互动发展[J]. 出版发行研究,2014(10):12 – 15.
[28] 孔昭林. 我国文化事业管理体制创新探析[J]. 中国行政管理,2007(8):45 – 47.
[29] 杨立青. 社会文化组织与公共文化服务[J]. 江汉大学学报(人文科学版),2012(2):22 – 29.
[30] 滕堂伟. 中国文化产业发展的区域差异[J]. 经济地理,2014(7):97 – 102.
[31] 刘雯,杨爱荣. 论我国的城市文化建设[J]. 长春工业大学学报(社会科学版),2011(1):14 – 16.
[32] 毕英涛. 当代中国社区文化建设的价值、内涵与路径[J]. 四川文理学院学报,2011(5):76 – 79.
[33] 杨润勇. 新背景下我国教育管理体制政策调整问题研究[J]. 教育研究,2011(3):26 – 30.
[34] 张新平. 论教育管理学的社会科学属性[J]. 南京师大学报(社会科学版) , 2007(1):60 – 69
[35] 范明丽,庞丽娟. 当前我国学前教育管理体制的主要问题、挑战与改革方向[J]. 学前教育研究,2013(6):3 – 7.
[36] 卢新伟. 我国教育行政机关管理人员培训存在的问题与对策[J]. 观察思考,2010(11):27 – 28.
[37] 涂端午,魏 巍. 什么是好的教育政策[J]. 教育研究,2014(1):47 – 53.
[38] 张玉堂. 教育法与现代教育管理[J]. 教育理论与实践,2006(3):11 – 13.
[39] 蔡怡. 教育领导理论新进展[J]. 比较教育研究,2007(1):23 – 26.
[40] 谢少华,李根. 中国教育领导理论研究的当代使命[J]. 华南师范大学学报(社会科学版),2014(6):56 – 62.
[41] 王晓辉. 关于教育决策的思考[J]. 北京大学教育评论,2003(4):78 – 83.
[42] 顾小清,薛耀锋,孙妍妍. 大数据时代的教育决策研究:数据的力量与模拟的优势[J]. 中国电化教育,2016(1):56 – 62.

[43] 胡伶. 教育决策过程中的影响因素研究[J]. 教育理论与实践,2012(25):21-25.
[44] 杨润勇. 关于构建我国教育督导政策体系的思考[J]. 教育研究,2007(8):28-33.
[45] 黄崴. 我国教育督导体制现状、问题与改革路径[J]. 教育发展研究,2009(12):16-20.
[46] 辛涛,李雪燕. 教育评价理论与实践的新进展[J]. 清华大学教育研究,2005(6):38-43.
[47] 杨文,王海民. 我国财政性教育经费支出区域差异分析[J]. 财经问题研究,2014(5):79-84.
[48] 袁连生. 中国教育财政体制的特征与评价[J]. 北京师范大学学报(社会科学版),2011(5):10-16.
[49] 王春元. 政府教育支出分配、经济增长及教育政策取向[J]. 财经论丛,2010(3):31-37.
[50] 何泳忠. 改革教师培训模式 促进教师专业化发展[J]. 教育研究,2014(1):150-153.
[51] 王冬凌. 构建高效教师培训模式:内涵与策略[J]. 教育研究,2011(5):107-110.
[52] 申继亮,孙炳海. 教师评价内容体系之重建[J]. 华东师范大学学报(教育科学版). 2008(2):38-43.
[53] 张慧. 浅析学校公共关系管理[J]. 文教资料. 2014(26):75-76.
[54] 毛晶,王文棣. 学校危机管理体系研究[J]. 教育理论与实践,2015(16):26-29.
[55] 罗磊. 学科专学校全面质量管理研究[J]. 社会科学,2015(2):16-18.
[56] 蔡路. 谈学校管理中的全面质量管理[J]. 黑龙江教育学院学报,2000(2):29-31.
[57] 张屹森. 当代中国教育政策分析[J]. 中华少年,2016(16):6-7.
[58] 赵定涛,公共管理学[M]. 合肥:中国科学技术大学出版社,2006.
[59] 娄成武,李坚. 公共事业管理[M]. 北京:中国人民大学出版社,2006.